日本を開国させた男、松平忠固

近代日本の礎を築いた老中

関良基

作品社

日本を開国させた男、松平忠固

――近代日本の礎を築いた老中

第2章　日米修好通商条約の知られざる真相
——井伊直弼と松平忠固の攻防

第3章 〝不平等〟でなかった日米修好通商条約

第4章 日本の独立を守った〝市井の庶民〟たち

［はじめに］

〝開国〟を断行したのは、井伊直弼ではない、松平忠固である

――政敵たちと熾烈な闘いを繰り広げ、開国・交易を推進した老中

松平忠固とは誰か？

「日本を開国したのは誰か？」と聞かれれば、多くの日本人は「井伊直弼《なおすけ》」と答えるだろう。学校の歴史教育においては、それが正解とされる。もし日本史の試験において「松平忠固《ただかた》」と解答すれば不正解とされるだろう。そもそも中学校・高校の日本史の教員であっても、二〇二〇年現在、「松平忠固」などという名前は知らない教員がほとんどであろう。

しかし歴史的事実として、徳川政権の閣内にあって、ペリー来航の当初から交易通商を声高に主張しつづけ、交易の準備を進め、政敵たちと熾烈な闘いを繰り広げ、そして最終的に日米修好通商条約の調印を断行した人物は、井伊直弼ではなく、松平忠固なのである。

しかし、この松平伊賀守忠固《ただかた》の名を知る人は、現在、よほどの歴史好き以外にはいないだろう。いや、「よほどの歴史好き」に限っても、なお、その名を知る人は稀であろう。それほど松平忠固の知名度は低い。この点、筆者が前著『赤松小三郎ともう一つの明治維新』で紹介した、日本で初めて普通選挙による議会政治を唱えた上田藩士・赤松小三郎と同様である。松平忠固は、その赤松の主君であり、信州上田城主にして、嘉永から安政年間の老中であった。赤松の知名度はようやく上昇してきたが、その主君の松平忠固となると、いまだにほとんど誰も知らない。

従来の歴史書において松平忠固は、開国期の老中として名前のみ登場することはあっても、阿部正弘、徳川斉昭《なりあき》、井伊直弼といったビッグネームの影に隠れてほとんど空気のように扱われてきた。ごく稀に、〝空気〟以上の言及がなされる場合は、ほぼ〝佐幕一辺倒の頑迷な「保守家」〟で、改革派の一橋派の前に立ちふさがる「南紀派」……といった批判的な文脈においてであった。本書において、それが完全に誤った評価であることを実証したい。

すなわち、この「超」がつくほどマイナーな人物を取り上げる理由の第一は、松平忠固ほど日本史上重要な業績を残しながら、彼くらいまったくと言ってよいほど評価されていない人物も珍しいからである。その歴史的功績に比して、正当な評価がほとんど与えられてこなかったのである。したがって、本書をもって、この人物の業績を明らかにする価値は十分にある。この人物を今後も無視しつづけて良いのか否か、読者の判断を仰ぎたい。

「開国」を断行し、交易を推進した老中・松平忠固

まず松平忠固の生涯を、ごくおおまかに振り返ってみたい。松平忠固は、日米和親条約と日米修好通商条約の二つの条約締結時に、いずれの時期にも老中を務め、徳川政権の開国論を主導した中心人物であった。最初の老中就任時は「忠優《ただます》」という名で、二度目のときは「忠固」と改名しているが、同一人物である。忠固は、ペリーとの日米和親条約交渉の際、すでに閣内で交易通商論を唱え、臆することなく自説を曲げなかった。

ペリー来航の当時、尊攘派のカリスマ的指導者として仰がれていたのは、徳川御三家の水戸の前藩主で、海防参与の徳川斉昭であった。この水戸の斉昭こそ、尊王攘夷思想の震源であり、政権の内部にあって、松平忠固の前に立ちふさがった最大のライバルであった。

老中の忠固は、ペリーとの条約交渉の当初から交易通商を条約に含めようとして、攘夷派の徳川斉昭と

熾烈な攻防を繰り広げた。そのため斉昭から憎まれ、ついには日米和親条約の調印の翌年、斉昭によって失脚に追い込まれてしまった。

しかし忠固は、米国のハリスとの通商条約の交渉開始に際して、不死鳥のように老中に返り咲いた。このときは徳川斉昭に加え、大老に就任した井伊直弼もライバルとして立ちはだかった。忠固は、井伊直弼に対しても政治生命を賭した闘いを繰り広げた。井伊直弼は条約調印の当日まで、調印のためには天皇の勅許が必要であると訴えていた。勅許など不要であると主張し、井伊の反対を押し切って調印を断行したのは、忠固なのである。そして、無勅許調印の責任を一身に背負って、条約調印から四日後に失脚に追い込まれた。自らの政治生命を引き換えにした条約調印だった。

忠固の功績は、老中として条約調印を断行した点にのみにあるのではない。生糸を日本の代表的輸出産品に押し上げるに当たっても、多大な貢献をしている。忠固は上田藩主として、養蚕・生糸・絹織物産業を振興し、条約調印前から生糸輸出の準備を周到に行なっていた。老中から失脚したのちも、上田藩主として横浜開港に備えて生糸輸出の準備に力を注いだ。開港後に、生糸輸出の先鞭をつけたのは、忠固の上田藩だった。忠固は、横浜開港(安政六年六月二日〔一八五九年七月一日〕)を見届け、その三か月後に死去した。

忠固の人生は、まさに日本の交易開始のために注がれたのであった。彼こそは日本の国際貿易の礎を築いた政治家であると言っても過言ではない。そして開国以降、江戸末期から明治・大正・昭和初期にいたるまで、日本の最大の輸出商品は忠固が準備をしていた生糸であった。江戸の技術である生糸は近代の日本経済を支えつづけたのである。

このように、忠固をごく簡単に紹介しただけで、本当にこれだけの業績をあげた人物であるのなら、まったく知られていないのはおかしいではないか、と疑問に思われる方も多いだろう。しかし事実として、水戸の烈公・徳川斉昭、大老・井伊直弼の名は誰もが知っていても、その最大のライバルとして開国を推進した松平忠固の名前は、ほとんど誰も知らない。忠固の功績は歴史から抹殺されてきた。なぜ忠固が無視されてきたのか、無視されざるを得なかったのか、それを解明することも、本書の重要な課題となる。詳しくは本書で詳述してゆくが、それは「不平等条約史観」のゆえである。

「不平等条約史観」の虚構

本書のもう一つの目的は、日本の開国をめぐる「物語」の定型となっている「不平等条約史観」の誤りを明らかにすることである。従来のステレオタイプな「明治維新」という物語においては、外交能力の欠如した「幕府」が、列強に強要されるまま、関税自主権がなく、治外法権を認めるという不平等条約を強要された、と説明されてきた。そして、明治維新によって成立した近代国家は、血のにじむような努力のすえ、ようやく「幕府」の負の遺産である不平等条約の改正を成し遂げた、とされてきた。

学校教育の場でも、このような「物語」が公式に教えられ、筆者自身もそのように信じ込まされてきた。これは、明治政府がでっち上げたものであり、「明治維新」の正当性を国民に刷り込むうえで、根幹をなす「神話」だった。しかるに令和になった現在でも、いまだにこの「不平等条約神話」が信じられている。「幕府」は無能で、対等な国際関係を築けず、自立的に近代化を遂げることのできない政権であったという前提のもと、「明治維新」という一部藩閥によるクーデターが、あたかも〝輝かしい事業〟であったかのように顕彰される「物語」が形成されてきたのだ。

開国を推進した松平忠固は、強要されて仕方なく条約を結ぼうと考えたわけではなかった。自ら進んで交易通商を進めることで、日本の繁栄を勝ち取ることができると考え、長期的な視野のもとで、周到な準備をしながら、主体性をもって開国策を立てていた。さらに、日本がアメリカと結んだ通商条約は、「不平等」なものではなかった。当初の条約においては、関税自主権も明確に存在したのである。日米修好通商条約において、日本に関税自主権がなかったという教科書の説明は、端的に言って〝嘘〟なのである。

本書では、これらの事実を明らかにしてゆきたい。

忠固に対する悪評

同時代における松平忠固の政敵たちは、これ以上ないほど忠固を憎み、敵視していた。いくつかの忠固評を紹介しよう。

徳川斉昭は「廟堂俗論の根元」（政権内にはびこる俗論の根源である）[1]、大老・井伊直弼は「小身者の分際として此頃《このごろ》は権威を誇り、傍若無人の有様」（小大名の分際で、この頃は権勢をふるって傍若無人にふるまっている）[2]、越前藩主・松平慶永（春嶽）の家臣の中根雪江は「元来姦詐にして僻見ある人」[3]などと評した。

これら同時代の政敵たちからの悪評が、明治時代になるとさらに誇張されていった。旧幕臣であり、明治のジャーナリスト、さらに立憲帝政党を率いて政治家にもなった福地源一郎（桜痴）は、忠固を評して「性格執拗にして時勢を洞察するの識見もなく、政治を変通するの材略にも乏しく、いわゆる偏意地一方の保守家」[4]と断じた。同じくジャーナリストの徳富蘇峰は、忠固を評して「単に老獪《ろうかい》なるばかりでなく、狼戾《ろうれい》、我執《がしゅう》、俗吏《ぞくり》にして猾吏《かつり》、且《か》つ悍吏《かんり》」[5]などと、辛辣な批判の言葉を浴びせかけた。

しかし、福地や徳富は、抽象的な悪口を羅列する一方、そう判断する客観的な根拠を明らかにしているわけではない。直接に忠固を知るわけでもない彼らは、忠固の政敵たちから発せられた批判の言葉を信じ込み、それを拡大解釈して、確かな根拠のないまま、罵詈雑言を浴びせかけているだけなのである。そし

▼1 『水戸藩史料』上編乾巻、吉川弘文館、一九一五年、六四九頁。
▼2 中根雪江『昨夢紀事』第四、日本史籍協会、一九二一年、一九二頁。
▼3 中根雪江『昨夢紀事』第二、日本史籍協会、一九二一年、一六七頁。
▼4 福地桜痴『幕末政治家』岩波文庫、二〇〇三年、八二頁。
▼5 徳富蘇峰『近世日本国民史　井伊直弼』講談社学術文庫、一九八三年、二五七頁。

て、現在に至るまでこの評価を信じている歴史学者は多い。本書において、これらの批判がいかに不当かを明らかにしたい。

一橋派の徳川斉昭や松平慶永も、南紀派の井伊直弼も、双方の陣営が忠固を批判しているという事実は、忠固が独立独歩の信念の人だったことに起因する。しかるに歴史学者や歴史作家は、両派からの悪評を信じ込み、忠固を評価する人などほぼ皆無であった。

福地源一郎など、まるで忠固のせいで「幕府」は衰亡したかのように酷評した。酷評しても誰もクレームをつけないので、安心して叩ける存在だったのだろう。しかし、仮に悪い意味であったとしても、「幕府」衰亡の原因となるほどのキーパーソンであったというのであれば、「悪者」としての忠固を立証すべく、誰か真剣に研究してもよさそうなものである。しかるに忠固の「悪事」を実証するような研究も現われなかった。悪事を立証しようにも証拠など何もないのだから、そのような研究が成立するはずもなかった。こうして、憶測だけで語られる罵詈雑言の言葉のほかは、忠固は注目されず、語る人もなく、その業績は歴史の闇の奥底に葬られ、人びとの記憶から消されてきた。

忠固の事績を、史料に基づいて実証していけば、彼に投げかけられた数々の罵詈雑言は、まったくの虚構であることが明らかになるだろう。

松平忠固についての先行研究

松平忠固について書かれた著述は、これまで三つしかない。小林雄吾『松平忠固公』（一九一五年）[6]、猪坂直一『あらしの江戸城――幕末の英傑松平忠固』（一九五八年）[7]、上田市立博物館編『松平忠固・赤松小三郎』（一九九四年）[8]である。これらは、いずれも忠固の地元・上田の郷土史家の手による業績である。

小林の『松平忠固公』は、大正四年の『上田郷友会月報』の正月増刊号に一〇四頁にわたって掲載されたもので、忠固に関する最初の評伝にして、いまだこれを超える分量のものは書かれていない。この評伝は、旧上田藩士の出である小林雄吾によって直接に忠固を知る旧家臣などが存命中に書かれたものであり、貴重な情報が多く含まれている。本書でも大いに活用させていただいた。

つづく猪坂直一の『あらしの江戸城』は、小説仕立てである。本来であれば紹介するのも憚《はばか》られるところである。しかし小説という体裁をとった、忠固に関する貴重な先行研究でもある。猪坂は、文筆家であるとともに郷土史家でもあった。「小説」に書かれているエピソードを子細に検討すると、猪坂が一次史料にあたって裏を取った史実に基づいていることがわかる。小説でありながら、老中時代の忠固の足跡を研究した業績でもあるのだ。もっとも小説であるから、史実かどうかわからない不確実な出来事も若干は盛り込まれている。例えば忠固暗殺説などがそれである。しかし、それとても上田松平家臣に伝承された話に基づいており、根拠がないわけではない。一つの学説として検討されるべきである。

上田市立博物館編の『松平忠固・赤松小三郎』は、主に上田の郷土史家の小林利通が執筆したもので、これも熱がこもった力作である。しかし博物館発行の小冊子という制約により分量が少ないのと、一般向けに書かれ、解釈・判断の根拠となる一次史料が提示されていないことなどが惜しまれる。

歴史学の領域における忠固研究

歴史学の領域において、松平忠固は、開国期を扱った文献に老中として名前のみ登場するものの、ほとんど空気のように扱われるか、せいぜい改革派の一橋派の前に立ちはだかる保守・南紀派の一人という程度の扱いで、その業績が真剣に検討されたことはなかった。

戦前の歴史学者の中でただ一人だけ、松平忠固とその家臣の赤松小三郎の存在に注目していた人物がい

▼6 小林雄吾「松平忠固公」(『上田郷友会月報』大正四年正月増刊号、一九一五年)。
▼7 猪坂直一『あらしの江戸城——幕末の英傑松平忠固』中沢書房、一九五八年。
▼8 上田市立博物館『松平忠固・赤松小三郎——上田にみる近代の夜明け』上田市立博物館、一九九四年。

る。その人物は、文部省の維新史料編纂官として、今日の明治維新研究には欠かせない基礎史料である『大日本維新史料』の編集などに従事していた、原平三である。本書も『大日本維新史料』を活用させていただいたので、原の仕事の恩恵にあずかっている。その原と研究上の交流を深め、近代史研究の基礎を作った大久保利謙は、原を評して「近代史研究の草分けの一人」と述べている。[9]

原平三は、旧上田藩士の山崎家に生まれた。すなわち松平忠固の家臣筋の出である。彼は、公儀の蕃書調所を中心とした洋学史の研究を進める中で、松平忠固とその家臣の赤松小三郎も研究する必要性を感じていた。そして、戦争の足音が近づいていた一九三六年、「松平忠固と赤松小三郎」という論文を『上田郷友会月報』に寄稿している。[10] この論文は、郷里の上田の人びとに対し、松平忠固と赤松小三郎を顕彰するためには、たんなるお国自慢に留まるのではなく、何よりも実証的に研究せねばならないと呼びかけたものであった。しかし、この時点で彼は、両者の研究には着手していなかった。あくまでも「今後の課題」を提示するに留まっていた。

その後、太平洋戦争が勃発。原平三は、文部省が収集してきた維新史料などが戦火で焼かれることを危惧し、貴重な史料を守り抜くため、持てる力を傾注した。彼は、文部省所蔵の史料数万点を、故郷・上田の上田繊維専門学校（現・信州大学繊維学部）や上田市立図書館など、信州の八か所に疎開させる段取りをつけた。[11] 史料の疎開は昭和一九年（一九四四）の八月からはじまり、貴重な史料は戦火から守られた。文部省の収集した維新史料は、戦後になって東京大学史料編纂所に移管され、今日の歴史研究になくてはならないものとなっている。

しかし、貴重な史料を守り抜くのに尽力した原本人には、当時三六歳で三人の子持ちだったにもかかわらず、一九四四年六月、容赦なく赤紙がやってきた。七月には激戦地となることが予想されていたフィリピンのミンダナオ島に送られた。そして、米軍が一九四五年四月一四日にミンダナオ島に上陸すると、四月一九日、同島のダバオで戦死した。[12] 結局、生前の原は、松平忠固と赤松小三郎の研究に着手することはできなかったのである。

余談になるが、貴重な史料の疎開事業を担っている維新史料編纂官の原に、なぜ赤紙がやってきたのだろう。原のリベラルで実証主義的な研究態度が、文部省の上層部から疎まれたのではないかという疑念は拭えない。いずれにせよ、原が戦死したことにより、その後の七〇年間、アカデミズムの領域において、松平忠固に関心が向けられることがなかったのである。

原が戦死し、戦後歴史学のメインストリームとなったのは、文部省維新史料編纂課の原の後輩であった遠山茂樹や井上清らが作り上げた、講座派マルクス主義史学に基づく〝西南「雄藩」中心〟の明治維新研究であった。もし原が生き残っていたら、遠山や井上らのマルクス主義史学の研究方向とは別の流れを作っていたかもしれない。

近年になって、状況は徐々に変化してきた。これまで無視されてきた忠固の存在に注意を払う歴史研究がわずかであるが現われはじめている。幕末政治を専門とする歴史学者の後藤敦史の『開国期徳川幕府の政治と外交』では、主な分析対象は「海防掛（海岸防禦《ぼうぎょ》御用掛《がかり》）」の徳川官僚層であるが、徳川斉昭の前に政敵として立ちはだかった老中の忠固の存在にも、若干ではあるが注意が払われている。後藤は、安政二年（一八五五）、攘夷派の徳川斉昭の政治介入によって、開国派の老中・松平忠固（当時の名は忠優《ただます》）と松平乗全が失脚させられた政変を分析し、それが徳川外交に深刻な負の影響を与えたと論じている。[13]

日本政治史の研究者である菊地久の「井伊直弼試論——幕末政争の一断面」は、井伊直弼研究でありながら、直弼の権力掌握過程を分析する中で、直弼の最大のライバルであった松平忠固の存在もクローズ

▼9 大久保利謙『日本近代史学事始め——歴史家の回想』岩波新書、一九九六年、七四頁。

▼10 原平三「松平忠固と赤松小三郎」（『上田郷友会月報』一九三六年七月号）、なお同論文は原平三『幕末洋学史の研究』新人物往来社、一九九二年（三四七～三五三頁）に再録されている。

▼11 「図書疎開記録今に伝える」『信濃毎日新聞』二〇一六年一一月二八日。

▼12 原平三『原平三論文集「天誅組挙兵始末考」』新人物往来社、二〇一一年。宮地正人氏の「解説」参照。九六頁。

▼13 後藤敦史『開国期徳川幕府の政治と外交』有志舎、二〇一五年。

アップしている。老中時代の「忠固日記」など、これまで検討されたことのなかった史料も駆使し、知られざる忠固の実像を評価している。井伊直弼の研究ではあるものの、アカデミズムにおける、これまでもっとも詳細な忠固研究としての側面ももつ。菊地は、安政五年（一八五八）の忠固と堀田正睦の更迭による井伊直弼の権力掌握過程を分析する中で、徳川政権がもっていた合議システムそのものが破壊され、公正と衡平の原理が失われたと指摘している。[14]

徳川斉昭と井伊直弼という「幕末」政治の二大巨頭の最大のライバルは、松平忠固だった。近年、斉昭と井伊によって忠固が失脚させられた安政二年と安政五年の二度の政変劇が、いずれも政治史的に重要な出来事だったことが明らかにされつつある。

日本の開国期の政治的動向は研究し尽くされている感もある中で、松平忠固を主軸に据えることによって、これまで語られてきた「物語」とはまったく違った、〝歴史の真実〟が見えてくるであろう。本書では、忠固の波乱万丈の人生の一端を明らかにすることを通して、知られざる開国の真相を明らかにしたい。

▼14　菊地久「井伊直弼試論――幕末政争の一断面」上（『北海学園大学五〇周年記念論文集』二〇一五年三月、三一九～三五一頁）ならびに、菊地久「井伊直弼試論――幕末政争の一断面」中の一（『北海学園大学法学研究』五三（四）、二〇一八年三月、一～四二頁）。

第1章

日米和親条約の舞台裏

徳川斉昭と松平忠優の激闘

［章扉の図版］

黒船を描いた錦絵

忠優（忠固）の老中就任から５年後、嘉永６年（1853）６月３日、米国ペリー艦隊が浦賀沖に来航。しかしオランダなどからの情報で、来航の情報は、幕閣をはじめ有力大名にも広まっていた。ペリー艦隊は、再来航を予告して、いったん日本を去る。ここから、老中首座・阿部正弘のもとでの、開国交易を唱える忠優と、攘夷に固執する徳川斉昭との激闘が始まった。　（神奈川県立歴史博物館蔵）

姫路酒井家から上田松平家へ

松平忠固《ただかた》▼1（元服して最初の名は「忠優《ただます》」。以下、第1章では「忠優」の名を表記する）は、文化九年（一八一二）、播磨国姫路一五万石の領主・酒井雅楽頭忠実《ただみつ》の子として江戸で生まれた。幼名を「玉助」という。

老中の就任以前の松平忠優（忠固）について記録された文献はほとんどなく、わからないことが多い。まず玉助（忠優）は、姫路藩主の酒井忠実の「次男」とする文献が多いが、▼2そこからして誤りである。姫路藩の『姫陽秘鑑』によれば、忠優は十男である。酒井忠実の実子には十二男・十六女があり、男子を見ると、長男は夭逝、次男の景之は船越家へ養子、三・四・五・六・七男はいずれも夭逝、八男の忠讜《ただなお》は親戚の越前敦賀酒井家に養子、九男の康直は三河田原三宅家に養子、十男が忠優で信州上田松平家に養子、十一男は夭逝、十二男の忠受《ただざか》は遠江横須賀西尾家に養子ということである。▼3

忠優の母は、忠実の正室で、遠州横須賀藩主の西尾忠移《ただゆき》の娘の隆姫であった。正室の男子の中では忠優

▼1　安政四年（一八五七）、四六歳のとき、老中に再任された際に、名を「忠優」から「忠固」と改名した。第1章では「忠優」の名を使用した。
▼2　例えば日本歴史学会編『明治維新人名辞典』（吉川弘文館、一九八一年）では、忠固は酒井忠実の「二男」と記されている。
▼3　『姫路市史資料叢書2　姫陽秘鑑二』姫路市史編集室、二〇〇四年、三二一〜三二九頁。

が二番目であるため、次男とされているのであろう。

酒井忠実の娘は、成人した者をあげておく。四女の東姫が播磨赤穂城主・森忠敬の正室、九女の采姫が丹波亀山城主・松平信豪《のぶひで》の正室、十一女の桃姫が播磨明石城主・松平斉宜《なりこと》の正室、十二女の鉎姫《いつひめ》は公家の九条大納言幸経の正室となっている。九条家に嫁いだ忠優の妹の鉎姫については、次章でふたたび言及することになろう。

酒井忠実は、実子をみな養子に出している。忠実は、甥（兄の子）の酒井忠学を養子として、姫路酒井家の封を継がせた。忠実は、兄に子ができなかったため、弟として家督を継いでいた。ところが家督を継いだ後に兄に子ができたため、その子を養子として酒井家を継がせ、実子はすべて他家に出すことにしたのである。ちなみに、養子にした甥の酒井忠学《ただのり》は、十一代将軍・徳川家斉の寵愛を受け、家斉の娘の喜《き》代姫《よひめ》（晴光院）を正室として迎えていた。実子をすべて養子に出したのは、将軍家に対する配慮もあったものと思われる。

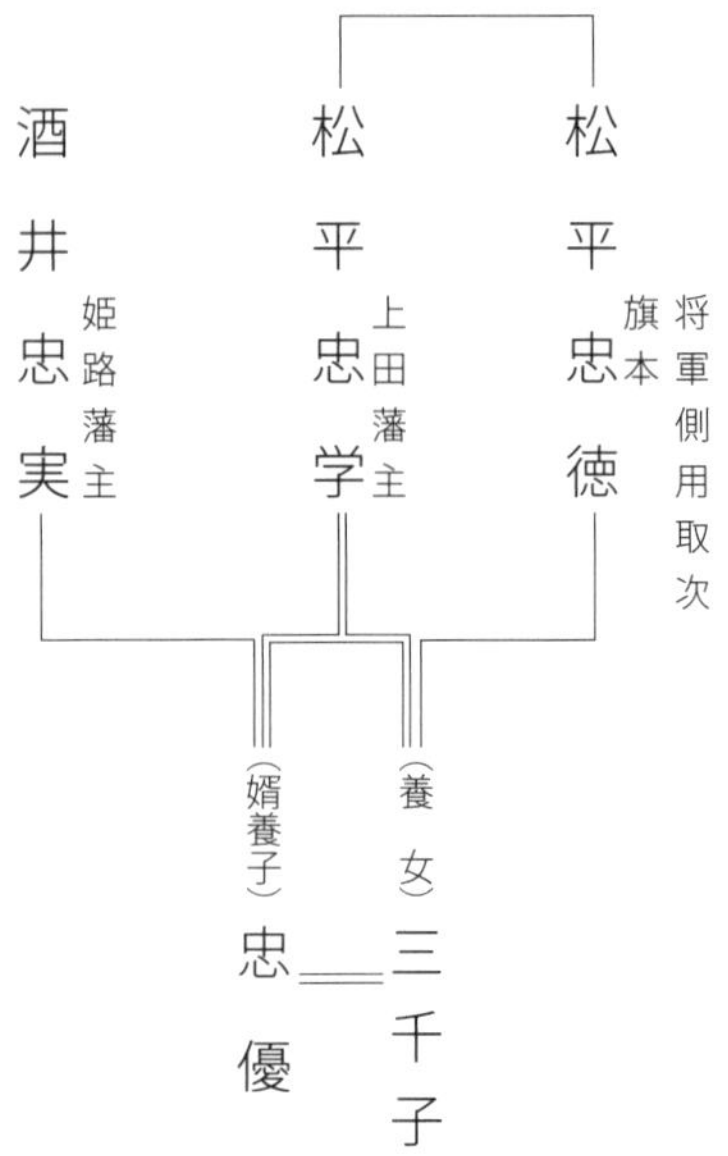

図1-1　姫路藩から上田藩へ婿養子に入った忠優

玉助は、文政一二年（一八二九）、数え年で一八歳の折り、信濃国上田藩五万三〇〇〇石の松平伊賀守忠学《ただざと》の養子となり、その封を継いで忠優と名乗る。忠固と名を変えたのは安政四年（一八五七）、二度目の老中就任に際してである。「忠固」となった二度目の老中時代のことは次章に譲り、本章では「忠優」と名乗っていた時代のことを叙述したい。

図 1-2　上田城

1585 年に真田昌幸が築いた。現在の櫓は仙石忠政が再建。歴代城主は、真田昌幸、信之 (転封)、仙石忠政・政俊・政明（転封)、松平忠周・忠愛・忠順・忠済・忠学・忠優 (忠固)・忠礼と続き廃藩置県を迎えた。忠優は 11 代目の城主。(著者撮影)

図 1-3　上田藩主屋敷跡

関ヶ原合戦後に上田城の本丸・二の丸が破却された際、真田信之が政務を行なうため三の丸に築いた。城の再建後も、江戸時代を通して政務はここで行なわれた。現在の門は 1790 年建築。敷地は現在、県立上田高校となっている。(著者撮影)

忠優の先代の上田城主・松平忠学は、姪の三千子（旗本である兄・忠徳の娘）を養女とし、さらに三千子の婿として酒井家から忠優を迎えた。複雑な形での養子婿入りであった。正室・三千子の実父である松平忠徳は、上田松平家の分家の塩崎知行地五〇〇〇石（もともと信州川中島にある上田領の飛び地であった）を継いだ旗本である。この忠徳は、十二代将軍・家慶の時代に将軍側用取次の次席を務め、政権中枢の有力者であった。忠優が上田松平家に養子に入った背後には、忠徳の意向も働いたものと思われる。

忠優の正室の三千子は病気がちであった。結局、二人のあいだには子ができないまま、三千子は天保一一年（一八四〇）に亡くなってしまう。[4] 忠優の子どもたちはいずれも側室の子であった。

襲封直後の大飢饉

忠優が上田松平家の家督を継いで、伊賀守に任じられ、上田に初の国入りをしたのは天保元年（一八三〇）七月のことである。

上田城は天正一三年（一五八五）に智将・真田昌幸が築城した城である。息子の真田信之は元和八年（一六二二）に松代に転封となり、代わって信州小諸から仙石忠政が入封した。関ヶ原の合戦の後、徳川軍に敵対した上田城の本丸・二の丸は破却されていたが、仙石忠政が城を現在の姿に再建した。

宝永三年（一七〇六）には但馬の出石から、外様の仙石氏と領地替えで徳川譜代の藤井松平氏の松平忠周が入封した。忠周は、徳川吉宗が将軍だった享保九年（一七二四）、老中にも列せられている。その後、忠愛、忠順、忠済、忠学とつづき、本書の主人公である忠優が姫路酒井家から養子に入って当主となった。

初の国入りの際の天保二年（一八三一）四〜五月、忠優は領内の農村部を巡回し、民情を視察した。つぶさに領内を観察した結果、冷涼な上田は稲作に不安がある一方、桑樹栽培の適地であると見抜き、養蚕奨励の訓示を出している。[5] 最初の国入りにして、この観察力と洞察力はじつに鋭かった。上田は当時すで

郵便はがき

料金受取人払郵便

麹町支店承認

9781

差出有効期間
2022年10月
14日まで

切手を貼らずに
お出しください

102-8790

102

［受取人］
東京都千代田区
飯田橋２－７－４

株式会社 作品社
営業部読者係　行

【書籍ご購入お申し込み欄】

お問い合わせ　作品社営業部
TEL 03(3262)9753／FAX 03(3262)9757

小社へ直接ご注文の場合は、このはがきでお申し込み下さい。宅急便でご自宅までお届けいたします。送料は冊数に関係なく500円（ただしご購入の金額が2500円以上の場合は無料）、手数料は一律300円です。お申し込みから一週間前後で宅配いたします。書籍代金（税込）、送料、手数料は、お届け時にお支払い下さい。

書名	定価　　円	冊
書名	定価　　円	冊
書名	定価　　円	冊
お名前　　TEL　（　　）		
ご住所　〒		

フリガナ
お名前

男・女　　　歳

ご住所
〒

Eメール
アドレス

ご職業

ご購入図書名

●本書をお求めになった書店名

●ご購読の新聞・雑誌名

●本書を何でお知りになりましたか。
イ　店頭で
ロ　友人・知人の推薦
ハ　広告をみて（　　　　　　）
ニ　書評・紹介記事をみて（　　　　　　）
ホ　その他（　　　　　　）

●本書についてのご感想をお聞かせください。

ご購入ありがとうございました。このカードによる皆様のご意見は、今後の出版の貴重な資料として生かしていきたいと存じます。また、ご記入いただいたご住所、Eメールアドレスに、小社の出版物のご案内をさしあげることがあります。上記以外の目的で、お客様の個人情報を使用することはありません。

に養蚕が盛んで、上田紬が特産品となっていたが、忠優はさらに開墾して桑畑を造成し、生産量をあげるとともに、その品質を高めることを目指したのである。

二度目の国入りとなった天保三年（一八三二）の一〇月、忠優は「上田産物改会所」を設置した。藩として、上田の絹糸や織物の品質検査を行なって粗悪品が市場に流れるのを防ぎ、上田織物のブランド力を向上させるとともに、そこに課税して藩財政も好転させようという取り組みであった。これは、実家の姫路藩が同様な取り組みを行なっていたのに倣ったものと思われる。

こうした経済改革の取り組みをはじめた矢先であった。翌天保四年（一八三三）から悪夢のような大飢饉がはじまった。この年、忠優は六月まで上田にいて、その後、江戸に戻ったが、じつに九割の損耗という大凶作となってしまった。忠優は他領から米麦を懸命に買い入れ、家臣への禄米を六割カットし、さらに公儀の役務も免除してもらうなどして対応した。[6]

まず一〇〇〇石のコメを買い入れたものの、まったく不足であった。江戸にいた忠優は、一一月二三日、追加で三五〇〇石の米麦を買い入れたい、という嘆願書を公儀に提出した[7]（図1-4）。このとき、三五〇〇石の許可は出なかったものの、一〇〇〇石の追加購入は認められた。先の一〇〇〇石と合わせて二〇〇〇石しか手に入らなかったが、これでぎりぎり耐え忍んだ。

翌天保五年（一八三四）は平作であったが、天保六年（一八三五）は六割損耗の大不作。そして迎えた天保七年（一八三六）は、長雨と冷夏と暴風被害がつづき、天保四年を上回る九割以上の損耗という空前の大凶作となってしまった。

▼4　小林雄吾「松平忠固公」（『上田郷友会月報』大正四年正月増刊号、一九一五年）、五五頁。
▼5　小林雄吾、前掲書、三頁。
▼6　小林雄吾、前掲書、四頁。
▼7　天保四年一一月二三日付けの伺書。上田市立博物館編『松平氏史料集』上田市立博物館、一九八五年、九八頁。

天保五年の四月から、忠優は奏者番に任じられていた。奏者番とは将軍と大名の取次役であり、出世のための最初の登竜門であった。飢饉に際して忠優は、財政逼迫のため、参勤交代の経費を節約しようと江戸に滞在しつづけていた。しかし天保七年の空前の大凶作の報を受けて、ついに事態を静観できなくなり、八月にわずかな供回りのみを従えて急遽帰国した。これが三度目の国入りである。

忠優は、帰国すると領内を巡視してその惨状を調査。領内巡視に際しては、七〇歳以上の老人に米一斗、生活困窮者には一日米一合一勺、七歳以下の子どもには一合ずつ配給するなどしている。[8]忠優は、飢餓に苦しむ領民の姿を目の当たりにし、餓死者を出さないことこそ最優先事項であり、そのためには武士たちが身を削るしかないと判断するにいたった。

天保七年、藩が収納した米穀はわずか四六〇〇俵であった。家臣の禄米を六割カットしてもなお四万四〇〇〇俵が不足するという壊滅的事態になった。一〇月二九日には家臣一同を招集し、自らの分量も率先して減らすので、家中の者は三か年の面扶持で耐え忍んでくれと申しつけた。「面扶持」とは、規定の俸禄ではなく、家族の人数に応じて頭割りにした、生きるために最低限度の扶持米のみ支給することを意味する。上田の家中は一時的に、上級武士も下級武士も関係なく、一律に生存に必要な最低限の米しか配給されないという無格差状態となったのであった。忠優は翌天保八年（一八三七）正月、家臣を集めての新年会において、酒も何もなく、雑煮しか出せないことを詫びつつ、「領内の状態如何《いかん》と顧みれば、飢餓に叫びつつある窮民も少なからず、それら窮民の境遇こそ最も察すべきなれ」[9]と諭したという。

天保の飢饉によって、上田松平家は一六万両もの負債を膨らませることになったが、家臣たちを越後高田など他領に派遣し、懸命に米穀を買い入れ、領民救済最優先の対応を行なった。壊滅的凶作にもかかわらず奇跡的に、上田で餓死者が出たという記録は残っていない。

忠優の飢饉対策は、他領の住民からも羨ましがられ、「上田伊賀様おなさけ深い、天保八年酉年に、越後高田へ玄米を、駒につけさせ蔵につみ、あまたの百姓おん救い」と、伊勢音頭の替え歌で唄われたという。[10]

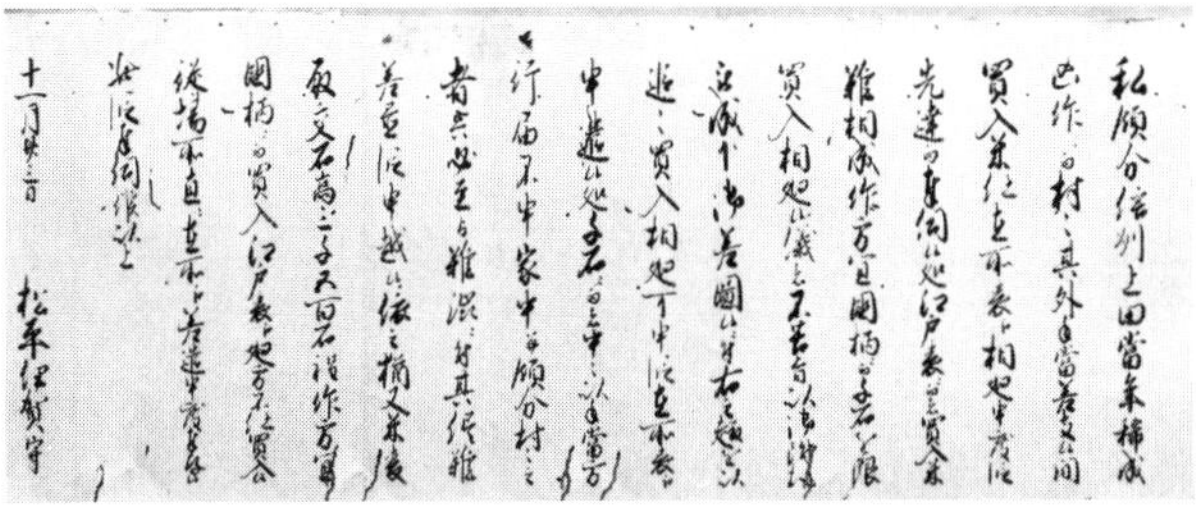

図 1-4　天保 4 年 11 月 23 日公儀宛、米の追加購入伺書
天保の飢饉の際、他領からの米麦の購入許可を公儀に求めた忠優の書状。冒頭「私領分信州上田當年稀成凶作」で始まり、左から 5 行目に「石高三千五百石程、作方宜しき国柄にて買入れ」とある。忠優の懸命の嘆願によって 1000 石の追加購入は認められた。（上田市立博物館蔵）

忠優はほかにも、サツマイモの栽培を奨励し、藁餅・蕨粉の製法を普及させるなど、飢餓民の救済に心を砕いた。[11]

養蚕奨励

飢饉の結果、他領では米作を優先して養蚕を規制しようという風潮が高まっていた。しかし忠優は、逆に養蚕奨励策を実施した。忠優は次のように指示したのである。

我領内の地たる其《その》気候柄に於て凶作は啻《ただ》に両三年のみに止まらざるべければ、平年に於て救荒の備えを為すは勿論《もちろん》、単に米作一方のみに安ぜず、大《おおい》に養蚕の業を奨め其の獲る所に依りて凶作の不幸を補はざるべからず、故に山野の内多少なりとも開発すべき余地あらば之《これ》を開墾して桑樹を栽え以《もっ》て大に養蚕業を奨むるの途を謀るべし。[12]

▼8　青木歳幸『シリーズ藩物語　上田藩』現代書館、二〇一一年、一二八頁。
▼9　小林雄吾、前掲書、七頁。
▼10　上田市立博物館『松平忠固・赤松小三郎——上田にみる近代の夜明け』上田市立博物館、一九九四年、一二頁。
▼11　青木歳幸、前掲書、一二八頁。
▼12　小林雄吾、前掲書、八頁。

忠優は、大飢饉の経験から、信州上田のような冷涼な山間地の気候風土において、いかに米作に依存した経済が脆弱であるかを痛感した。冷害がつづけば、このような飢饉は今後もいつでも起こり得る。米穀が凶作であっても、被害を軽減させるための備えは、稲作に適さぬ土地にも植えられる多年生の桑の畑を拡大し、大いに養蚕業と絹織物産業を振興することであった。

こうして上田藩は、大飢饉を経て、一層の商品経済の活性化へと踏み出していくことになった。二度と天保の大飢饉のような経験を繰り返したくないという強い想いが、忠優の政治活動の原点となった。

忠優の養蚕奨励策を受けて、天保から弘化年間、上田では蚕の品種改良が積み重ねられ、多くの養蚕書が書かれることになった。これが後年、横浜開港に際して上田藩が生糸輸出の先鞭を付けることにつながっていく。また、この時期に上田で開発された蚕種は、開港後に遠くヨーロッパ市場で高く評価されることになった。弘化四年（一八四七）に上田で出版された養蚕書が、明治になってからフランスの専門誌で翻訳され、出版されるということもあった。忠優の時代に開化した上田の蚕種業は、江戸時代当時から世界水準の技術だったのである。これについては第4章であらためて紹介したい。

天保八年（一八三七）、忠優は江戸に戻り、翌年には寺社奉行に任命される。その後、中央政界での職務で多忙になり、忠優は天保八年の飢饉の年を最後に、国元に戻って政務を見ることはできなくなった。

水野忠邦批判と最初の失脚

天保九年（一八三八）、忠優は奏者番と兼任で、寺社奉行に任命された。寺社奉行職は定員四名である。このとき、先輩の寺社奉行として忠優を指導したのは、下総国佐倉城主の堀田正篤（のちに改名して正睦）であった。後年、日米修好通商条約の締結問題に際し、この二人は老中となって、力を合わせて開国を推進していくことになるのだが、このときの二人はそのような運命を知る由もなかったであろう。

忠優の寺社奉行時代、次のようなエピソードが伝わっている。老中の水野忠邦は、風紀取り締まりの

図 1-5　松平忠優が描いた絵
狩野派の影響を受けた画風で、相当に絵心があった。和歌は「時わかぬみどりの松にいろはえてゆかりに寄する春の藤波　忠優」とある。「ゆかりに寄する」とは、養子の身である自分の境遇と重ね合わせているのかもしれない。（上田市立博物館蔵）

ため、社寺内における水茶屋・楊弓店などの遊技場（売買春の温床ともなっていた）の営業を禁止した。このとき浅草寺や湯島天神などの有力な寺社を含む江戸各所の僧侶・神官等が従来の財源を失い、困って寺社奉行の忠優に陳情に押しかけた。そのとき忠優は、次のように諭したと伝わっている。

汝等の申條誠に気の毒には存すれども、御布令の次第今日となっていは如何《いかん》とも致し様なければ、何度訴え来るとも取り上げ得べき限りにあらず。一同心得違いのなき様致すべし。但し其《その》方等《ほうら》難渋にて立ち行き難しとありては誠に不憫の次第なれば、余が知行所は石高も僅かなれども其の方共くらいを養ふに差し支えなければ予が領分に来るべし。▼13

困っている僧侶・神官たちに同情し、水野の出した布令に批判的なニュアンスで、「まことに気の毒には思うが、ひとたび出された法令には逆らえない。どうしても困ったら上田に来い。皆を養うくらいは

▼13 小林雄吾、前掲書、一一二頁。

できる」と述べたというのだ。

忠優は平時、水野の政策に対する不満を表明して憚《はばか》ることはなかった。そのため、ついには寺社奉行から失脚してしまうのである。当時、水野忠邦と目付の鳥居耀蔵《ようぞう》による「蛮社の獄」が苛烈に展開されていた。上田松平家臣の出自である小林雄吾は、「殊に蘭学者退治の挙の如きは公の最も痛罵して已まざる所なり、此事遂に水野の耳に入り、其の睨む所となりて『突然思召有之両役』御免の辞令を蒙るに至れり」[14]と記す。すなわち、忠優は蘭学者弾圧に痛憤し、それを批判し続け、それがついに水野の耳に達したため、奏者番と寺社奉行の双方の役職を罷免されるにいたったというのだ。

天保一二年（一八四二）には、三河国田原の蘭学者・渡辺崋山が自決に追い込まれる事件があった。天保一三年には、忠優も家臣を入門させていた西洋砲術家の高島秋帆が逮捕・投獄される事件が起こった。そのたびに水野批判を展開していたのだろう。ついに天保一四年二月二二日、忠優は御役御免となった。

忠優の実兄の三宅康直は三河田原藩主で、自決した渡辺崋山の主君であった。三宅康直と松平忠優の兄弟は、仲が良かった様子である。のちに田原の家中が家督相続で揉めた際にも、康直は忠優に相談し、助言を求めている。康直は、家臣たちに忠優に相談していることを述べ、「弟が日ごろ誠実な性格であることは承知のことだろう」（弟は日頃誠之義承知之事[15]）と説明している。三宅康直は表裏のない正直な忠優を信頼していた。康直は、家臣の渡辺崋山が罪に問われた際、崋山の救済運動に尽力していたので[16]、忠優にも相談していたのであろう。

忠優は、生涯の政治キャリアで、三度の失脚を経験しているが、これが最初の失脚となった。権力に忖度することなく、言うべきことを堂々と主張する性格だった。それは終生変わることはなかった。忠優本人の政治キャリアにおいて、その性格はマイナスに作用することも多かった。しかし、時代を転換させるためには、空気を読まず、長いものに巻かれることもなく、出る杭となって正々堂々と持論を展開するこのような性格の人物も必要であった。

幸運なことに天保一四年の閏九月に水野忠邦も失脚した。忠優は、寺社奉行罷免ののち、上田への帰国を申請していたところ、水野が失脚したため、帰国を止められた。そして、弘化元年（一八四四）一二月二八日に、寺社奉行ならびに奏者番に再任されたのである。

大坂城代と「御城代縞」

復権から三か月ほどした翌弘化二年（一八四五）三月一八日、松平忠優は大坂城代に任命された。水野忠邦の苛政は大坂の町民たちを苦しめ、天保八年（一八三七）の大塩平八郎の乱の記憶も生々しかった。それを一新させるため、反水野の忠優が大坂城代に抜擢されたのかもしれない。

大坂に赴任して二年目には、大坂城代としての公務のかたわら、上田藩主として大坂の難波《なんば》に「上田織物扱所」を設置し、上田の絹織物の直営販売を開始した。[17] 大坂城代の地位を利用して地元産品を売り込んだのだから、いわゆる「利益相反」のきらいがないわけではない。

上田は、天保七年の大飢饉につづいて、天保一三年（一八四二）の千曲川の大水害、弘化四年（一八四七）の善光寺大地震と、まるで呪われたかのように天災がつづき、藩財政は破綻状態であった。藩専売で織物の販路を広げ、負債を縮減させることは何としても必要であった。

一方の大坂町民は、上田の織物を「御城代縞」と呼んで喜んだと伝わっている。水野忠邦の奢侈《しゃし》禁止令により大坂では絹織物まで規制され、人びとには怨嗟の声が高まっていた。そんな中で就任した新しい城

▼14　小林雄吾、前掲書、一二頁。
▼15　嘉永三年二月、田原藩主三宅康直から重臣への書簡。崋山史学研究会での小林一弘氏の報告資料「第一〇代田原藩主三宅康明の正室」より引用（二〇一四年六月一一日）。
▼16　矢森小映子「藩主と蘭学——田原藩主三宅康直と家老渡辺崋山を中心に」（浪川健治編『明君の時代——十八世紀中期〜十九世紀の藩主と藩政』清文堂出版、二〇一九年）、二九九〜三三八頁。
▼17　小林雄吾、前掲書、一四〜一五頁。

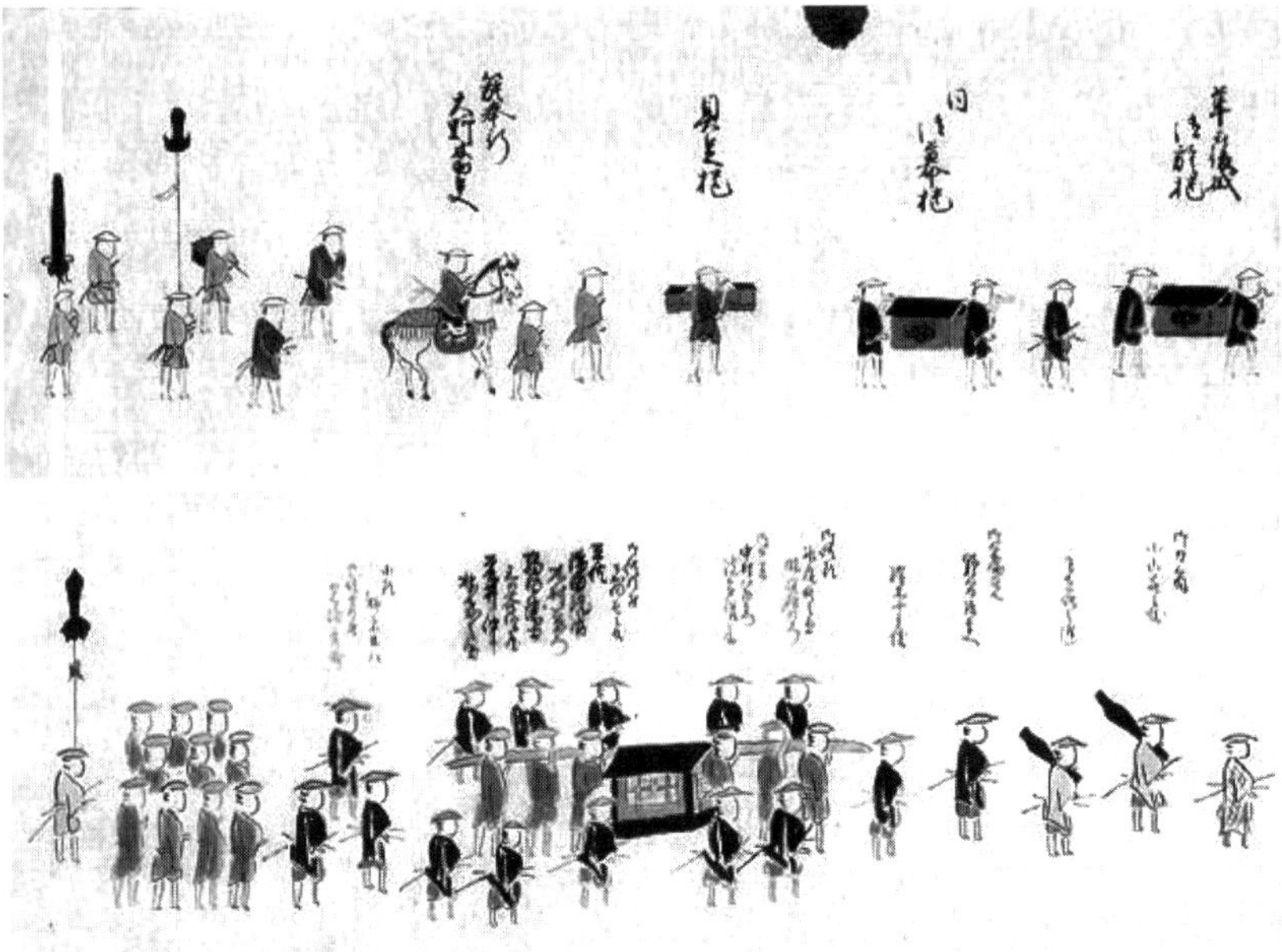

図 1-6　松平忠優の大坂入城図（部分）
大坂城代になった忠優の大名行列が、大坂城に入城する様子を描いたもの。下段中央が忠優の乗った駕籠。（上田市立博物館蔵）

代は、率先して絹織物を奨励したのだ。大坂の人々にとっては、雪解けの時代を象徴する出来事だったのだろう。城代による国元産品のトップセールスという試みは、国元の上田と、赴任地の大坂の双方の人びとに歓迎されたのである。

以上のような、老中就任前のいくつかのエピソードを概観すると、忠優の政策は慈愛に満ちている。後年の忠優は、老中として江戸城の熾烈な権力争いの渦中に巻き込まれ、政敵たちからは、権謀術策に長けた陰謀家であると批評されるようになる。確かに忠優は、権力者たちには臆することなく毅然とした態度で臨んだ。だが他方で、弱者には優しかったのである。

老中就任

四年間の大坂城代を経て、嘉永元年（一八四八）一〇月、数え三七歳で忠優は老中に任命された。通常、老中に就任するのは四〇代半ば以降であるから、三七歳での抜擢は比較的若い部類である。ただし、当時の老中首座の阿部正弘は二五歳で老中になり、水野忠邦の失脚後に二七歳で首座になっている。これは異例中の異例の人事であった。

忠優が老中に任命された直後の嘉永元年一一月一九日、家中に出した通達がある。自分が「重き御役」となったことで、家中の一人ひとりが行動の規律を保たねばならないという訓戒であった。具体的には、他所に行っても無作法など決してなきこと、店で押買など決してせぬこと、口論も決してせぬこと、外で何か問題に巻き込まれた場合は藩邸に持ち帰って上の者と相談して対処すべきこと、他所から何か頼みごとをされても決められた者以外は決して取りつがないこと、身元のよくわからない者を屋敷に上げないこと……など、日常からの生活規律の指導であった[18]。

藩主が老中であると、家中の者の行動まで世間から注目されるようになる。家臣の些細な不祥事も政治生命にかかわる問題になり得ると考え、細心の注意を呼び掛けたのだ。次章で述べるように、忠優も家臣も、さまざまな贈賄工作を受けているが、決して受け取らなかった。忠優の指導のもとで、藩士たちの規律もそれなりに徹底されていたようだ。

ペリー来航と忠優の家臣たち

老中就任から五年後の嘉永六年（一八五三）六月三日、米国のペリー艦隊が浦賀沖に来航した。忠優は、幕閣の中にあって和平を唱えていたが、戦争になる可能性を排除していたわけではなかった。嘉永六年の七月一七日、忠優は、国元の藩士たちに対し、臨戦態勢を指示するとともに、万一の折りには江戸に動員する可能性があるので、家来は、証文を持参すれば碓氷峠の関所を鉄砲で武装して通行可能にする、とい

▼18　小林雄吾、前掲書、五九頁。

う通達を出している。[19]

ペリー来航時、忠優は、家臣の八木剛助と櫻井純造の二人に命じ、旗本与力の馬丁に変装させて、浦賀のペリー応接所に接近して米使節の様子を観察させ、それを報告させている。[20] また、家臣の芦田柔太郎は、何人かの藩士を引き連れて浦賀に赴き、ペリー艦隊を視察した報告書を作成している。

ここで忠優が信頼を寄せ、ペリー艦隊を探索させた八木剛助と櫻井純造、および浦賀の報告をした芦田柔太郎など、何人かの家臣たちを紹介しておきたい。彼らのことは、追って本書で言及していくことになる。ちなみに芦田柔太郎は、後年に日本の近代兵制の基礎を確立する赤松小三郎（当時の名は芦田清次郎）の実兄である。そこで当時の赤松小三郎の状況も併せて紹介したい。上田は小藩でありながら、忠優の下で、最新の洋学知識の吸収にいそしんでいたことがわかるであろう。

八木剛助

八木剛助は、ペリー来航当時、五三歳である。もともと高島秋帆の門人であり、上田における洋式兵学の先駆者であった。天保一三年（一八四二）、水野忠邦政権の弾圧によって高島が逮捕・投獄されると、天保一五年より三河の田原に赴き、高島流の継承者である田原藩士の村上定平（範致）に師事した。村上定平は、田原藩家老の渡辺崋山に抜擢された兵学者であった。八木が村上に入門したのは、忠優の実兄が田原藩主の三宅康直であった縁であろうと思われる。

村上定平の門人録では、八木剛助は筆頭に挙げられ、八木の人物評として「その性格は温和にして、文武の両道に通じ、とりわけ馬術に秀でている」（人ト為リ性温和ニシテ文武ヲ兼ヌ、中ニ就テ軍馬術ニ長ス）[21] と記されている。八木は、田原から江戸に帰ってくると、嘉永二年（一八四九）から佐久間象山塾に入門した。八木の方が象山より一〇歳も年長であるにもかかわらず、象山塾で謙虚に学びつづけた。

忠優は、ペリー来航前年の嘉永五年一月二六日、上田で大砲を鋳造する旨を公儀に申請し、許可を得ている。[22] ペリー来航の予告情報が「阿蘭陀別段風説書」でもたらされたのは嘉永五年の六月であるから、忠優は、それ以前から軍備の増強に乗り出していたことになる。八木の指導により、上田の常田村で四斤半施条砲が鋳造された。嘉永七年（一八五四）の二度目のペリー来航に際して、忠優は上田で鋳造した四斤半施条砲四門を江戸の藩邸に移送させた。四月二二～二三日には八木の指揮の下、武蔵大森（現・東京都大田区）の演習場において、実弾演習が行なわれた。[23]

晩年の八木は、一連の西洋兵学研究の集大成として、歩兵・砲兵・騎兵の西洋流三兵戦術の用兵・軍略を詳述した『兵学筌蹄』をまとめた。安政五年（一八五八）のことである。[24]この八木の研究成果は、日本の近代兵制を整備する赤松小三郎に継承されていくのである。

櫻井純造

忠優の信頼厚かった櫻井純造は、ペリー来航当時、二八歳であった。後年の櫻井は、ペリー来航当時のことを回想し、「与力頭某の馬丁となり場に行て彼の挙止を窺ふ、進退節あり犯すべからず。彼の軍法必ず拠らざるべからざるを知る」[25]と記している。忠優に命じられて与力頭の馬丁に変装し、ペリー艦隊の挙動を間近に見聞、米兵の訓練された行動に感嘆し、西洋流の軍制に変更せねばならないと痛感したという

▼19　上田藩「日乗」嘉永六年七月一七日、上田市立博物館蔵。
▼20　藤澤直枝（上田市編）「人物篇」（『上田市史』下、信濃毎日新聞社、一九四〇年）、一二二六頁、一二三七頁。
▼21　岩崎鐵志「八木剛助筆録『田原記聞』」（実学史料研究会編『実学史研究Ⅱ』思文閣出版、一九八五年）、二二四頁。
▼22　維新史料編纂会編『維新史料綱要』巻一／弘化三年二月～安政元年一二月、維新史料編纂事務局、一九三七年、三四二頁。
▼23　上田藩「日乗」嘉永七年四月二二日、上田市立博物館蔵。
▼24　滝澤良忠『八木剛助の背景』（私家版）、二〇〇六年。
▼25　「櫻井純造手記」三（『郷友信濃』第二五三号、一九六九年六月）。

のだ。

櫻井は当時、昌平黌（昌平坂学問所）に学んでいた。昌平黌は、徳川政権の直轄する朱子学をベースとした学問所であり、徳川の官僚層を育成していた。今日の東京大学の源流の一つである。櫻井は、ペリー来航の時点では、水戸学の影響を受けた尊攘派であったと本人も認めている。しかし、忠優の命令でペリー艦隊を観察した経験によって意を決し、昌平黌を去って、佐久間象山塾に入門した。後年の回想録に、「同年（嘉永六年）九月昌平黌を去て松代藩佐久間修理〔象山〕の門に入り洋砲を研究す[26]」と記している。官立の最高学府を去って私学に移ったようなものである。よほど心に期するところがあったのだろう。

櫻井は、象山塾で長州藩士の吉田松陰とも知り合い親交を深めた。その後、松陰の密航未遂事件に佐久間象山も連座して塾は閉鎖される。師を失った櫻井は、どういう伝手があったのか、薩摩藩の砲術家の成田正右衛門の下で砲術を学ぶため、薩摩に留学することになった。成田正右衛門は、薩摩藩で最初の高島流砲術の免許皆伝者である。

薩摩は、よそ者を容易には近づけない閉鎖的な国柄で知られている。櫻井の薩摩留学がなぜ許可されたのか不思議である。筆者の推測であるが、櫻井の薩摩留学は忠優の意向ではなかろうか。忠優は櫻井に対し砲術研究のほかに、薩摩の内情も探ってきてほしいという密命も託していたかもしれない。薩摩の島津斉彬も、そのような事は織り込み済みであっても、なお老中の忠優には恩を売っておいた方がよかろうと判断し、櫻井の留学を許可したのかもしれない。

櫻井は、薩摩で三年学び、安政四年（一八五七）に帰国の途についた。その帰路に熊本に寄って横井小楠を訪ね、さらに、同じ上田藩士で象山門下の恒川才八郎と合流して萩に赴き、蟄居中の吉田松陰を訪ねている。薩摩からの帰国の途上で、諸国の人物と会ってくるという行動の背後にも、忠優の意向が働いていた可能性がある。

じつは、国禁を犯した松陰と象山を何とか軽い罪で済ませようと尽力してきたのは、ほかならぬ老中の忠優であった[27]。松陰は、櫻井と恒川からその事実を聞かされて感激し、生涯、忠優を敬慕しつづけることになる。この件は後述したい。

櫻井は、当時から諸国に名の知れた人物であった。明治になって忠優の家臣の中でもっとも出世したのも彼であり、宮内省の大書記官になっている。

赤松小三郎と芦田柔太郎

のちに日本で初めて普通選挙による議会政治を提唱する赤松小三郎（当時の名は、芦田清次郎。安政二年〔一八五五〕に赤松家の養子になる）のことも紹介しておきたい。赤松は、ペリー来航時に弱冠二四歳で、下曽根金三郎の塾で砲術を学んでいた。赤松は数学者の内田弥太郎のマテマテカ塾に通っていたが、洋式兵学者を志して掛け持ちで下曽根塾にも入門したのは、ペリー艦隊来航の予告情報が「阿蘭陀別段風説書」でもたらされた嘉永五年（一八五二）のことであった。史料的根拠は見つからないが、赤松の下曽根塾入門にも忠優の意向が働いていた可能性は否定できない。

岩下哲典によれば、オランダ商館長ドンケル・クルチウスからもたらされたペリー来航の予告情報は、当初は極秘扱いにされていたが、老中首座の阿部正弘は自ら情報統制をゆるめ、外様大名にも内容の一部が回達されるなどして、あっという間に知識人たちに情報が拡散していった。ペリー来航の半年前には、外様大名の家臣の吉田松陰のような人物までその情報を知っていた[28]。首座の阿部が自ら率先して情報を漏洩していたほどであるから、忠優も、家臣たちにそれとなく情報を伝え、洋式兵学の習得を奨励していた可能性はあるだろう。

赤松小三郎の実兄の芦田柔太郎も秀才であり、ペリー来航当時は昌平黌で学んでいた。芦田は、艦隊の様子の視察に赴き、それを記録した「浦賀日記」を残している[29]。芦田は、六月三日にペリー来航を知り、

▼26 同。
▼27 小林雄吾、前掲書、一〇二頁。
▼28 岩下哲典『幕末日本の情報活動――「開国」の情報史』二〇〇〇年、雄山閣。

六月五日には他の上田藩士を誘って浦賀に赴くことにした。芦田の日記には、「昌平の長官に願ひ十日の暇を得、其より西丸下の上邸に集まり九ツ時邸を発[30]」とある。昌平黌の長官（当時は林復斎）に頼み込んで一〇日間休ませてもらう許可を得て、他の藩士も誘って江戸城西の丸下にある忠優の老中公邸に集合し、そこから出発したというのである。ペリー来航の報に、居ても立ってもいられない気持ちだったのであろう。日記に忠優のことは何も書かれていないが、集合場所が江戸城西の丸下の老中公邸であったことから、忠優は率先して藩士たちに視察に行くように指示していたのではないかと思われる。その日記に、同行した藩士たちの名は記されていないが、弟の赤松小三郎も兄に従って浦賀まで赴いた可能性はあるだろう。

浦賀に到着翌日の六月六日、芦田柔太郎たちはさっそく蒸気船を調査・測量し、「二隻はフレカット艦」「壱隻は三十六ポンドカノン二十四門」「船長四十間」「火輪の径五間、厚さ九尺[31]」などと書き留めている。こうした報告は、江戸の忠優にも送られていたものと思われる。旗艦サスケハナ号の実際の全長は、七八・三メートルであった。芦田の報告の四〇間は約七二メートルであるから、陸から目視での測量であるにもかかわらず、ほぼ正確である。ちなみに赤松小三郎は、江戸のマテマテカ塾で専門的に測量学を学んでいた。

芦田柔太郎も、ペリー来航後、意を決して昌平黌を退所した。芦田の場合は、佐倉藩の洋学者・手塚律蔵の塾に入門した。芦田は研鑽を積み、江戸でも名の知れた蘭学者になった。安政二年（一八五五）、勝海舟が蕃書調所の創設の準備のため「蘭書翻訳御用」を命じられた際、江戸で有名な蘭学者五八名のリストを作成している。そのリストの中に「松平伊賀守家来　律蔵塾　芦田柔太郎」の名がある[32]。芦田柔太郎が手塚律蔵塾に入門して、わずか二年後のことである。おそらく芦田は、手塚塾入塾以前から、相当に蘭学の心得があったのであろう。

勝海舟は、安政二年九月、長崎海軍伝習所の伝習生となる。その際、勝は従者として、自らリストに挙げた芦田柔太郎の弟の赤松小三郎を連れていくことにした。赤松は正規の伝習生ではないものの、勝の従者として長崎で学ぶことになった。赤松が長崎の海軍伝習所に行くという決断の背後にも、忠優の何らかの意向が働いていたのかもしれないが、それを裏付ける史料は確認できない。

研鑽を経て英国式兵学の専門家となった赤松は、のちの慶応二年（一八六六）に薩摩藩の軍事教官となり、野津道貫、東郷平八郎、上村彦之丞など多くの人材を育て、日本の近代陸海軍の兵制を確立するのに貢献することになる。

徳川斉昭の参与就任に反対する

話を嘉永六年（一八五三）の忠優に戻したい。ペリー艦隊は、再来航を予告して、いったん日本を去る。老中首座であった阿部正弘は、六月一六日、海防強化のため前水戸藩主の徳川斉昭を海防参与にしたいと提案した。水戸の老侯は海防について声望の高い泰斗であり、ぜひ閣議に招いて、その意見を請いたいと阿部は主張した。

この人事案に、老中三名（牧野忠雅、松平乗全《のりやす》、久世広周）が賛成。しかし、忠優のみは強く反対し、斉昭の参与就任を阻止しようと動いた。以降、生涯にわたってつづくことになる、忠優と徳川斉昭との闘いの幕開けであった。『水戸藩史料』は以下のように記録する。

▼29　小林利通「赤松小三郎――議会政治の先唱者」（信濃毎日新聞社編『維新の信州人』信濃毎日新聞社、一九七四年）、一四～一五頁。
▼30　芦田柔太郎の「浦賀日記」は、赤松家の所蔵文書の中から、昭和四三年（一九六八）に発見されたものである。当時は赤松小三郎の筆と思われていたが、郷土史家の小林利通氏は、筆跡の違いから、小三郎ではなく兄の柔太郎によって書かれたものと判断している。この日記の原本は、赤松家から流出してしまい現在直接確認できない。当時、郷土史家の猪坂直一氏が翻刻したものが上田市立博物館に所蔵されており、それを利用した。
▼31　同。
▼32　海舟全集刊行会編『海舟全集』第一〇巻、改造社、一九二九年、五四〇頁。

松平伊賀守忠優は独り之を不可として曰く老侯〔斉昭〕を引いて大権を執らしむるは宜く再思すべきことなり防海の議を問はんと欲せば彼の邸に就いて問ふこそ適当なれ　是れ事体にも適ひ且つは旧例にも背かざる所なり〔……〕

水老公中々御六ヶ敷御方にて候間、此方に御用御招き御登城の上、御任せに相成候はば、如何なる御事被遊候も難計、詰まる処我々共の黜陟《ちゅっちょく》迄も御存分に遊ばし候様相成▼[33]。

〔現代語訳〕

松平伊賀守忠優のみは、これ〔斉昭の参与就任〕を「不可」として、次のように述べた。「老侯〔斉昭〕に参与の大権を執らすことは、再考すべきである。海防について意見を請いたいのであれば、こちらから彼の邸を訪れて意見を訊《き》けばよい。それこそ目的にかない、旧来の慣例にもそむかない」と。〔……〕

水戸の老侯はなかなかに難しいお方であり、このお方が登城し政務に参与するようになれば、何をなさるかわかったものではない。ついには我々老中の進退さえも、ご自分で決定しようとなさるのではないか。

忠優は、たんに御三家は政治に関与せずの慣例を守るべき、という保守的な形式論に立って反対したのではなかった。斉昭の資質が政治家と

表 1-1　嘉永 6 年 6 月、ペリー来航時の老中

席次	氏名	封地	官職	石高	年齢
首席	阿部正弘	備後福山	伊勢守	11 万	35
次席	牧野忠雅	越後長岡	備前守	7.4 万	55
三	松平乗全	三河西尾	和泉守	6 万	60
四	松平忠優	信濃上田	伊賀守	5.3 万	42
五	久世広周	下総関宿	大和守	5.8 万	35

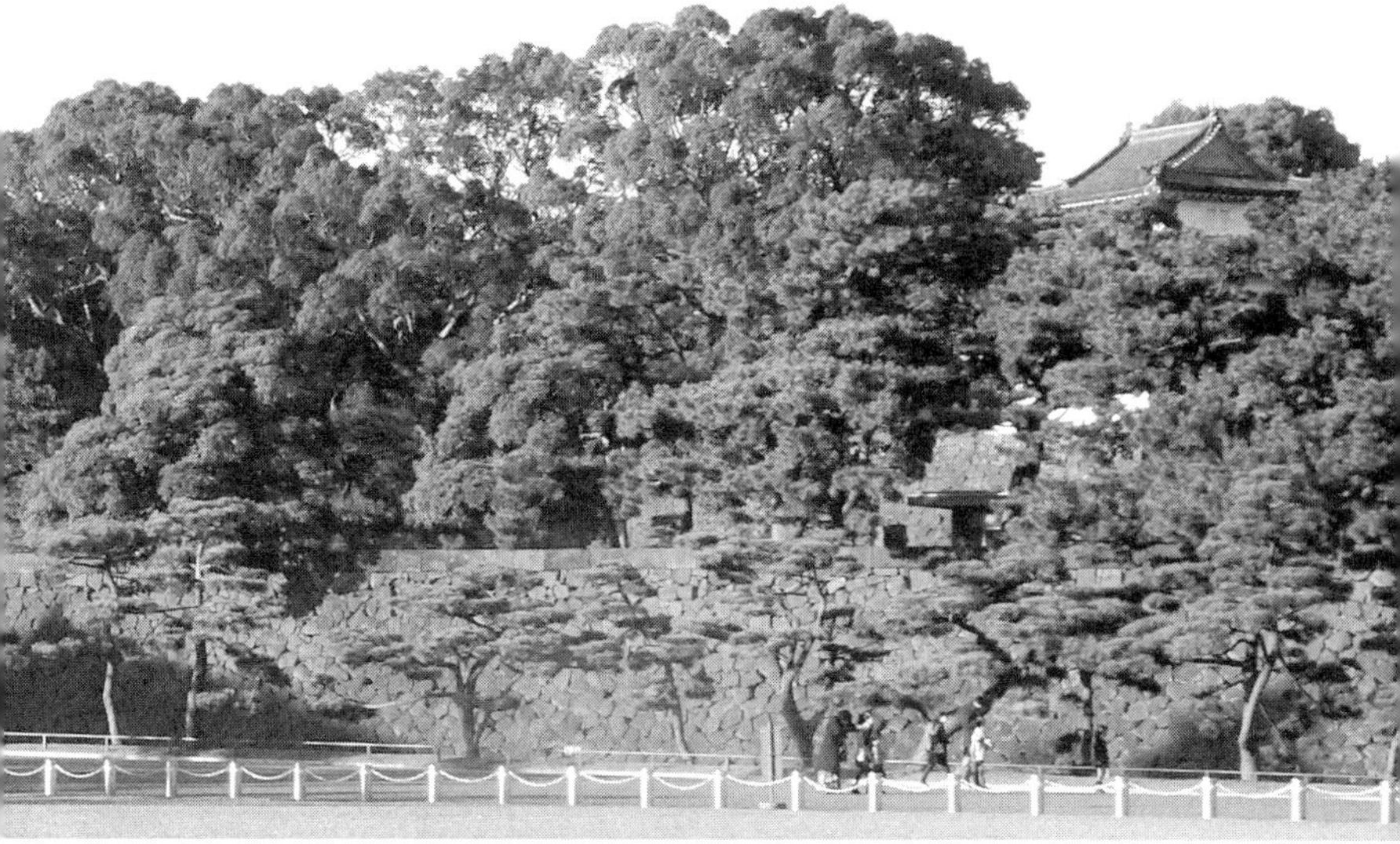

図 1-7　上田藩邸（老中公邸）跡地から江戸城本丸の富士見櫓を望む

老中時代の上田藩邸は、老中の公邸として現在の皇居前広場の中央に位置していた。写真は、忠優の屋敷の跡地から本丸の富士見櫓方向を撮影したもの。（著者撮影）

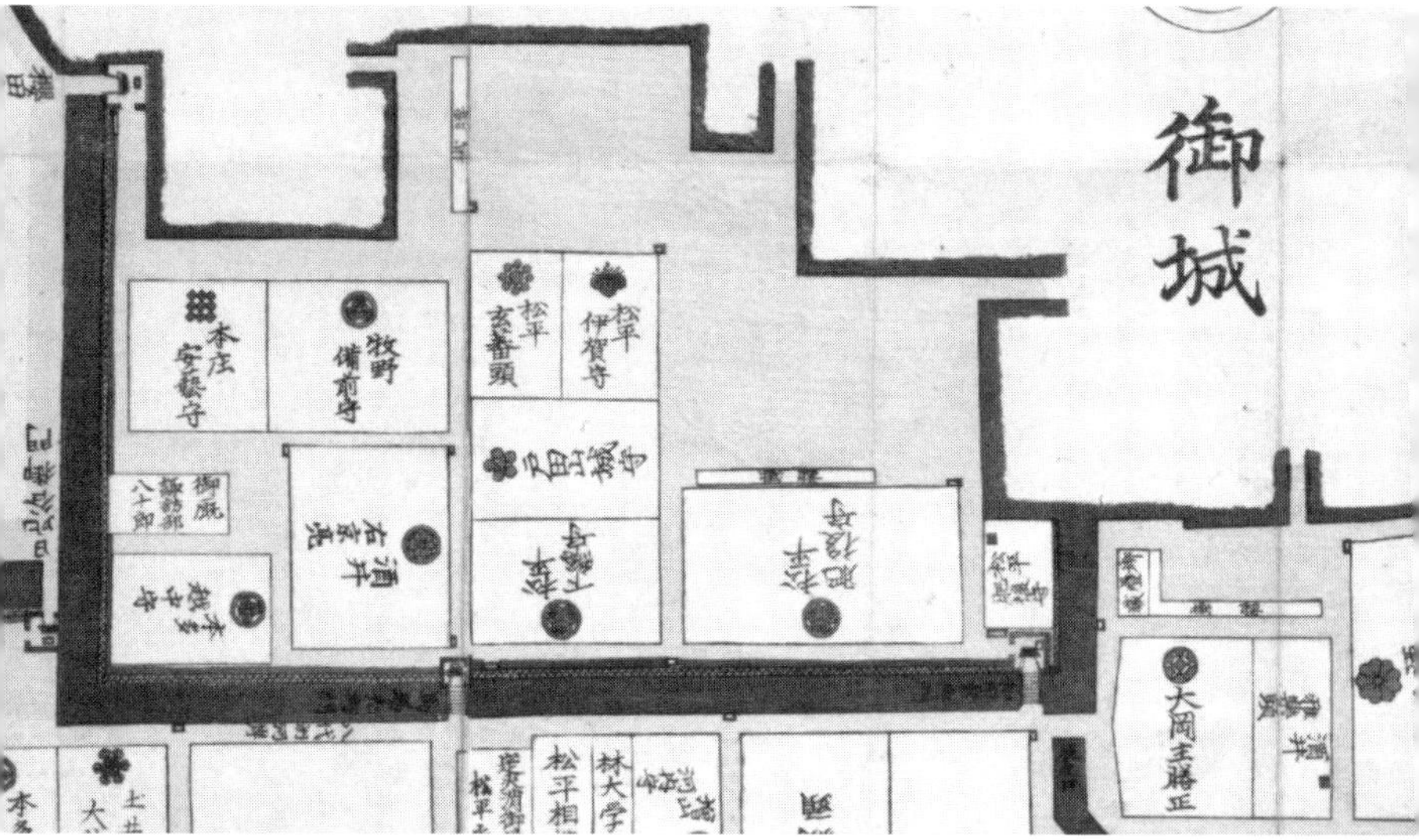

図 1-8　老中時代の上田藩邸の地図

江戸城西の丸下の「大名小路」。図の中央のブロックの上に「松平伊賀守」とある。ペリー来航時、上田藩士たちはここに集合して浦賀に赴いた。「嘉永二年江戸切絵図」より。（国立国会図書館蔵）

図 1-9　阿部正弘
25歳という異例の若さで老中に抜擢され、水野忠邦の後を受けて長期政権を担った。ペリーが来航すると徳川斉昭を海防参与に推薦。反対する忠優と対立した。斉昭と忠優の対立が始まると、終始、斉昭の側に立った。（誠之館記念館蔵）

して不向きであり、老中の合議に基づく意志決定のプロセスを無視し、何でも独断で裁決しようとするだろうと懸念したうえで反対したのだ。このときの忠優の懸念は、現実となる。

評議の場での忠優の反対論を受け、牧野忠雅と松平乗全も意見を変え、忠優に同調した。忠優の議論が阿部に勝り、反対は三名になった。賛成は阿部と久世の二名で劣勢になったため、いったん提案を引っ込めざるを得なくなった。

しかるに、阿部は同じ議案を、その翌日の六月一七日にも再提出した。それを強く支持した久世広周は、「もし後で問題が起こるようだったら、私が切腹して責任をとる」（此の事にして若し後害あらば某切腹して罪を謝せん[34]）とまで言い出し、議論は大いに紛糾することになった。

この日の評議の場で、将軍御側御用取次の本郷泰固と平岡道弘から、当時重病で死の床にあった将軍・徳川家慶の意向が伝えられた。本郷と平岡によれば、家慶は、斉昭の参与就任について「大権を水戸に委せば余を何の地に置かんとするや[35]」と不安を述べたという。家慶は、臨終の間際まで斉昭が嫌いであったのだ。

阿部正弘は、さては忠優が、大奥や本郷・平岡と共謀して、水戸を阻止しようと画策しているに違いないと考え、将軍・家慶に直接会ってその意志を確認しようとした。しかし家慶はいよいよ重篤で、意識朦朧として、すでに阿部と話すことはできなくなっていた。そのまま家慶は危篤に陥り、六月二二日に薨去《こうきょ》してしまったのであった。

家慶がもう少し長生きしていれば、あるいは彼の意志がもう少しはっきりと伝えられていれば、状況は変わったかもしれなかった。家慶が亡くなったのを契機に、その遺志に反して、斉昭のリーダーシップに期待する声は一段と高まった。そして阿部は、斉昭の参与就任への働きかけをさらに強めたのである。

その際、斉昭と懇意であった越前の松平慶永《よしなが》（隠居後の名は春嶽）や薩摩の島津斉彬《なりあきら》から、斉昭の参与就任を希望する建議が老中に届けられた。阿部の根回しもあったのであろう。越前や薩摩のような有力諸大名の政権への支持を取りつけるためにも、斉昭を登用すべきであるという声は高まり、七月三日、大逆転で斉昭の海防参与就任が決定した。

大奥と忠優と将軍近侍の本郷・平岡らは、反水戸で結束していたが、あと一歩のところで及ばなかった。この人事は、重大な日本の分岐点となるのであった。

大奥と徳川斉昭の確執

ところで、なぜ大奥の女性たちは徳川斉昭を嫌っていたのだろう。大奥と斉昭の確執の背景について言及したい。

江戸文化研究家の三田村鳶魚《えんぎょ》によれば、斉昭が大奥から嫌われるにいたったことの発端は、斉昭が藩主の頃、斉昭の先代の兄・斉脩の正室である峰姫（第一一代将軍・徳川家斉の娘）付きの上臈御年寄・唐橋を手籠めにし、妊娠させた事件であった。唐橋は京都の公家の娘で、この任に就くに当たって生涯奉公・終身不犯の誓いを立てて奉職していた。一一代将軍・徳川家斉が唐橋の美貌に惹かれ言い寄ってきても、

▼33　『水戸藩史料』上編乾巻、吉川弘文館、一九一五年、三三～三五頁。
▼34　同。
▼35　石井孝『日本開国史』吉川弘文館、二〇一〇年、二九一～三〇三頁。

唐橋は誓いを理由に断わり、家斉も諦めたという逸話があった。その唐橋を、斉昭が強引に手籠めにしてしまったのだ。大奥のタブーを破ったことに対し、大奥も、大御所となっていた徳川家斉も激怒した。家斉は、唐橋を堕胎させて京都に帰したが、斉昭は貢物を京都に送りつづけ、唐橋を密かに水戸に呼び寄せ、囲いつづけた。[36] 元来、水戸家には参勤交代の制がなく、江戸定府を命じられていた。しかし斉昭は、唐橋を水戸に呼び寄せると、天保一一年（一八四〇）から五年にわたって水戸に滞在しつづけた。

同時期に、領内の寺院の仏像や鐘楼を鋳つぶして大砲を鋳造させるなど、仏教弾圧政策を展開したことも、信心深い大奥の女性たちを激怒させていた。天保年間は凶作がつづいたので、大砲鋳造のための銅を十分に購入できず、仕方がないので仏像や鐘を鋳つぶすというのである。凶作つづきで領民が苦しんでいる中での鋳造の強行は、いかにも軍事優先主義の斉昭らしかった。

ついに天保一五年（一八四四）、斉昭が領内で一〇〇〇人の武士を集めて軍事訓練を実施し、鉄砲の一斉射撃演習を行なったことで、謀反の疑いをかけられる。前年の仏教弾圧政策などの余罪と合わせて、将軍・徳川家慶は、斉昭に強制隠居と謹慎処分を命じたのである。

こうなるにいたった背景に、唐橋事件を契機とした大奥との対立があった。女色が生んだ斉昭の自業自得であったと言えるだろう。家慶が死の床にあってもなお、斉昭の参与就任を許さなかった背景にも、このとき以来の確執があったのである。

唐橋事件の後も斉昭は何ら反省することなく「手当たり次第」で、今日で言うところのセクハラ・パワハラ体質、見境のない横暴ぶりが、大奥から徹底的に毛嫌いされたのである。女たちの男を見る目は正しかったと言えるのではなかろうか。

大奥は斉昭を許さなかったが、老中首座の阿部正弘は、謹慎中の斉昭と文通して心を通わせるようになり、斉昭の謹慎解除のために奔走するようになった。[37] 弘化三年（一八四六）に斉昭の謹慎を解除させることに成功した阿部は、翌年には斉昭の息子の七郎麿（慶喜）を一橋家に養子として送り込むことに協力し、はては斉昭の参与就任のために尽力したのであった。

徳川斉昭の軍事知識

忠優の反対を押し切って海防参与に就任した徳川斉昭であるが、そもそも彼に「海防」を論じるような知見はあったのだろうか？　斉昭は、嘉永六年（一八五三）の参与就任の直後から、得意になって矢継ぎ早に建白書を提出している。八月三日に提出した「海防愚存」には、例えば次のように記されている。「神州日本の武士たちは剣と槍に秀でているから、電光石火の如き抜刀斬り込みで血戦に及べば、『夷賊』など皆殺しにできる。敵艦隊に対しては、交渉をする風を装って乗り込み、不意に抜刀して乗務員を皆斬り殺し、敵艦を乗っ取ってしまえばよい[38]」と。これが政府の海防担当顧問とは聞いて呆れる。

斉昭の説は「内戦外和論」と要約される。すなわち、表向きは決戦の構えを取りつつ、裏では避戦のための外交交渉も行なうということである。その際、政権は「和」の選択肢は胸中にしまい込んで、国内的には「打ち払い」を呼号し、庶民に対しては戦争の危機を煽って、軍備の充実に協力させるべきという意見であった[39]。絶えず外敵の脅威を煽って、国内を臨戦態勢に置き、人々に愛国心を強要して、政権に忠誠を誓わせようというのだ。これは昔も今も、全体主義を志向するタカ派政権が、国民を政権に協力させ、コントロールするために、頻繁に用いる手段である。

斉昭は、抜刀斬り込み戦術のみではなく、大艦巨砲主義も唱え、軍艦の建造、大砲の鋳造を建議している。しかし真に大艦巨砲を整備したいと思うのであれば、交易しつつ外国の技術を学び、貿易利益を海軍建設のために蓄えるという長期的な計画が必要であろう。しかるに斉昭は交易を否定し、西洋技術の普及

▼36 三田村鳶魚『大名生活の内秘』早稲田大学出版部、一九二一年。
▼37 土居良三『開国への布石――評伝・老中首座阿部正弘』未來社、二〇〇〇年、九〇～一四二頁。
▼38 前掲『水戸藩史料』上編乾巻、五三～五四頁。
▼39 永井博『徳川斉昭――不確実な時代に生きて』山川出版社、二〇一九年、一四三～一四七頁。

図 1-10　徳川斉昭

水戸藩主時代から大奥と対立し、将軍・家慶によって天保 15（1844）年に隠居・謹慎を命じられたが、阿部正弘の尽力で謹慎解除。ペリー来航後、海防参与に就任。交易は決して許さぬとして、積極交易論者の忠優と論争を繰り広げた。忠優を「俗論の根元」と呼び、ついに失脚に追い込んだ。（松戸市戸定歴史館蔵）

を敵視していたから、大いなる矛盾があった。

実際、斉昭の国産技術による軍事化路線の末路は、悲惨であった。斉昭は、安政元年（一八五四）から三年を費やして、領民の困窮をしり目に、軍艦の建造に熱中した。軍艦「旭日丸」は完成したものの、設計ミスでバランスを欠いていたため、真っすぐに進むこともままならなかった。この軍艦の錨《いかり》の綱は、斉昭の考案により、全国から女性の髪を集めて撚ったというシロモノで、すぐに水に溶けた。この船には「厄介丸」というあだ名がついた。当時の落首で、「動かざる御代は動きて動くべき　船は動かぬミトモナキ〔水戸もなき〕かな[40]」と詠まれている。

仏像や鐘を鋳つぶしての巨砲製造は、先にも述べた通りである。仏教界を敵に回しても、「国防」の大義のため造った斉昭自慢の大砲は「厄介丸」と同様、実戦では何の役にも立たなかった。

後年の話であるが、斉昭の死後の元治元年（一八六四）、斉昭の遺訓を奉じて筑波山に挙兵した天狗党の乱が起こる。天狗党の集結した那珂湊《なかみなと》に、公儀海軍は鎮圧のために軍艦・朝陽丸を派遣。ここに「那珂湊の戦い」が勃発した。このとき天狗党は、斉昭自慢の大砲をついに実戦に投入したのである。

大正から昭和にかけての婦人運動家として名高い山川菊栄は、徳川斉昭の家臣の青山延寿《のぶとし》の孫であり、『幕末の水戸藩』という名著を残している。山川は、この那珂湊の戦いを実際に見た古老たちから話を直接に聞いている。土地の古老によれば、朝陽丸からの砲撃が一発の無駄もなく天狗党の陣に命中していくのに対し、斉昭の大砲は、かろうじて砲身からは弾が離れても、人目にわかるほどにゆるゆると飛んで、敵艦には遠く届かず、目の前に海に、ボチャン、ボチャンと落ちたそうな。古老は、「天狗さんが負けたのはあの一艘の軍艦に負けたんですよ。烈公《れっこう》さま〔斉昭〕の大砲を何十、何百並べたってかないっこないんですから。天狗さんの書いた本には、そうみっともないことは書いてありませんがね」と語ったという。[41]

水戸天狗党の命運は、事実上、この戦いで尽きたのであった。斉昭は、藩内での洋学教育を敵視し、神国思想と精神主義的攘夷論で藩論を染め上げ、我流の軍事優先主義を進めたが、その帰結がこれであった。

山川菊栄は、自分の祖父が仕えた徳川斉昭の人物象をつまびらかにし、その俗物性に容赦のない批判を加えている。例えば、安政の大地震ののち、斉昭が、山川菊栄の祖父・青山延寿宛てに書き送った手紙の一節には「天変地妖《てんぺんちよう》有之儀、さてさてと存じ候。この上は夷狄《いてき》の儀も安心相成らず……」とある。これを紹介しつつ山川は、「斉昭はこの地震を天変地妖の一種とすると共に、夷賊が国をうかがうしるしだろうと古代人のような原始的恐怖感を示している。彼はまだ自然現象と外交問題の区別のつきかねる心理状態からぬけきれぬ人類の未開時代の発展段階にいたらしい」と手厳しく批判している。[42]

斉昭は、安政の震災後、西洋語を学び、西洋の兵学書や医術書を和訳する必要性を理解するようにはなった。しかし、それによって藩内に「蘭僻《らんぺき》」が蔓延することを恐れ、洋学知識は特権的少数者の独占とし、藩校の弘道館で広く藩士に教育をすることを禁じてしまう。それについて山川菊栄は、「異民族と外来文化への根強い偏見と共に、新しい知識や技術を少数エリートの私有物化し特権化して、広く大衆の利用を許すまいとする封建領主的驕慢と狭量は、そのまま外交問題における攘夷思想、家中のお家騒動的派閥闘争と結びついて藩を破局へと導いたように思われる」[43]と述べる。すなわち、天狗党・諸生党の二派に

▼40　小林雄吾、前掲書、二七頁。
▼41　山川菊栄『覚書　幕末の水戸藩』岩波文庫、一九九一年、九九頁。
▼42　前掲書、一三二～一三三頁。
▼43　前掲書、一三五頁。

よる凄惨なテロの応酬から、ついには内戦に発展した後年の水戸の悲劇は、指導者であった斉昭の狭量に原因があるというのである。

斉昭が唱えた内戦外和論は、外国との戦争を回避するための交渉をしつつも、国内統合を図るため、内に対しては攘夷熱を煽りつづけ臨戦態勢に置くというものであった。この斉昭の「フェイク戦争論」を真に受けた藩士たちは、妥協することなく攘夷を呼号し、ついには天狗党の乱を勃発せしめたのであった。斉昭本人は必ずしも攘夷戦争をする気などなかったというのに、下の者たちに対して戦争熱を煽るだけ煽ってその気にさせ、自藩を内戦による破滅へと導いたのだ。斉昭のその罪は、あまりにも深い。

忠優と斉昭の交易問答

話を元に戻したい。参与に就任した徳川斉昭は、「交易」によって「国力衰弊人心惑溺之端」[44]と主張していた。交易は、国力を衰えさせ、人心を惑わす元になる、というのだ。通商を拒否しながら、西欧列強に対抗する軍事力を確保できるわけもないから、まったく論理倒錯していたと言わざるを得ない。

斉昭は、閣老に対し通商拒否の方針を明確にするように迫り、嘉永六年（一八五三）一一月、戦争を辞さない覚悟を示す「大号令」を発令させた。こうしたなか、ペリー再来航の前月の一二月、松平忠優と松平乗全は新たに海岸防禦《ぼうぎょ》御用掛《がかり》（海防掛）に任命された。それまで老中の海防掛は阿部と牧野のみであったが、ペリー再来航に備えて人員を拡充したのである。阿部があえて忠優を指名したのは、斉昭の論の行き過ぎを警戒して、そのカウンターバランスを期待したのかもしれない。しかし阿部は、斉昭と忠優の対立が深まっていくと、斉昭の方に良い顔をしようとしつづけた。阿部は、斉昭の憎まれ役を、忠優一人に押しつけていたようにも思える。

年が明けて嘉永七年一月一六日、予告より半年早くペリーが再来航し、通商の開始を要求してきた。このとき斉昭は、外国船が日本に来て通商を行なう「内交易」は決して許してはならないが、日本が貿易船を建造して外国に出かけて日本の商品を売るという「出交易」ならばよい、と主張するようになった。しかし、そのような片務的な内容の条約を、列強諸国が認めるわけがなかった。

対する松平忠優は、内交易も含めた交易開始を主張し、斉昭と争うようになった。忠優が、いつから交易を主張するようになったのかは史料不足で判然としない。確かなことは、ペリー来航時には、すでに交易開始を唱えていたという事実である。二月二日の城中の評議の後、斉昭が家臣の戸田蓬軒《ほうけん》と藤田東湖《とうこ》に宛てた手紙には、次のように書かれている。

出交易にて承知致し候へば、此の上なく候へども、中々承知致し申すまじくと、伊賀〔忠優〕、大和〔久世広周〕は心配にて色々申し聞け候へども、内地交易の義は必ず後患これ有りとて、我等は同心致さず候。尤も伊賀・大和も、右を済ませ候にはこれ無く、三、五年立つと、其の中に内地交易をも済ませ申す可き様子に申し聞け候はば然る可しとの計策に候へども、我等は夫以て同心致さず候。[45]

〔現代語訳〕
〔斉昭が主張する〕出交易のみで先方が承知してくれればよいが、なかなか承知しないでしょうと、伊賀〔忠優〕と大和〔久世〕がいろいろ心配して申し立てた。しかし内地交易を認めてしまえば、きっと後々災いが起こるに違いないと、我等は反対した。それでも伊賀と大和は、それで済まそうとはせず、三〜五年後には内地交易も開始するように持っていこうと計画している様子であったので、我等は決して同意しなかった。

▼44　前掲『水戸藩史料』上編乾巻、七九〜八〇頁。
▼45　徳富蘇峰『近世日本国民史　開国日本（三）』講談社学術文庫、一九七九年、一三八〜一三九頁。

この斉昭の書簡からもわかるように、忠優と久世広周は、三〜五年後には交易を開始するという確約を条約に含めるべきと主張していた。久世は、先に見た通り斉昭の参与就任に強く賛成していたが、その後の斉昭の態度を見て自分の判断を後悔したのか、この頃は忠優と歩調を同じくしていたのである。

応接場所を横浜に決定し、小倉藩と松代藩に警護を命じる

日米の条約交渉が行なわれた嘉永七年二月の月番老中は、忠優であった。日米和親条約交渉時における月番老中としての忠優の役割は、従来の研究ではまったく語られていない。

日本側は、アメリカとの交渉場所として浦賀を予定していたが、ペリー側から、浦賀の波は荒く、湾が狭いので上陸するのが難しい、と変更を要求されていた。交渉会場をどこにするかで大いに揉めていたのだが、日本側の香山栄左衛門が一月二八日に横浜の存在を指摘したところ、アメリカ側は横浜を視察して大いに気に入った。

それを受けて、忠優は、月番老中になった初日の二月一日、月番の権限で早々に横浜への変更を決定した。伊賀守名で「浦賀沖は波が荒く、船を繋ぐのが難しいということなので、横浜で応接すること」（浦賀沖ハ波荒ニテ、船繋難致旨申立候ニ付、本牧横浜ニテ応接有之候事）[46]という通達を発している。忠優が横浜への変更をあっさりと承諾したのは、江戸と交渉現場との連絡を密にするためには、江戸から近い方が好都合という判断も働いたものと思われる。

さらに忠優は、同じ二月一日、横浜応接所の警備を、小倉藩の小笠原忠徴と松代藩の真田幸教に命じる通達も矢継ぎ早に出している[47]。関門海峡という海の要衝に接している小倉藩が警備役に選ばれるのは、順当であろう。一方で、海のない信州松代藩を指名していることが注目される。松代藩には、名高い西洋砲術家であった佐久間象山がいた。忠優は、前述した八木や櫻井をはじめとした家臣たちを、象山の塾で学ばせていた。おそらく忠優は、象山の砲術知識・軍事知識、そして危機管理能力を評価し、松代藩に横浜

の警護を委ねることに決めたのではないかと思われる。

実際、佐久間象山は、真田家臣団を率いて、威風堂々とした姿をペリー艦隊の乗務員たちに見せつけた。ペリーは象山の前を横切るときに、その威厳に圧倒されたのか、思わず会釈をしたというエピソードが残っている。▼48 象山は期待に十分に応えたのであった。

このときの忠優は、まさか翌月に象山を処罰せねばならなくなるとは思いもしなかっただろう。

忠優から林復斎への密命

ペリーとの交渉は、先述したように、忠優が月番老中の嘉永七年二月中に行なわれた。徳川斉昭は、出交易ならよいが内交易は決して認めないと強く主張したが、そのような片務的内容の条約をアメリカが呑むはずもなかった。忠優は、波風を立てずに交渉を進めるため、斉昭の動きを封じ込めようと画策した。

忠優は、二月二日、勘定奉行の松平近直《ちかなお》に命じて、交渉担当者として横浜に赴いていた林復斎と井戸覚弘に極秘指令を与えた。水戸側の史料である『開国起源安政紀事』によれば、その指令は以下のようなものであった。

老中松平賀州陰ニ松平河内守ニ命シ急ニ横浜ニ趣キ内意ヲ林井戸等ニ傳ヘテ平和ノ談判ヲナサシム謂

▼46　東京帝国大学史料編纂所編纂『大日本古文書――幕末外国関係文書之五』東京帝国大学、一九一四年、六～七頁。
▼47　前掲書、八～九頁。
▼48　ペリーが象山の前で思わず会釈したという有名なエピソードは、象山が安政元年三月一二日（一八五四年四月九日）付で正妻のお順（勝海舟の妹）に送った手紙の中に、「一昨日ペルリ上陸候せつも通りがけ我等の前を過ぎ候時一寸会釈して通り申し候ペルリは一通りの人にはゑしやくは致さぬよし」とあるのが出所である。信濃教育会編『象山全集』巻四、信濃毎日新聞社、一九三四～三五年、二三八～二三九頁。

ク応接ノ事一々旨テ老中ニ請フナカレモシ之ヲ老中ニ請フ老中又之ヲ前納言ニ乞ハザルヲ得ズ然ラハ必平和ヲ破ラン卿等宜シク相議シテ専決事ニ従フベシ若其後日ノ咎ハ老中之ニ任セント是則和議ノ一タヒ決スル始メナリ前納言此内論アルヲ聞大ニ驚キ且憂ヒ四日林大学ヲ城中に召還シテ交易ノ決シテユルスベカラザルヲ面命ス[49]

〔現代語訳〕

老中・松平伊賀〔忠優〕は、密かに松平河内守〔松平近直。勘定奉行〕に命じ、急ぎ横浜に赴かせ、交渉担当の林と井戸の両名に内意を伝え、平和のための交渉を行なわせた。その内容は、「ペリーとの交渉内容について、いちいち老中の指示を仰ぐな。もし老中に言えば、それを前納言〔斉昭〕に報告せざるを得ず、そうなれば必ず平和は破られよう。現場で相談しながら判断し、和平を最優先課題とし、その場で事を進めよ。もし何か問題が起これば、その責任は私が負う」というものであった。これが和平の方向に決した最初である。前納言〔斉昭〕は、この密命があったのを知ると大いに驚き、憂い、四日に林大学頭を城中に召喚して、決して交易を許すべきでないことを命じた。

忠優は、斉昭が交渉に介入しないよう、何かあれば責任はすべて老中の自分が負うと宣言したうえで、交渉現場の担当者である林と井戸に、詳細な情報をいちいち江戸に報告せぬように指令した。斉昭が介入すれば交渉はぶち壊され、平和は破られると確信していたからだ。ところが斉昭は、ただちに忠優の密命の内容を知り、大いに驚き、林と井戸を急遽江戸城に召喚したというのである。どうやら、忠優が発した指示の内容は、水戸側に筒抜けになってしまっていたようである。

ちなみに公儀の公式の交渉記録である『墨夷応接録』には、二月二日の項目に「この日の四ッ時〔夜一〇時頃〕、松平河内守が金川〔神奈川〕にやってきて、ごく内密の指図を伝え、応接掛《がかり》の皆で徹夜の会議を行なった」（此日四ッ時、松平河内守金川ニ参り、御内密御指図有之、相掛り一同徹暁談判有之[50]）と記

図 1-11 「合衆国提督口上書」という、ペリーら三人の使節を描いた錦絵

（米議会図書館蔵）

図 1-12 ペリー

（メトロポリタン美術館オンライン・コレクションより）

載されている。

この「御内密御指図」とは、明らかに忠優による密命のことである。公儀の公式記録では、内密の指令があったとのみ書かれ、「内密」であるがゆえ、誰からの、どのような指示であったのかという具体的情報は記載されていない。応接掛は、この内密指令を受けて、徹夜で対応を協議したというのだ。

ここで次の疑問が浮かぶ。忠優から林と井戸への指令の内容が、たんに斉昭を無視せよ、というだけのものであれば、徹夜の議論にまでなるであろうか？　忠優からの密書には「斉昭を無視せよ」という以上の指令が含まれていたのではなかろうか？

筆者は、「斉昭には内密にしたまま、将来の交易開始まで条約の中に含めよ」という内容の指令であったと推測する。松平近直に「その責任は私が負う」と言明していることから、忠優としては、条文に交易開始を含むことと引き換えであれば、その責任を取って辞職しても良いという強い覚悟があった、と思われる。当時、応接掛も原則として交易開始には反対であった。忠優の指示に同意できない者が多かったはずである。それで紛糾し、徹夜の激論になったのではないだろうか。

斉昭は、忠優の動きを察知し、林と井戸を江戸城に呼びつけた。どうして斉昭に情報が漏れたのだろうか？　筆者の推測を述べれば、交易開始に反対する応接掛の誰かが、交易を阻止するために斉昭に密告したのではあるまいか。応接掛には、林と井戸のほか、鵜殿長鋭《うどのながとし》、松崎満太郎、井沢政義がいた。鵜殿などは生粋の反開国派であったから、忠優の密書の内容に反発し、斉昭に密告する動機は十分にあろう。これは推測なので、一つの仮説として提示し、今後の検証を待ちたい。明らかなことは、この時期、忠優と斉昭のあいだで、熾烈な情報戦が展開されていたということである。斉昭は諜報能力についてはなかなかの〝然《さ》る者〟であった。

忠優と斉昭の直接対決

二月四日、斉昭は、林と井戸を召喚したうえで、江戸城中でペリーとの交渉方針をめぐって評議を行なった。こうして交易の是非をめぐって、忠優と斉昭の直接対決が展開されることになった。

林と井戸は忠優に同調し、交易開始もやむなしと考えるようになっていた。応接掛も割れていたのである。林と井戸は「交易さえ認めてしまえば、アメリカ艦隊は満足して帰国するだろう。しかし許さないときには江戸にまで押しかけ、老中と直談判しようという勢いである。そのうえで老中が交易を認めない決断をすれば、戦争にまで発展するかもしれない」（通信交易御許しに相成候へは、此なりにて異人退帆いたし候勢、御ゆるし無之時ハ、異人直ニ江戸表へ罷出、御老中へ対面いたし存意中度候由、御老中御対面有之候而も、通信交易御ゆるし無之時ハ、兵端ニ及ぶ勢い之由[51]）と述べた。林本人は、個人の意見として交易開始に反対であったが、この時点で自説には固執せず、事態を穏便に処理するために、交易承認もやむなし、との判断にいたっていたのである。

斉昭は、こうした態度の林と井戸を見て、アメリカに怯えているだけではないかと憤慨した。そして、断固として交易を主張する忠優と大激論になったのである。斉昭本人は、この日の評議について以下のように記している。

> 四日登城、両度老中へ逢候処、当月は伊賀守海防月番歟にて、同人のみ頻りに談判いたし、伊勢守は黙止いたし居候。伊賀守専ら和議を唱え候。林大学・井戸対馬にも逢候處、両人共墨夷を畏るる事虎の如く、奮発の様子毫髪も無之、夜五ツ時迄営中に居候へ共、廟議少しも振ひ不申、いたづらに切歯するのみ。[52]

▼49　内藤耻叟『開国起源安政紀事』東崖堂、一八八八年、六〇頁。

▼50　森田健司編訳『現代語訳　墨夷応接録——江戸幕府とペリー艦隊の開国交渉』作品社、二〇一八年、一二三頁。

▼51　中根雪江『昨夢紀事』第一、日本史籍協会、一九二〇年、一二三頁。

〔現代語訳〕
四日に登城。再度老中に面会に行くと、今月は伊賀守〔忠優〕が海防月番老中であったため、彼ともっぱら談判した。伊勢守〔阿部正弘〕は黙ってばかりいる。伊賀守は和議を唱えるばかりであった。林〔復斎〕と井戸〔覚弘〕の両名は、アメリカを虎のように恐れるばかりで、発奮する様子は毛頭なかった。夜五ツ時〔夜八時〕くらいまで城内でねばったが、評議はまったく振るうことなく、切歯して悔しがるのみであった。

この斉昭本人の記述からも、論争は主に斉昭と忠優で行なわれたことは明らかである。阿部正弘は、二人が激論する中にあって押し黙っていた。夜八時まで、斉昭と忠優は丁々発止とやり合った模様である。斉昭は忠優にやり込められ、「切歯して悔しがるのみであった」と記す。忠優が、議論では勝ったのである。

ちなみに、同じ二月四日の忠優の日記には、「水戸中納言殿御登城有之、御用済使遣、一同退出[53]」とのみ書かれている。斉昭が登城してきて議論した様子はうかがえるものの、それ以上のことは何も書かれていない。忠優の日記は、老中の業務日誌であり、規定通りのルーティンをこなしたことを証明するために書かれているようである。このため形式的・儀礼的なことしか書かれない。自身の感情も、議論の内容も何も記されていないのは残念である。

議論は交易開始で決していた

通説では、日米和親条約の際、幕閣の大勢は交易反対であり、薪や水の供与など人道的な配慮のみを認める条約にするのが規定路線であったかのように言われている。そうした俗説は、訂正される必要がある。

実際にはペリーとの交渉に入る前に、忠優が議論を主導して斉昭をやり込め、交易を承認するところまで話は進んでいたのである。

二月四日の城中評議の場では、五年後の交易承認という結論が出た。『水戸藩史料』では「みなの意見は姑息《こそく》な交易の説に傾き、一時は林韑〔復斎〕に交易許可の内達が出されたとのことであった〔……〕。五年後の交易開始で、先方が承知しなかった場合は、三年後とするという線で定まったとのことである」（衆議皆姑息の和親説に傾き一時は既に林韑等へも交易許容の内達ありしものの如し〔……〕五年にて承知不致候ハ三年之後ニハ交易御試ミ御約定之事▼54）とある。つまり、ペリーに五年後の交易開始を打診し、もしペリーが「五年後」という案を呑まなければ、「三年後」という線まで譲歩してもよいという方針に定まっていたというのである。三～五年後の交易開始というのは、かねて忠優が主張していた方針であった。

越前藩主の松平慶永も、二月四日の評議の情報を伝え聞いて、「閣老衆は、いずれも交易通信の問題で追い詰められた結果、ついに交易御許可ということに決まったということである。廟議は、はなはだしく危ういことになっている」（閣老衆始何レも交易通信応接相極り候末、御免許と申す事ニ相成、廟議甚危迫▼55）と記している。慶永は、この時点では交易反対であり、「閣老衆」が交易通信に「免許」を与えたことを、「はなはだ危うい」と述べている。松平慶永は、のちに家臣の橋本左内の説得を受けて開国派に転じるが、ペリー来航当時には、斉昭と変わらぬ攘夷論者であった。

危機感を覚えた慶永は、二月一二日、鳥取藩主・池田慶徳、徳島藩主・蜂須賀斉裕、熊本藩主・細川斉

▼52 前掲『水戸藩史料』上編乾巻六「斉昭手記」、二六三頁。
▼53 維新史料編纂会『大日本維新史料』第二編ノ三、文部省、一九四一年、一三〇頁。嘉永七年二月の忠優の日記の原本は失われているが、『大日本維新史料』に一部が転記されている。
▼54 前掲『水戸藩史料』上編乾巻六、二六三～二六四頁。
▼55 維新史料編纂会『大日本維新史料』第二編ノ四、文部省、一九四三年、五五頁。

護を誘って阿部正弘に面会し、決して交易通信を許可しないように求める申し入れを行なった。同時に慶永は、尾張藩主の徳川慶恕にも手紙を送って、交易論者の忠優を翻意させるよう説得してほしいと促している。[56]

阿部正弘が交易開始を覆す

徳川斉昭は、評議の翌二月五日、抗議の意志から登城せず、参与辞職の意向を阿部に伝えた。阿部は、斉昭を慰留させるべく、二月六日になって通信通商を行なわないという決定をしてしまう。四日の会議の結論を覆す、後出しジャンケンであった。

「斉昭手記」には、「六日に登城。通信・通商は決して許さないことに定まり、閣老衆にも申し聞かせたとの事で、我等も大安心した」（六日登城通信通商之儀ハ決して御許容無之筈ニ治定仕候旨閣老共申聞候ニ付我等も大安心）[57]と記されている。斉昭は、交易通信を決して許さないという阿部の決定を聞いて「大安心」し、満足して辞意を撤回した。

斉昭の「ゴネ得」で、交易開始という結論は覆されてしまった。斉昭は、参与に就任してから、自分の意見が通らないと駄々をこねては辞意を示し、その都度、阿部は慰留させるべく譲歩するということを繰り返していた。

阿部の斉昭への気の使いようは、尋常ならざるものがある。老中首座が、斉昭に気を遣いすぎるあまり、合議による意志決定という統治ルールを踏みにじっていった。斉昭を参与にしたことで、徳川政権の統治体制そのものが崩れていったのだ。

忠優は不満であったろう。二月六日の忠優の日記には、次のようにある。

一、水戸前中納言殿御登城有之、

一、御用有之、別段御逢相願、御取次左右ニゐ一同奥ヱ廻、太公望御杉戸際ヱ寄罷在、尚亦御取次案内ニゐ一同脱劒　御前へ出　御用相窺引[58]

まず斉昭が登城したことを記し、その後、忠優は「別段御逢相願」として奥に行き、「脱剣」したうえで、「御前へ出」ている。つまり将軍・徳川家定に面会しに行ったのだ。「別段相願」とあることから、忠優から特別に何かを家定に要望しに行った様子である。「別段相願」の内容については何も記さない忠優であるが、おそらく交易に関することであろう。

この日、青天の霹靂《へきれき》のように、阿部が先の合意内容を覆し、交易不許可の決定をしてしまった。そこで最後の手段として、家定の御前に行き、交易許可を願い出たのではなかろうか。しかし、このときの家定は阿部の意向を尊重し、動かなかったのであろう。忠優の懸命の努力は、またしても、あと一歩のところで水泡に帰してしまったのである。

交易論者は、忠優一人であった

のちに大政奉還を提唱する旗本の大久保一翁は、明治になってからペリー来航当時のことを回想して、次のように述べている。

〔ペリー来航の〕当時阿部勢州と同じく開国論を主持したるは松平伊州にして其他は大抵攘夷家なるべし、若年寄遠藤但州〔遠藤胤統〕などは表面に開国家の様の事を言ひたれど真実は攘夷家なり[59]

▼56　前掲『維新史料綱要』巻一、五五三頁。
▼57　前掲『水戸藩史料』上編乾巻、二六六頁
▼58　前掲『大日本維新史料』第二編ノ三、二三一頁。

つまり、大久保一翁の回想によると、ペリーが来航した当時の閣内で、真の開国派と言えたのは阿部と忠優のみであった。大久保は、自分を抜擢してくれた阿部には恩があるらしく、どうしても阿部を贔屓《ひいき》目に見てしまうようだ。実際には、阿部の開国論は怪しいものである。阿部が個人的意見として開国論者だったとしても、肝心なところで斉昭に譲歩してしまったのでは意味がなかろう。政治家として重要なことは、重大な局面で自分の信条を貫けるか否かである。一貫して揺るがぬ開国論者で、公の場でそれを主張しつづけたのは、忠優のみであったのだ。

阿部が、斉昭のご機嫌とりに動いたことは、歴史の重大な分岐点となった。もしもこのとき、将来の交易開始を条約に含めてしまっていれば、後年のハリスとの日米条約交渉の際に、あれほど紛糾することはなかったはずである。交易には「勅許」が必要などという議論がまかり通って、国際情勢のまったくわからぬ公卿や尊王攘夷の「志士」たちが政治に介入し、国内が争乱状態になることも避けられたはずだ。

阿部正弘は、徳川斉昭を政権に引き込み、斉昭と忠優の対立がはじまると斉昭側に立ちつづけた。歴史学者からは、「阿部正弘は、包容力と柔軟性に富む人物で、名宰相とも評価されてはいる▼[60]」そうであるが、その評価には大きな疑問を感じざるを得ない。

日米和親条約調印

こうして日米交渉の基本方針は、薪水・食料・石炭など必要な物資の供給のみを認め、交易は認めないということに定まった。ペリーが頑強に交易を主張した場合、状況は変わったかもしれなかった。意外にも、林復斎が二月一〇日の第一回交渉で交易を認めない方針を明言すると、ペリーは、それを受け入れてしまったのである。

ペリーは交渉の場で、漂流民の人道的な扱いや食料・薪水・石炭の供与が、交渉の第一の目的であるこ

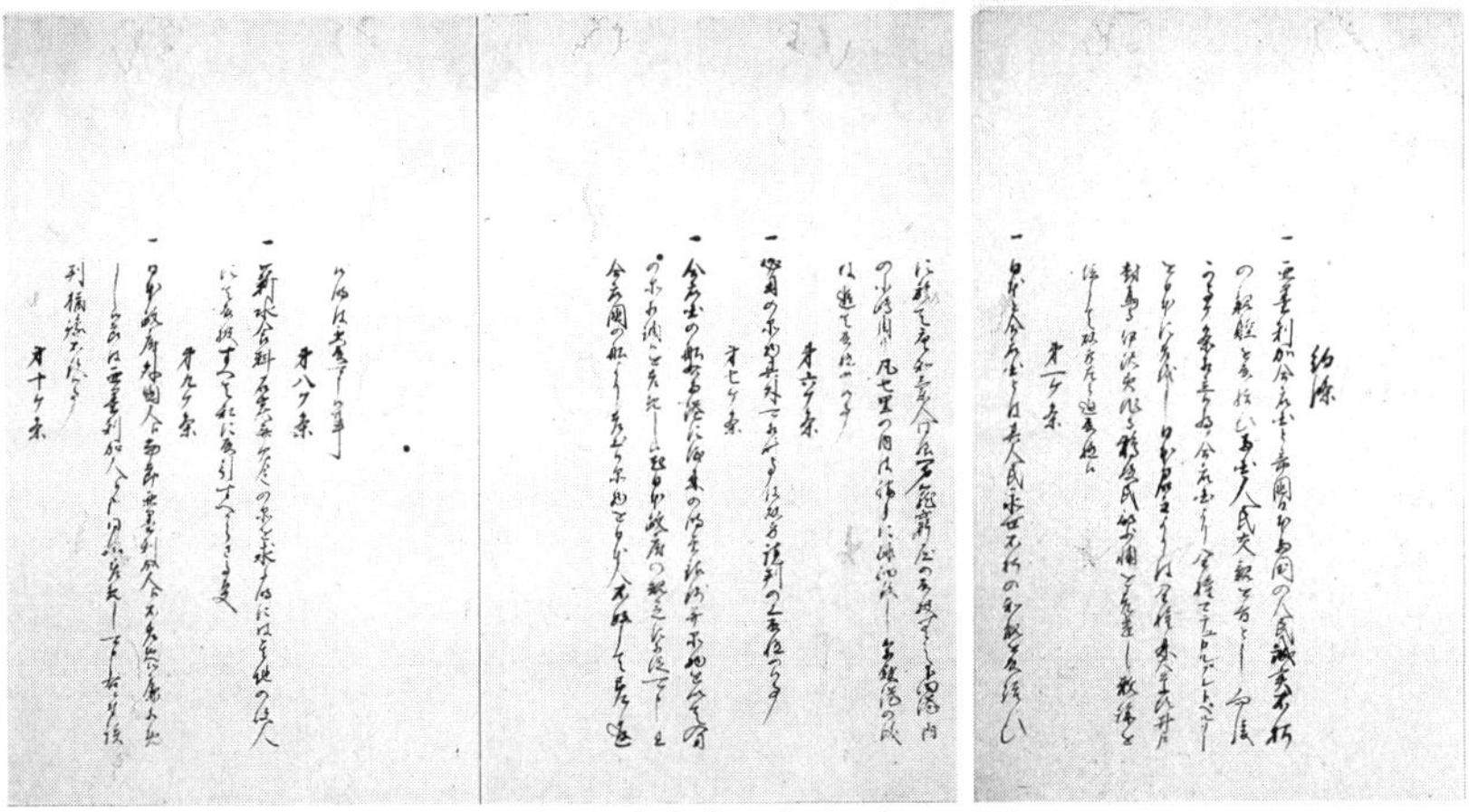

図 1-13　「日米和親条約（写）」（三条家文書、安政元年 12 月）

（国立国会図書館蔵）

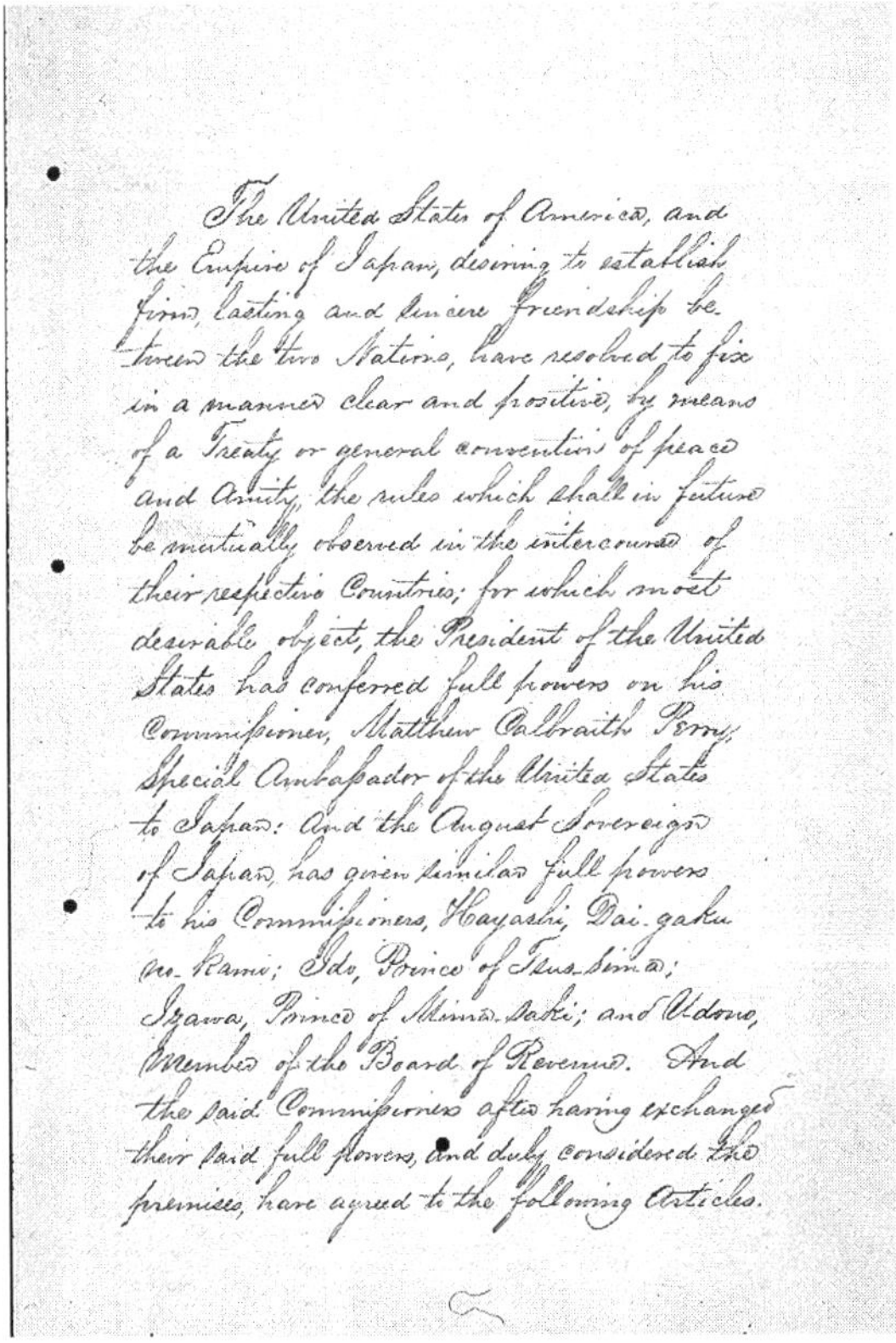

The United States of America, and the Empire of Japan, desiring to establish firm, lasting and sincere friendship between the two Nations, have resolved to fix in a manner clear and positive, by means of a Treaty or general convention of peace and Amity, the rules which shall in future be mutually observed in the intercourse of their respective Countries; for which most desirable object, the President of the United States has conferred full powers on his Commissioner, Matthew Calbraith Perry, Special Ambassador of the United States to Japan: And the August Sovereign of Japan, has given similar full powers to his Commissioners, Hayashi, Dai-gaku no-Kami; Ido, Prince of Tsus-Sima; Izawa, Prince of Mima-saki; and Udono, Member of the Board of Revenue. And the said Commissioners after having exchanged their said full powers, and duly considered the premises, have agreed to the following Articles.

図 1-14　日米和親条約の英語版原文（1854 年 3 月 31 日）

（米国立公文書記録管理局蔵）

とを告げていた。林は、人道面での諸要求をすべて認めたうえで、「交易の話は利益の話であって、人命に関することではないのだから不要であろう」（交易之儀は、利益之論にて、指て人命に相拘り候事にハ無之儀にハ候はず哉）と切り返したところ、ペリーはその論理を認めざるを得なくなり、おとなしく引き下がってしまったのだ。[61] ここは林の交渉術が勝ったのである。

ペリーが交易問題で譲歩したため、交渉は日本側のペースで進められた。ペリーとの交渉はその後、第二回（二月一五日）、第三回（二月一九日）と順調に進み、二月二六日に条約草案ができあがった。

徳川斉昭は、長崎に加えて下田・函館の二港も開く、という条約草案の内容に不満を噴出させた。当初のアメリカ側の要求は、日本全国の七〜八か所を開港し、通商交易も許可してほしいという内容だったから、ペリーにこれだけ譲歩させた林と井戸の交渉術は見事であった。しかるに、これだけアメリカに譲歩させても、なお斉昭は怒り、草案が承認された二月二六日から登城しなくなってしまう。三月三日、「日米和親条約（神奈川条約）」の調印が行なわれた。

忠優と吉田松陰

日米和親条約の調印後の三月二七日、吉田松陰と従者の金子重之輔が、ペリー艦隊のポーハタン号に乗り込み密航を試みて失敗する、という事件が起きた。松陰の師の佐久間象山が密航を勧めていたことも発覚した。そこで松陰のみならず、横浜警護で活躍した象山までが捕縛されてしまったのであった。忠優にとってはショックであっただろう。

政権内部では、国禁を犯した松陰を死罪にという意見も多かった。忠優は、外国渡航を国禁とする法のあり方そのものに反対であった。しかし法治主義のタテマエから無罪にはできない。忠優は、松陰と象山に深い同情を寄せ、少しでも減刑しようと尽力し、二人を国元蟄居という比較的に寛大な処置で穏便に処理したと伝わる。[62]

当時、象山塾では、前述の八木剛助と櫻井純造のほか、恒川才八郎、門倉伝次郎など、忠優の股肱の家臣たちが学んでおり、上田藩の洋学研究と軍備の近代化は彼らの手に委ねられていた。忠優は、象山に恩義も感じていたはずである。かつて渡辺崋山が自決に追い込まれた際、何もできず痛憤した経験のある忠優は、自分が老中になったからには、同様な事件は繰り返すまいと誓っていたことであろう。

それから三年後の安政四年（一八五七）七月、萩で蟄居しながら松下村塾を営んでいた松陰のもとに、忠優の家臣の櫻井純造と恒川才八郎の二名が訪れている。二人とも象山門下で、もともと松陰とは交友を深めていた。前述のように、櫻井は薩摩留学の帰途に萩に寄った。恒川は、松陰に会うことを主目的として萩まで赴いたものと思われる。この二人は、忠優が象山と松陰の行動に共感を寄せているという事実を伝えた。それを知った松陰は感激し、忠優を敬慕するようになった。

その後、忠優が老中に返り咲いたことを知った松陰は、江戸に行く桂小五郎に対し、象山を赦免してほしいという告訴状を書くので、櫻井と恒川を通して忠固に届けてほしいと依頼している。安政四年一〇月二九日、獄中の松陰が桂小五郎に宛てて書いた「桂小五郎に與ふる書」の一節を現代語訳で紹介したい。[63]

このごろ上田侯〔忠優〕がふたたび幕閣に入って、佐倉侯〔堀田正睦〕と心をあわせて政治の舵取りをしていると聞きました。二侯はわが師・象山を憐れんでいるとのことです。〔……〕二侯がわが師を憐れむ心と、僕が師を惜しむ心に、差異はないことでしょう。それゆえ僕は密かに、二侯に対し

▼59　小林雄吾、前掲書、二四頁。ただし原史料は『諸家説話』。
▼60　石井孝、前掲書、七六頁。ただし石井は、その評価に疑問符を投げかけている。
▼61　森田健司編訳、前掲書、一三一頁。
▼62　小林雄吾、前掲書、一〇二頁。
▼63　この点については、拙著『赤松小三郎ともう一つの明治維新』（作品社、二〇一六年）の第3章でも詳述した。そちらも参考にされたい。

て〔象山赦免の〕告訴をしようと決意しました。〔……〕

上田藩士に櫻井純造と恒川才八郎という者がいます。彼らは元からわが師を知り、その縁で僕とも交遊を結ぶことになりました。二人は、かつて主君〔忠優〕が賢明であると僕に懸命に告げ、語り尽くしました。そのことは僕の言葉を通して理解してもらえると思います。〔……〕

僕が秘かに今の世を鳥瞰するに、この説〔象山の説〕を理解して、それを実行できるのは、二侯〔忠優と正睦〕を除いてほかにはいません。僕が独り上田侯を思い慕うのは、櫻井と恒川の二人の言葉が脳裏から離れないからです。〔……〕どうか天下国家のため、僕の告訴を上田侯の執事〔櫻井と恒川〕に届けてください。▼64

櫻井と恒川が萩を訪れた七月にはまだ忠優は失脚中であったが、九月に老中に再任された。おそらく櫻井らが、老中の堀田正睦と忠優が象山に同情し、赦免を考えているという事実を手紙で松陰に伝えたのであろう。松陰はそれを知って、一筋の光明を見出したのであろう。獄中から忠優宛ての告訴状を書き、それを桂小五郎に託して、櫻井と恒川に届けてほしいと依頼している。

松陰は、櫻井と恒川に全幅の信頼を寄せ、門人の久坂玄瑞や高杉晋作に対して、松代の象山とともに、上田の櫻井と恒川にも会いに行くように伝えていた。久坂も高杉も、実際に松陰の死後に上田を訪れ、櫻井・恒川らと交流している。

ディアナ号事件

話を日米和親条約調印後の安政元年（一八五四）に戻したい。徳川斉昭は、その後も無理難題をふっかけ、閣老たちを困らせつづけた。安政元年一一月、日露和親条約締結交渉のためにプチャーチンらを乗せて来航し、下田に碇泊していたロシアの軍艦ディアナ号が、安政東海地震による大津波で大破した。その

図 1-15　吉田松陰

安政元年、松陰が米国への密航をはかり失敗した際、忠優は深い同情を寄せ、国元蟄居という寛大な処分とした伝わる。（山口県文書館蔵）

後、修理に向かう途中、駿河の宮島村（現・富士市）の沖合で嵐に遭遇して沈没してしまった。幸いなことに、乗務員は救命ボートに乗って附近の海岸に上陸し、奇跡的に全員が助かった。富士の漁民たちは、懸命にロシア人の救助活動を行ない、全員を無事に助け出したのであった。漁民たちの人道的な姿勢はロシア側から賞賛された。

しかるに、このときも徳川斉昭は、船が沈没して困っているロシア人を襲撃して全員皆殺しにせよという、残忍きわまりない建言をして、老中たちを困らせている。阿部もさすがにこのときは斉昭の暴言を諫める側に回った。

公儀は、帰国できなくなったロシア人を救うため、伊豆の戸田村（現・沼津市）において日露で協力して新しい船を建造することに決定した。日本側にとってもメリットは大きかった。伊豆の戸田村の船大工で、新艦建造の棟梁の一人になった上田寅吉は、このときの経験によって洋式造船の新技術を習得し、のちに「日本造船の父」と呼ばれるようになった。ロシアとの協力の結果、日本の造船技術は、徳川斉昭の「厄介丸」の水準から飛躍的に高まったのである。人を助ければ、結局は自分たちも助けられる。

さらに別のメリットもあった。新艦建造で日露協力が実現したことは、両国の信頼関係を高め、日露領土交渉にも良い影響を与えた。川路聖謨が率いた日本側交渉団は、プチャーチンらロシア側から大きな譲歩を引き出し、樺太は国境を定めず両国の雑居地とし、またエトロフ島までを日本領とする交渉成果を勝

▼64　山口県教育会編『吉田松陰全集』四巻、大和書房、一九七二年、一三八～一四〇頁。

ち取ったのである。

仮に徳川斉昭の残忍きわまりない提案を実行に移していたとしたら、こうした成果は何一つ得られないどころか、「厄介丸」の技術水準でロシアと戦争する事態に陥ったであろう。斉昭とそれを支える勢力が、日本外交の最大の障害だった

「下田三箇条」問題

日米和親条約の締結後、アメリカは条約に基づいて、(一)アメリカ領事の下田駐在、(二)アメリカの測量艦隊の派遣、(三)そのほかの外国人の下田上陸・滞在の許可を認めること、の三点を要求した(「下田三箇条」と呼ばれる)。徳川斉昭は「下田三箇条」のすべてを拒否せよと主張し、それらすべてを受け入れるべきとする忠優との対立を深めていった。▼65

斉昭本人の談をもとにまとめた『水戸藩史料』によれば、安政二年(一八五五)五月六日、「下田三箇条」問題をめぐって、斉昭と忠優と松平乗全のあいだに、以下のようなやりとりがあったという。

忠優は「いまだ軍備が整わない状態で、要求を拒否することなど到底できない」(目下軍備未だ整はざるを以て到底彼が要求を拒むこと能わず)と主張。それに同調した松平乗全は「たとえ開戦に及んだとしても元より勝算はなく、一敗の後に彼の要求を容れることになれば、条件はさらに悪化してしまう」(仮令ひ開戦に及ぶも元より勝算なし一敗の後に彼の要求を容るゝよりは寧ろ初より許すに如かず)と述べた。▼66

つづいて斉昭と忠優のあいだで、以下のように激論が闘わされた。現代語訳のみの要約で紹介したい。

まず斉昭は、忠優の意見に反論して、「軍事的に劣勢だから向こうの要求に従うなどという先例をつくれば、先方はさらに増長して、その要求は底なしに強まっていくだろう。アメリカがひとたび下田に領事を置けば、下田は残らず天主教徒(キリスト教徒)になってしまうだろう。下田がそうなれば、つづいて箱館もそうなるだろう。ついには、アメリカ人たちは調子に乗って江戸城にも見物に行きたい、さらには

図 1-16　英国で報じられた「沈没するディアナ号」の記事の挿絵
（『*Illustrated London News*』1856 年に掲載）

図 1-17　プチャーチン
ペリー来航の 1 か月半後の嘉永 6 年（1853）7 月 18 日、長崎に来航。その後、日露和親条約締結交渉のために軍艦ディアナ号で来航したが、下田に碇泊中に安政東海地震の津波で大破し、さらに嵐で沈没した。（ИПП Оのサイトより。https://www.ippo.ru/ipporu/article/graf-evfimiy-vasilevich-putyatin-200631）

図 1-18　川路聖謨
日露和親条約の交渉において、川路が率いた日本側は、ロシア側から大きな譲歩を引き出し、樺太は国境を定めず両国の雑居地とし、エトロフ島までを日本領とする成果を勝ち取った。（『幕末、明治、大正回顧八十年史』〔東洋文化協会編〕より）

アメリカ人と将軍家との縁組は如何《いかが》、などと次々に要求してくるに違いない。将軍でなくとも、伊賀殿〔忠優〕の娘をアメリカ人と縁組させたい、などと向こうが言い出したら、どうなさるつもりか」と述べた。[67]

忠優は、それを聞いて笑いながら、「仮に下田が全員、天主教徒になったら、こちらも砦を築いて備えるとともに、天主教徒たちへは贈答の品々を送るなどしましょう。そうすれば向こうも軟化してくれるでしょう。下田の住民はせいぜい三万人くらいでしょう。その程度の人数が天主教徒になったところで、放置しておけばいかが」と回答したという。[68]

それを聞いた斉昭は、開いた口がふさがらず、戯れにもほどがあると、怒り心頭に達した様子である。ついに斉昭は、忠優を罷免させようと決意するにいたったのであった。斉昭談であることを割り引いて読む必要があるが、おおよそは事実であろう。

以上のやりとりを見てもわかるが、二人の議論はまったく噛み合っていない。斉昭としては、キリスト教が広まれば神州の国体が汚される、そんなことを許すわけにはいかないと、懸命に訴えている。しかし忠優は、それが日本の安全保障上の脅威になるとはまったく思っていない。忠優にしてみれば、キリスト教徒が増えたところで、アメリカ人と自分の娘が縁組したところで、それのいったい何が問題なのか、わからないといった様子である。

日本は「神州」であり「夷狄《いてき》」に汚されてはならない、という自尊意識に凝り固まった水戸学的国体論の信奉者と、国家間の理性的な対話と交流を進めることによって、日本の繁栄と安全保障を実現しようという合理主義者――この両者のあいだには、議論の共通土壌がそもそもなかった。

ちなみに、このときの斉昭の発言は、結果として、未来の一部を言い当てることになる。忠優の四男・松平忠厚は、旗本になったが、廃藩置県ののちにアメリカ・ニュージャージー州のラトガース大学に留学。アメリカでキリスト教に改宗し、さらに同地で恋に落ち、松平家との縁を切ってアメリカ人女性と駆け落ち結婚した。忠固の息子の忠厚こそ、アメリカ人女性と国際結婚した初の日本人男性なのである。キリスト教の浸透と忠優の子どもの国際結婚（娘ではなく息子であったが）という斉昭の「危惧」はまさに的中したのである。

しかし斉昭が的中させたのは、それだけである。それで「神州」の「国体」が汚され、日本が危機に陥るということがあったのだろうか。アメリカで苦学のすえ、土木工学者となった忠優の四男・松平忠厚は、米国で新しい測量器具を発明し、土木工学の発展にも大きく貢献することになった。忠厚は、英語で多数の論文を発表し、国際的な学術・発明の先端分野で活躍する初の日本人となった。その活躍によって、忠厚はアメリカで人気者となり、日本人の評価や対日感情を向上させるのにも貢献した。忠優が楽観したように、それによって日本の安全が脅かされることはなかったのである。

安政二年の政変——忠優の失脚と徳川外交の行き詰まり

問題なのは、阿部正弘である。阿部は、斉昭に同調し、下田三箇条拒否の方針を固めた。阿部を味方につけた斉昭は、安政二年（一八五五）六月、下田三箇条に賛成する忠優、牧野忠雅、松平乗全の老中三名の一挙更迭を要求する。

これに対して阿部は、なんとか忠優を留任させようとしたようであるが、[69]斉昭は六月三〇日に阿部に書簡を送って、「第一此節下田三ケ條之事御建議にても四は必御同意中間敷、左すれは四は廟堂俗論の根元に候」[70]と主張している。

▼65　麓慎一『開国と条約締結』吉川弘文館、二〇一四年、二一七～二四八頁。
▼66　前掲『水戸藩史料』上編乾巻、六三二頁。
▼67　前掲書、六三四頁。
▼68　前掲書、六三四～六三五頁。
▼69　麓慎一、前掲書、二三三頁。

何やら暗号めいた文章で、解説が必要になる。この史料中の「四」とは、忠優を指す隠語なのだ。当時の老中の中で、忠優は、阿部正弘、牧野忠雅、松平乗全に次ぐ四番目の席次であったことから、「四」が忠優を指すことになる。現代語に訳せば、「第一に、この下田三箇条を拒否せよという建議についても、忠優は絶対に同意しないであろう。忠優こそは、政府内にはびこる俗論の根源である」という意味になろう。

斉昭は、「下田三箇条」をすべて受け入れようとする忠優を、政権内の諸悪の根源と断じた。忠優を残しておいては、今後の政権運営に支障が出るとし、忠優だけは必ず免職せよ、と阿部に重ねて要求した。忠優は、斉昭の失脚リストの筆頭に掲げられたのであった。阿部は、リストに挙がった三人のうち、相対的に斉昭との関係が穏健と思われた牧野を留任させるとともに、忠優と松平乗全の両名を免職とした。安政二年（一八五五）八月四日のことであった。忠優の生涯で二度目の失脚である。

歴史学者の後藤敦史は、阿部正弘が斉昭を制御できず、忠優と乗全を切ったことが、徳川外交の行き詰まりという重大な結果を生んだと分析している。すなわち、松平忠優と松平乗全の両老中が、斉昭の要求で罷免されたことは、公然と攘夷論に反対すれば、老中と言えども政治生命を失うという恐怖感を抱かせ、外交姿勢を動揺・萎縮させる結果につながったとする。[71]

この事件は従来注目されてこなかったが、「安政二年の政変」とでも呼ぶべき重大な事件である。この間の阿部は、合議で決まった交易の開始についても、斉昭に忖度して覆してしまうなど、老中の意志決定のプロセスを踏みにじり、挙句のはてに斉昭の要求で閣老二名を更迭するにいたった。それまでの徳川政権は丹念な話し合いにより全会一致になるまで審議を尽くすのが慣例であった。しかし、この政変以降、意見の合わない老中は見せしめに罷免するということが繰り返されるようになる。すなわち、この事件を契機として徳川政権の合議による統治システムは終焉に向かうのだ。

このとき、彦根藩主・井伊直弼は、国元への書簡の中で、斉昭が気に入らなければ「善人も罪せられ」、逆に気に入られれば「悪人も段々成り上がり」と述べ、不安な気持ちを吐露している。[72] 当時の井伊直弼は、気に入らない者は容赦なく切り捨てる、という強引な斉昭の政治手法を危惧するという感性を持っていた。ところが後年の井伊は、斉昭的な手法を自分のものとして会得し、行使するようになる。「目には目を」とばかりに、井伊直弼は、斉昭が忠優と松平乗全を罷免した先例を、さらに規模を拡大して再現するようになるのだ。悪しき先例を作ってしまったという意味で、「安政二年の政変」は、後世に深刻な悪影響を及ぼしたと言えるだろう。

忠優と乗全という政敵を失脚させた斉昭は、同年八月一四日に軍制改革および政務参与として国政に復帰することになった。斉昭は隔日で登城し、政務全般に口を挟むようになった。忠優を切って斉昭を救ったのは、阿部正弘の全政治キャリアの中でも、愚行中の愚行であった。阿部の決断は、日本外交をさらに混迷させていくのであった。

上田藩の家臣団と忠優

ここでいったん話題を上田藩の藩内事情に移したい。政権の閣内で斉昭と対立を深める中、忠優と上田藩の家臣団の関係はどうなっていたのだろうか。「賢侯」と言われるような諸侯は、たいてい家臣の中に有能なブレーンが存在し、藩主を盛り立てて改革を支えていた。忠優の場合はどうだったであろうか。

国家老・藤井右膳派の処罰

上田藩では、国家老である藤井右膳と、江戸家老である岡部九郎兵衛のあいだに対立があり、次第に深刻なものとなっていった。上田の藩内抗争については、上田の郷土史家の尾崎行也による詳細な研究があ

▼70　前掲『水戸藩史料』上巻乾巻、六四九頁。
▼71　後藤敦史『開国期徳川幕府の政治と外交』有志舎、二〇一五年、二一九～二二三頁。
▼72　同。

る。[73]その研究をもとに、概略を紹介したい。

上田の藩内抗争の対立軸をごく簡潔に述べると、国家老・藤井右膳は、天災続きで疲弊しきった藩の内政と農村の立て直しを優先すべきという主張であった。それゆえ、忠優が中央政界で活動するのを好ましく思っていなかった。対する江戸家老の岡部は、忠優の国政での活躍を支えようとしていた。

安政二年になると藤井右膳派の処罰が開始された。同年七月に藤井派の郡奉行の高瀬半九郎、ついで八月に佐久間象山の友人であった郡奉行の加藤彦五郎、一一月には代官の河内含三が、相次いで罷免された。こうした事態を受け、藤井右膳は、安政三年（一八五六）七月、家老職の辞任に追い込まれている。

安政二年のこの時期は、忠優と徳川斉昭の対立が激化し、忠優自身も失脚に追い込まれた前後である。江戸の政務で多忙な忠優が、国元での藤井派への処罰にどの程度関与していたのかは不明である。少なくとも最終的に処罰の決断を下したのは、忠優本人であろう。

このときは役職の罷免のみであったが、忠優が老中に再任される安政四年九月になると、藤井派には隠居・謹慎などの追加処分が下された。この処分は広範に及んだ。例えば、佐久間象山門下で西洋馬術を専門にしていた門倉伝次郎は、江戸詰めであったが、国元の藤井派と手紙のやりとりをしていたというだけで嫌疑が及び、安政四年九月に処罰されている。もっとも門倉の場合、疑いはすぐ晴れたのか、同九月二八日に赦免になっている。

安政四年の藩政記録を見ると、七月に千曲川でふたたび大水害があり、上田城の本丸裏の石垣も崩れている。公儀に新たに借金を願い出たり、これまでの借金の返済猶予を願い出たりと、破綻状態の藩財政の窮状が記された記事ばかりが並んでいる。[74]藤井派は、こうした惨状を目の前にして、災害復旧、農村復興、藩財政の再建こそ急務であり、藩主が老中になるどころではないと考えたのであろう。

上田の郷土史家は、どちらかというと藤井派に同情的で、忠優は国政ばかりに没頭して、藩の内政を顧みなかったと捉えてきた。忠優の研究が進まなかったのは、一つには地元におけるこうしたネガティブな評価もあったためである。

筆者は、そうした解釈に大きな疑問を抱いている。忠優の日頃の言動から明らかなように、彼は自己の権力欲を満たすために、中央での政治活動にのめりこんだわけではない。忠優が政治生命を賭して中央政界で取り組んでいたのは、日本の開国、すなわち交易の開始であった。確固たる理念に基づく目標があって、そのために政治権力を手段として用いただけである。

忠優の政策目標は、上田藩をないがしろにするものでもなかった。上田の絹糸や絹織物などを輸出商品として振興し、庶民を豊かにしつつ、その利益の一部を運上として徴収することにより、藩財政の再建が可能になると考えていたのである。藩主としての領国の内政を忘れていたわけではない。忠優は、国元から遠く離れた大坂城代の地位にあっても、上田の絹織物の上方での販路を拡大し、上田を豊かにしつつ、財政再建に寄与しようとしていた。その延長上に国際市場があったのである。上田のことを考えればこその開国策だった。

しかし老中時代の忠優の活動は、なかなか理解されなかった。すぐに成果の出る大坂での絹織物販売などとは違って、開国して世界市場に打って出ようという構想は、長期の年月が必要な遠大な計画であり、しかも攘夷派の抵抗に阻まれ、容易に前には進まなかった。忠優が心血を注いで取り組んでも、成果はいつになったら出るのやら、先の見えない状況であった。視野が広いとは言えない国元の家臣団のあいだで、忠優が理解されなかったのも、やむを得なかったのかもしれない。

八木剛助の憂慮

在国の家臣たちと忠優とは、十分な意思疎通もできないまま、次第に溝が広がっていった。では、江戸

▼73　尾崎行也「開港期前後の上田藩」(一)～(三)(『信濃』信濃史学会、第三三巻第八号、一九八一年:二四～四五頁、同、第三四巻第一〇号、一九八二年:一～一九頁、同、第三五巻第二号、一九八三年:二七～五一頁)。

▼74　上田藩「日乗」安政四年、上田市立博物館蔵。

詰めの家臣たちは忠優を信頼し、その活動を支えていたのだろうか？　そうでもないようである。

忠優がもっとも信頼していた家臣の一人である洋式兵学者の八木剛助の場合を見てみよう。八木は、主人と斉昭との関係悪化を憂慮し、このままでは地位が危なくなると考え、家老の岡部九郎兵衛とともに、斉昭・阿部との関係を修復するよう進言した。安政二年、忠優が失脚する直前のことであったという。

八木によれば、その際、忠優は、「自分は天下の為になることのみを考えているのであって、老公〔斉昭〕や勢州〔阿部〕の存在など気にしていない。天下の在るべきことを主張するのに、何で遠慮などする必要があろうか。老公と勢州による反対意見になど、いちいちかまっていられるか」（おのれは天下ある事を知りて老公・勢州ある事を知らす。天下の為と思へる事は、何事か憚るへき。老公と勢州の否応は、我関る所にあらす）[75]と答えたという。八木の懸念は当たり、それからしばらくして、忠優は失脚することなる。

それから二年後、忠優が老中に再任されると、八木は一橋慶喜を将軍継嗣に推す一橋派に与し、越前の松平慶永に協力するようになる。その際、八木は慶永の家臣の中根雪江に対し、主君の性格を評して「おのれよしとおもひこみたる筋は動かし難き事にて……」[76]と述べている。すなわち、忠優という人物は、まったく周囲の空気を読む様子がなく、ひとたび正しいと信じた道は、絶対に曲げることなく、それに向かってとことん突き進む性格だというのである。

忠優の近くに仕えた八木剛助であるだけに、その性格を知り尽くした評価である。しかし忠優の性格は、八木が危惧するようなネガティブなものだろうか。国政を改革すべき重大な岐路に立たされ、歴史的決断を迫られた当時の日本にとって、必要不可欠な政治家だったのではないか。もっとも、その見返りとして、八木が心配していたように、敵も多く作ってしまったことは事実である。

八木の言うように、斉昭に妥協してでも政権内に留まれば、忠優個人の栄達のためにはなったかもしれない。しかし、忠優の言うように、そうした妥協は「天下」のためにはならなかったであろう。八木ほどの人物にしても、世間の空気を読みながら、主君の身の安全を考えてしまっていた。天下国家のために正しいことなら何も恐れることはないという、忠優の政治的信念には寄り添えなかったのである。

恒川才八郎の必死の諫止

櫻井純造とともに、萩まで吉田松陰を訪ねていった恒川才八郎のケースを見てみよう。恒川も、櫻井や八木と同様に佐久間象山の門下生であった。恒川才八郎は、吉田松陰とは象山塾の当時から友情を深めていた。

松陰は、安政元年（一八五四）一一月二七日、兄・杉梅太郎に宛てた手紙の中で「松平伊賀守藩士常川《ママ》才八郎と申す人至って善良人なり、同志の士なり。鹽谷の塾へ曾て寓す、斉藤弥九郎門人なり。もし相逢ひ候はば與に語るべし。桂小五郎なども甚だ懇意なり▼77」と記している。松陰によれば、恒川は象山塾とともに、斉藤弥九郎道場にも通う剣客としても知られ、同じ道場の桂小五郎と親しく、松陰とは「同志」であったという。斉藤弥九郎道場は、尊王攘夷派の巣窟的な雰囲気であったから、恒川もそれに感化されていたことは想像に難くない。

恒川は、遠く萩まで、「同志」の松陰に会いに行ったのだ。安政四年七月、松陰を訪ねた恒川と櫻井は、象山と松陰に同情し、救済しようとしてきた忠優の真意を伝えた。前掲の吉田松陰の桂小五郎宛ての手紙によれば、「〔恒川と櫻井は〕其の君賢明の状を以て、告げ語ること甚だ悉せり▼78」とのことである。恒川と櫻井は、忠優が「賢明」であると、松陰に心を尽くして説明したのだ。

忠優の賢明さを熟知していた恒川であった。ところが、忠優が老中に再任されて二か月後の安政四年一一月、突如として処罰されてしまう。その理由は「藩政に誹謗し、また日頃、不作法があった」（政事

▼75 中根雪江『昨夢紀事』第二、日本史籍協会、一九二〇年、一九六頁。
▼76 同。
▼77 山口県教育会編『吉田松陰全集』五巻、大和書房、一九七三年、二七三頁。
▼78 前掲『吉田松陰全集』四巻、一三九頁。

向及誹謗併平日不作法）というもので、役職罷免と宛行（俸禄）取り上げという重いものであった[79]。この罪状は抽象的であるが、尾崎行也の研究によれば、老中再任に際して、恒川は、忠固が反水戸の立場であることを憂慮し、斉昭と対立せぬよう「死を以て諫止」しようとして処罰されたという[80]。恒川と行動をともにした数名も、同時に処罰されている。

恒川が処罰されたのは、萩で吉田松陰と会ってから四か月後のことである。恒川は、諸国を遊歴し、吉田松陰のような尊攘志士たちと大いに共鳴し合っていたのだろう。「死を以て諫止」という恒川の直接行動の背景にも、松陰から受けた影響が大きかったのではないかと推測される。水戸学徒の松陰は、もちろん徳川斉昭を評価していた。恒川は、忠優が諸藩士から人望の厚い斉昭と対立することは、上田藩の立場を悪くするばかりであると考え、決死の覚悟で行動に及んだのであろう。

しかし忠優は、八木や恒川から何を言われようが、まったく聞く耳など持たなかった。忠優が正しいと信じ込んでいた政治的信念は、交易の開始であった。その前に立ちはだかる最大障壁は徳川斉昭にほかならなかったから、闘わざるを得なかっただけである。忠優の近くにいた八木や恒川のような学識の高い家臣たちですら、斉昭のカリスマ的イメージに幻想を抱き、忠優の政治的信念に寄り添えなかった。忠優は藩内からすら理解されない、孤独な闘いをつづけたのである。

▼79 尾崎行也「『上田藩主松平忠固暗殺』考」『社会教育大学月報 №.25』（上田ＰＴＡ母親文庫社会教育大学理事会、一九八二年）、二〜八頁。

▼80 尾崎行也、前掲論文。なお尾崎は、仙台藩士の岡鹿門の残した記録の中から恒川が処罰された記事を見つけ、これを裏付けている。

第2章

日米修好通商条約の知られざる真相

井伊直弼と松平忠固の攻防

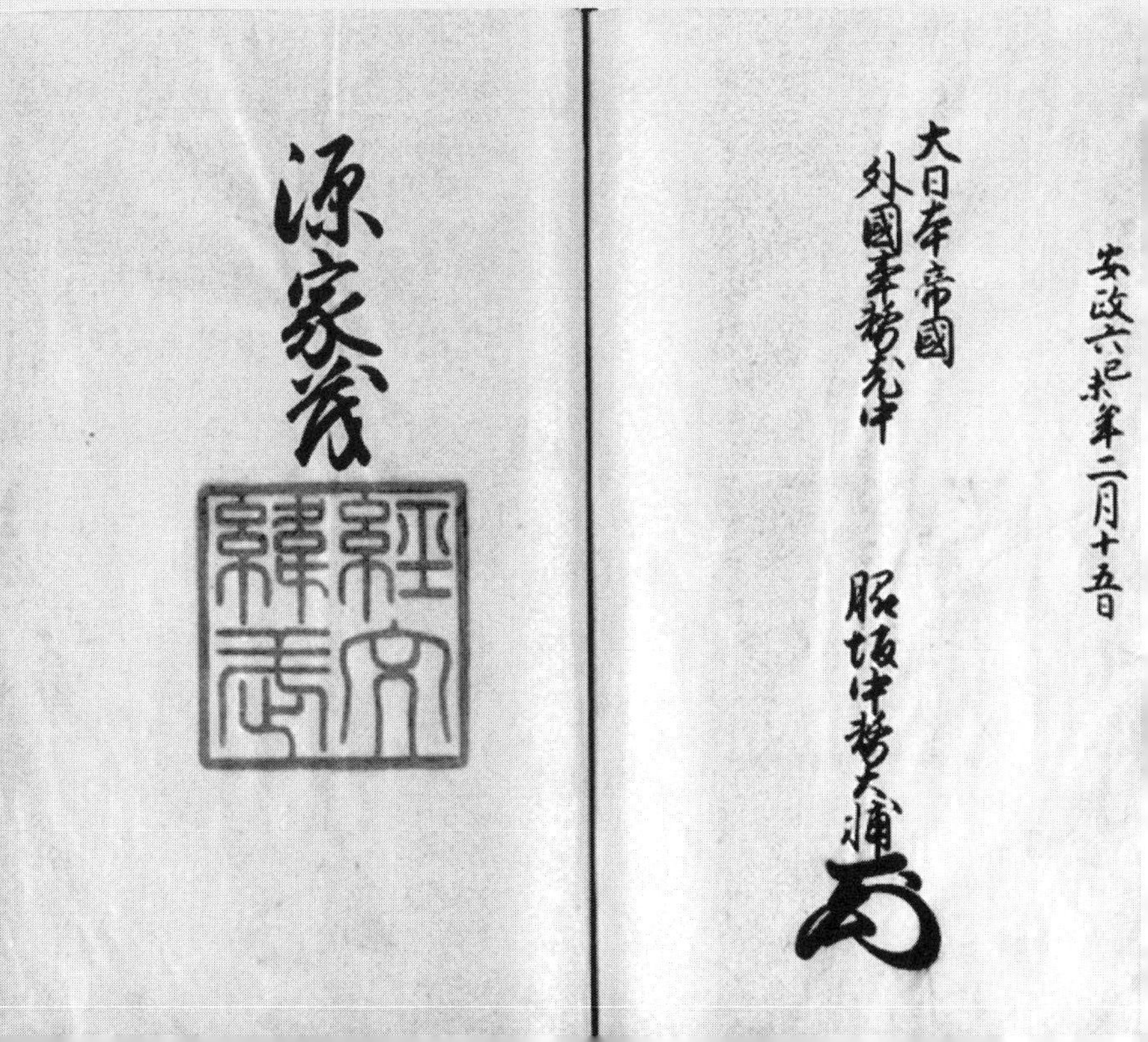

［章扉の図版］

日米修好通商条約批准書

この批准書は、批准書の交換のため、万延元年に米国に派遣された日本代表使節が、米側に提出したもの。「大日本帝国 外国事務老中脇坂中務大輔」と老中・脇坂安宅が署名している。14代将軍・徳川家茂も署名し、家茂が国家元首として使用した公印「経文緯武」が押印されている。

（米国立公文書館所蔵）

「忠固」と改名し、老中再任

松平忠優（忠固）を失脚させ、徳川斉昭を国政に復帰させた阿部正弘であったが、自らも手詰まり状態に陥っていった。斉昭は、軍制改革および政務参与として隔日登城し、大手を振って国政全般に口を挟むようになった。阿部も次第に、斉昭を擁護しきれなくなり、徐々に距離を取るようになる。阿部は、斉昭を政権に取り込もうとする路線の限界を悟ったのか、ついに老中首座を退く決断をした。

安政二年（一八五五）一〇月、阿部は老中首座の地位を、「蘭癖《らんぺき》」と言われるほどの洋学好きであった下総佐倉侯の堀田正睦に譲った。阿部が堀田にその地位を委ねたのは、これ以上、斉昭の攘夷論に与することはできないという明確な意志表示であった。

翌安政三年（一八五六）七月、通商条約の締結を求めてアメリカ総領事のタウンゼント・ハリスが下田に来航。斉昭は強硬にハリス駐在に反対したものの、新たに老中首座となった堀田正睦は、阿部とは違った。堀田は斉昭に忖度することなく、ハリスの下田駐在を認める決断を下したのである。

翌安政四年（一八五七）六月、この間の心労がたたったのか、阿部正弘が病没。阿部という後ろ盾を失った斉昭は、七月二三日に参与を辞職した。

斉昭が辞職すると、その年の九月一三日、満を持して松平忠優が、忠固と名を変えて国政に復帰することになった。今回は、首席の堀田に次ぐ次席老中となり、勝手掛《がかり》を拝命した。勝手掛とは、財政全般を掌握する最重要の職務であり、通常は老中首座が担当する。しかしこのときは、ハリスとの条約交渉が切迫していたため、首席の堀田正睦が外国御用掛として外交に専念し、財政は次席の忠固の担当となった。今日的に言えば、首相が外務大臣を兼任、副首相が財務大臣を兼任ということで、実質的に堀田と忠固の連立政権となったのだ。

水戸側の史料である『開国起源安政紀事』は、斉昭が辞職し、忠固が老中に再任されるや否や、一一月にはハリスと交易を前提とした新条約の交渉に入る方針が発表されたことを指摘し、以下のように述べる。

堀田備州出テ、阿部勢州卒シ、水戸罷ラレ、松平賀州ノ復任ニ至リテ和議一決遂ニ此公告ヲ発スルニ至リシ也、然ラバ則水戸ト賀州トノ更迭ハ和戦ノ決ヲトキスルニ足レルト云テ可ナルベシ▼1

〔現代語訳〕
堀田備中が出て、阿部が逝去し、水戸が辞任し、松平伊賀守が再任されるにいたって、和議を第一に、この〔交易開始の〕決定を発表するにいたった。すなわち、水戸と伊賀守の交代は、和か戦かを決する鍵であったと言ってよいであろう。

『開国起源安政紀事』は、明治二一年（一八八八）、元水戸藩士・内藤耻叟が著わしたものである。主として水戸の史料に依拠し、水戸側の視点の著作であるにもかかわらず、意外なことに忠固への評価が高い。内藤は、斉昭の前に立ちはだかった最大のライバルとして忠固を認識し、手強い敵であったがゆえに、その能力も認めていたようだ。忠固の政治家としての力量は、水戸側の史料からも十分に読み取れる。

内藤の指摘の通り、この時期、忠固が失脚すると斉昭が入り、斉昭が辞職すると忠固が復帰した。この両名を「攘夷派」と「交易派」の両極として、政局は動いていたのである。歴史の歯車が少しでも狂い、忠固でなく斉昭が主導権を握ったままだったら、「和」ではなく「戦」が選択されていた可能性も十分にあったろう。

老中に再任された九月一三日、松平忠優は、実名を「忠固」と改める届け出も行なっている。改名の理由については何も述べられていないが、「優」の字を捨て、「固」の字に変えたことは、条約の締結に不退転の、断固たる決意で臨もうという並々ならぬ覚悟を感じる。忠固の再登板で、いよいよ通商条約調印への準備は万全に整ったように見えた。しかし、そう簡単に事を運ばせる斉昭ではなかったのである。

誰が忠固の老中再任の後押しをしたのか？

忠固を老中に再任させるのに当たって、誰の力が働いたのであろうか。老中首座の堀田正睦が忠固を推挙したことは想像に難くないが、堀田を後押しし、将軍の徳川家定へ忠固再起用の根回しを行なったのは、江戸城内の反水戸勢力であろうと思われる。

江戸城中最大の反水戸勢力は大奥であった。前章で述べた通り、松平忠優と大奥と将軍側衆は、協力して斉昭の参与就任を阻止しようと闘った経験を共有していた。大奥は、反水戸の支柱としての忠固を大いに頼りにしていたはずである。大奥が、忠固再任の後押しをしていた可能性は高いと考えられる。

忠固の日記から、その事実を裏付けられるだろうか？　老中に再任されてからの忠固の日記は、安政四年の九月と一〇月は上田市立博物館に原本が、東京大学史料編纂

図 2-1　堀田正睦

下総佐倉城主。寺社奉行時代から忠固の盟友であった。積極開国派として、忠固とともに日米修好通商条約締結のために尽力。しかし将軍継嗣問題や勅許問題などに直面し、次第に忠固との溝が開いていった。

▼１　内藤耻叟、『開国起源安政紀事』東崖堂、一八八八年、一四六～一四七頁。

所には写本がある。安政五年（一八五八）二月・三月・六月は、原本は失われているが、東大史料編纂所に写本が残されている。その他の月のものは原本も写本も失われている。

余談になるが、老中時代の松平忠固の日記は、明治から大正にかけて『徳川慶喜公伝』を編纂していた渋沢栄一が、松平家から借りて保管していた。東大史料編纂所の写本は、文部省の維新史料編纂課が、渋沢からさらに借りて写しとったものである。しかしどこかで散逸したのか、写本は欠損が多く完備されていない。原本となると、上田市立博物館にわずかな月のものしか残っていない[2]。欠落している原本は行方知れずとなっている。

老中再任時の忠固日記から、大奥との関係について手掛かりを探ってみたい。幸い老中に再任された安政四年九月の日記は原本が残っている。それによれば、忠固は九月一三日に登城すると、将軍・徳川家定から「老中・勝手掛を言いつけるので、備中〔堀田〕と大和〔久世〕とよく相談のうえ、勤めるように」（可判之列勝手掛を云付ル　備中守大和守申合勤るやうに[3]）との上意を受けた。

忠固は、老中の首座の堀田と月番の久世広周と業務内容の打ち合わせをした後、徳川家斉の子女の溶姫、末姫、晴光院、誠順院、また徳川家慶の子女・精姫に「御礼」の伝言をするとともに、「御役儀御礼」として彼女の女中たちへ贈物もしている。先代の家慶の娘や先々代の家斉の娘たちも、斉昭嫌いであった。忠固の再任の背後には彼女たちの協力もあったのかもしれない。さらに忠固は、大奥の「御広敷」へ堀田ととも

表 2-1　安政４年９月、忠固再任時の老中

席次	氏名	封地	官職	石高	年齢
首席	堀田正睦	下総佐倉	備中守	11 万	48
次席	松平忠固	信濃上田	伊賀守	5.3 万	46
三	久世広周	下総関宿	大和守	5.8 万	39
四	内藤信親	越後村上	紀伊守	5 万	45
五	脇坂安宅	播磨龍野	中務大輔	5.1 万	49

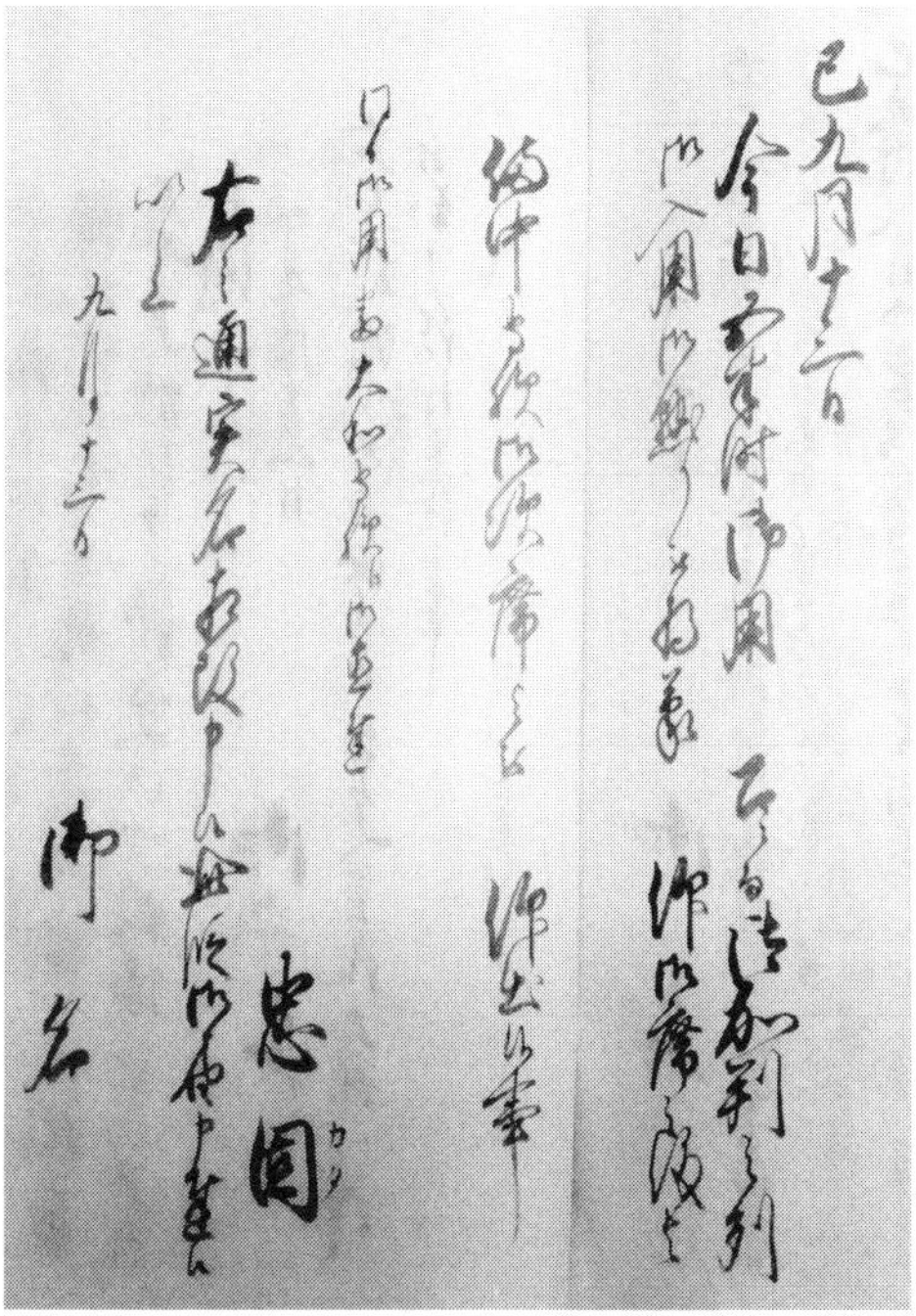

図 2-2　忠固の老中再任当日の上田藩の藩政日誌「日乗」

「可判之列」（老中の公式名称）に次席として再任されたこと、名前を変更したことが、以下のように報告されている。（上田市立博物館蔵）

巳九月十三日
　今日五半御用　召ニ而御可判之列
　御入用御懸り被為蒙　仰御席之儀者
　備中守様御次席与被　仰出候事
同日御用番大和守様江御直筆
　　　　　　　　　　忠固《カタ》
　右之通実名相改申候此段御届申達候

図 2-3　松平忠固の日記（安政四年九月）

老中に再任された初日のもの。詳細な文面や躍動的な字体から、老中に復帰した際の高揚感が伝わってくる。（上田市立博物館蔵）

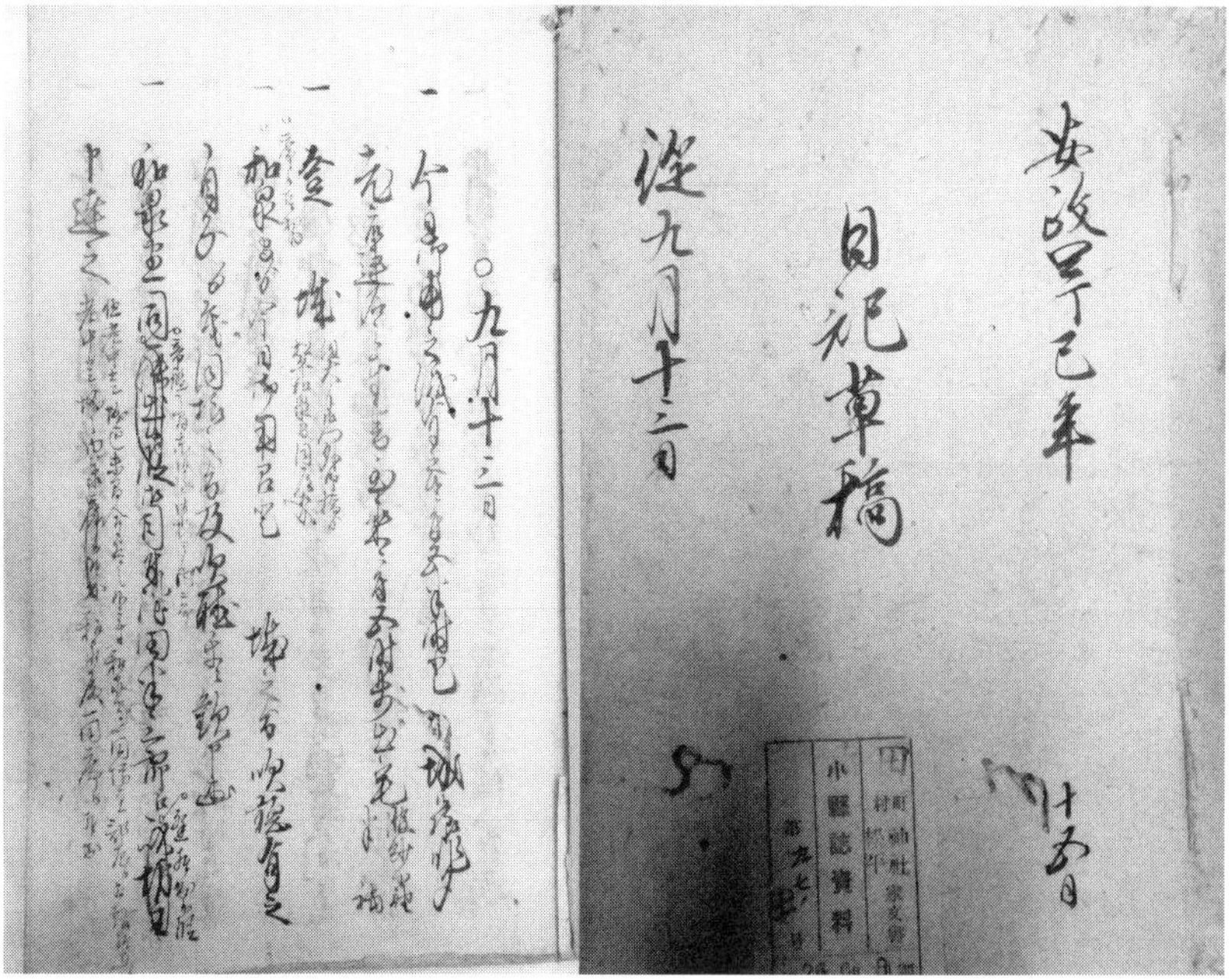

図 2-4　松平慶永（春嶽）
越前福井藩主。一橋派のリーダーとして活動。忠固を一橋派に引き入れようと、贈賄工作も行なった。日米条約交渉の大事な時期に将軍継嗣問題を持ち込み、政局は混迷・迷走することになった。文久２年に政治総裁職に就任したが、攘夷と開国の間を揺れ動いたあげく、政権を放り出して福井に帰国してしまった。（福井市立郷土歴史博物館所蔵）

に出向き、大奥の「老女衆」に「御礼」の挨拶をしている。堀田は老女衆へ、「益御機嫌克恐悦」と述べ、堀田と忠固が退出する際、老女衆たちは御広敷の次の間まで見送りに来てくれたという。老女衆は、忠固の再任をたいそう喜んでいる様子がうかがわれる。[4]

忠固の日記には「老女衆」とのみあり、固有名詞は記されていない。表の権力の「老中」に対応する、裏の大奥の最高権力が「老女」である。この時期の老女衆は、将軍付御年寄の瀧山、上臈御年寄（女中取締役）筆頭の万里小路局、同じく上臈御年寄で家定の乳母・歌橋である。瀧山、万里小路局、歌橋の三名は、いずれも生粋の反水戸派であった。彼女らが忠固の再登板を待ち望み、それを後押ししてくれたのではなかろうか。

忠固の日記には、将軍・家定の正室・篤姫も登場する。忠固は、再任された四日後の九月一七日に篤姫に贈物をし、九月二五日には篤姫から返礼の品が忠固の屋敷に直接に届けられている（品物の内容は記されていない）。同日中に忠固は、篤姫に御礼の挨拶をしに御広敷に出向いている。[5] 篤姫との関係も良好だった様子である。後述するように、翌年六月、篤姫は形式上の養父である近衛忠熈からもらった手紙を、家定を通して忠固と井伊直弼に見せている。篤姫は忠固を信頼していたようである。

一橋慶喜の擁立運動

その頃、徳川斉昭の実子の一橋慶喜を、一三代将軍・家定の跡継ぎにしようという運動がにわかに高まった。運動の中心人物は、越前侯・松平慶永（のちの春嶽）と薩摩侯・島津斉彬であった。彼らの背後で後押ししていたのは、ほかならない父親の斉昭本人であった。斉昭は、参与を辞任し第一線を引く代わりに、息子の慶喜に期待を託すようになっていたのだ。斉昭は、堀田と忠固に権力を譲って、それを黙って傍観するような人物ではなかったのである。

こうして大奥の女性陣を中心とする反水戸勢力と、斉昭の息子の慶喜を神輿に担ぎ上げようとする一橋派との政争が勃発することになる。老中に再任された忠固も、否応なくその政争の渦中に巻き込まれていくことになった。

「賢侯」と呼ばれていた松平慶永、島津斉彬、土佐侯・山内豊信、宇和島侯・伊達宗城らは協力し、一橋慶喜を将軍後継に据えるために政権中枢の人物たちを説得しようと試みた。運動の中心人物である松平慶永は、松平忠固と堀田正睦の二人を仲間に引き込めば一橋後継で決すると考え、この二人を懸命に説得することになる。しかし、慶喜が将軍後継に決まれば、父親の斉昭の政治介入も強まることは必至である。斉昭の暴論に悩まされつづけてきた忠固と堀田が、斉昭の息子を将軍後継にせよと言われて、おいそれと首を縦に振れるわけがなかった。

▼２　松平忠固の日記の中で、上田市立博物館に原本が残るのは、安政二年二～七月と安政四年九～一〇月の合計八か月分のみである。
▼３　松平忠固「日記草稿」安政四年九月、上田市立博物館蔵。
▼４　同。
▼５　同。

中根雪江が著わした越前の政治記録書である『昨夢紀事』には、慶永が忠固に対して試みた説得工作が克明に記されている。その中には、忠固への贈賄工作の一部始終までが赤裸々に描かれている。こうした政治的光景は今も昔も変わらない。

『昨夢紀事』によれば、忠固が老中に再任された九月一三日、慶永の家臣・中根雪江はすぐに行動を開始した。中根は、まずは知人である練兵館道場の師範・斉藤弥九郎に頼んで、斉藤と交友のあった上田藩士・八木剛助を紹介してもらうことにした。八木は斉昭に幻想を抱いており、忠固と斉昭が不仲であることを憂いていた。これは第1章でも述べた通りである。八木は、中根と意気投合し、一橋派への協力を約束してしまう。

さらに中根は、八木を介して、上田藩の財政を取り仕切っている江戸家老の岡部九郎兵衛に接近した。中根は、足しげく岡部を訪ね、懇意になったところで、三〇万両と言われる多額の借金を抱えて財政破綻状態であった上田藩を救済すべく、入用な資金を越前藩が工面すると申し出たのである。

中根は、忠固を一橋派に引き込むためには賄賂で篭絡するしかないと考えた。中根は、まるで自分自身を説得するかのように、「黄金の光で伊賀殿を慶永公のお味方につければ、事業は大成する。黄白〔黄金〕でもって、天下泰平を購入するようなものではないか」（黄白の光りにて伊賀殿　公の御方人となりて事成んには黄白を以て天下の太平を賄りたるが如し[6]）と記している。

条約問題に専念したかった忠固

家臣たちの動きとは別に、松平慶永も自ら忠固に直談判した。慶永は、安政四年一一月二七日、忠固邸を訪ねて、一橋慶喜の人物がいかに聡明であるかを記した「一橋刑部卿行状書」を手渡した。このとき、忠固は「アメリカとの交渉で忙しいので、西の丸問題〔将軍継嗣問題〕は後回しにしたい」と伝えている。慶永は「アメリカとの件があるからこそ、なお将軍跡継の決定を急がねばならない」と述べ、噛み合わなかった。もっとも慶永は、忠固がもっと気難しい人間かと思いきや、意外にも打ち解けた様子であったので、これは脈ありという感触を得て帰邸している。[7]

さらに半月後の一二月一二日、慶永はふたたび忠固を訪ねて、「行状書」を読んだ感想を聞き出し、一橋擁立への協力を再度要請している。このとき忠固は、慶永に対して次のように語っている。

御家の御大事なる故　傍手業にハ事行き侍らす、今はさし当る墨夷の一件頭燃を拂ふ勢に候へは、其事にのみかゝつらひおりて努く等関にするには候はす、墨吏の方たに少し事少ふになり侍らは此方に勤み侍らんとこそ思ひ侍れ〔……〕何れに刑部卿殿よろしかるへけれと、水戸の老侯には困り侍る[8]

〔現代語訳〕

この問題は徳川家の重大事であるため、片手間に処理できるような案件ではありません。今は当面するアメリカとの交渉のことで頭がいっぱいで、他のことには関わっている余裕がないので、条約交渉の方が少し落ち着いたら、この問題にも努力したいと思います。〔……〕なるほど刑部卿殿〔慶喜〕は適任であろうけれども、水戸の老侯が何とも困ったことです。

一二月は、日米条約交渉が展開されていた最中であった。忠固は勝手掛として、輸出入に賦課すべき関税率や、外国の通貨を日本国内でどう扱うかなどの難問に直面して頭を悩ましていたはずである。慶永は、堀田も忠固も条約問題で余念がないにもかかわらず、重大な時期に、将軍継嗣問題を二人に持ちかけ、行

▼6　中根雪江『昨夢紀事』第二、日本史籍協会、一九二〇年、一七三頁。
▼7　前掲書、二四六〜二四七頁。
▼8　前掲書、二八二頁。

政を混乱させていた。

慶永から手渡された「一橋刑部卿行状書」を読んだ忠固は、「慶喜殿はなるほど適任であろうけれども、水戸の老侯が問題だ」と率直に伝えている。忠固は、親と子は別人格であると考え、人物的には慶喜でよいだろうと思っていたのだ。心配事はただ一つ。それによって親の斉昭の政治干渉が強まることだけであった。

これに対し慶永は、いざとなれば斉昭には水戸に隠居してもらうよう手配するから、私に任せてほしいと、堀田にも忠固にもそれぞれ伝えている。慶喜後継の交換条件として斉昭を隠居させるというプランは、忠固と堀田にとって悪くない条件であったに違いない。

松平慶永の贈賄工作

正攻法では忠固を陥落させるのは難しいと見た慶永と中根は、ついに奥の手を発動した。中根は、安政四年一二月二四日、五百金（大判五〇〇枚）と慶永の書いた目録を、上田藩家老の岡部九郎兵衛宛てに届けたのである。

しかし岡部は慶永直筆の目録のみ受け取り、金は固辞して返却した。岡部は事前に中根から、上田藩の財政を救済したいと「黄白」（黄金）の申し出を受けていた。そこで忠固の判断を仰いだところ、忠固は丁重に断るようにと伝えていたのであった。

岡部は「伊賀守〔忠固〕もご厚意には深く感謝しているが、〔……〕何とも後ろめたくて仕方ないので、今はご厚意だけ受け取りたい。どうしても困ったときには頼むことにしたいと申しております」（御厚意ハ伊賀守も深く歓ひ入り候へとも〔……〕何とやら後ろめたくて、猶豫ひ侍るなり、かなはぬ事も侍らは其時こそ願き申へけれ▼9）という忠固の言葉を中根に伝えた。

慶永はそれでも諦めず、さらに中根とは別の使者を遣わして、あらためて五百金を岡部の許へ届けさせた。しかし岡部はそれも固辞した。忠固も岡部も、贈賄工作では篭絡されなかったのである。

この時期の松平慶永は、将軍継嗣で頭が一杯になり、条約調印に向けて開国論者が結束すべき重要な局面だったにもかかわらず、政権内に無用な対立を持ち込んでしまっていた。慶永は、ペリー来航当時は攘夷論者であったが、家臣の橋本左内の説得を受け、開国・交易支持に考えを修正していた。慶永の最大の矛盾点は、自ら開国派に転じたにもかかわらず、なお攘夷派の徳川斉昭と手を組みつづけたことであった。開国派に転じたのであれば、将軍継嗣問題を持ち込んで忠固と堀田を困らせるのではなく、斉昭のような頑迷な攘夷派を説得し、開国の必要性を認識させ、早期の条約調印のために力を注ぐべきであったろう。将軍継嗣問題など、その後に考えればよい話ではなかったか。

ちなみに後年の松平慶永（隠居後の名は春嶽）は、慶喜と不仲になり、慶喜を将軍後継に推したことを後悔している。春嶽は回想録で、次のように述べている。「一橋慶喜殿を将軍にしようという考えは、老公〔斉昭〕の私心と欲から出たものである。〔……〕当時の天下の有志たちは、老公の私欲に気づかず、老公に欺かれたのであった」（一橋刑部卿を将軍となす事は、老公の私心と慾とに起れり〔……〕天下の有志、

図 2–5　中根雪江

松平慶永（春嶽）の側用人。一橋慶喜の将軍擁立のために、慶永の指示で忠固に賄賂工作を行なった。慶永らの政治活動を『昨夢紀事』などに書き残した。（上図は福井市立郷土博物館蔵。下図は『昨夢紀事』の装画・国立国会図書館蔵）

水府老公の私心ある事をしらず、為彼に欺かれたり）。[10]
これは、斉昭を非難して自らの責任を免罪せんとする、あまりにも見苦しい弁明と言わざるを得ない。仮に斉昭の私欲から出たことが事実であったとしても、その斉昭の俗物性を見抜けなかった自らの不明をこそ恥じるべきではなかっただろうか。

井伊直弼の贈賄工作

忠固が慶永から賄賂を受け取らなかったのは、彼が紀州藩の徳川慶福を将軍後継に推す、いわゆる「南紀派」だったからなのだろうか？　通説では、忠固は「南紀派」と解釈されている。これも大いなる誤解である。事実は、決してそうではない。

忠固が老中に再任されたとき、井伊直弼も「祝儀」と称して黄金（大判）三〇枚を贈っているが、忠固はこちらも受け取っていない。[11]忠固は金銭面で清廉潔白であった。井伊直弼の「祝儀」の背後には、忠固に取り入って自らが大老に就任したいという下心もあったと思われる。忠固は井伊からの献金の受け取りを拒否した。日米条約交渉の最中の忠固は、明らかに中立で、将軍継嗣の政争に巻き込まれることを慎重に避けていたというのが実態である。

しかるに「定説」では、忠固は井伊直弼と懇意で、「南紀派」であったかのように言われることが多い。例えば、石井孝は『日本開国史』の中で、忠固（忠優）に言及した箇所で次のように述べている。

幕閣内における直弼の党与には、さきにあげた松平乗全のほかに、松平忠優があった。[12]
〔忠固は〕斉昭との敵対関係からいっても、当然南紀派である。[13]

溜間詰大名の後押しで再入閣した松平忠固が閣内から、直弼を権力の座にすえるのに協力した。[14]

忠固は、ペリー来航時の最初の老中時代から、井伊直弼の「党与」として行動し、「南紀派」であるのは自明であるというのだ。そのうえで、井伊直弼を大老に押し上げたのも、幕閣内からの忠固の協力があったからだとする。しかし、そう主張する十分な根拠は示されていない。

詳しくは後述するが、忠固が直弼の大老就任を後押しした黒幕であるという説は、同時代に一橋派が広めた憶測に基づく流言である。研究者たちは、当時広まった流言をいまだに信じたままである。石井の『日本開国史』は不朽の名著であり、筆者も石井の著作から、じつに多くのことを学ばせていただいた。しかし、この忠固に関する記述はいただけない。

忠固は安政四年のあいだは、将軍継嗣問題には関与せず、条約問題に集中しており、井伊に政治的便宜を図ろうとしたという事実はない。むしろ忠固と井伊の二人は不仲であった。忠固が黄金を受け取らなかった一件で、井伊は忠固に不快感を抱いたのではないかと思われる。傍証であるが、堀田正睦も慶永に対し、「もともと忠固と井伊直弼は不仲なのだ」（元来伊賀と掃部とは不睦候）[15]と語っている。忠固が井伊の党与であるという俗説は、明らかに誤りである。

▼9　前掲書、三〇〇頁。
▼10　「逸事史補」『幕末維新史料叢書　第四』人物往来社、一九六八年、一一頁。
▼11　中根雪江『昨夢紀事』第三、日本史籍協会、一九二一年、三六一頁。
▼12　石井孝『日本開国史』吉川弘文館、二〇一〇年、二九八頁。
▼13　前掲書、三〇一頁。
▼14　前掲書、三二八頁。
▼15　中根雪江『昨夢紀事』第四、日本史籍協会、一九二一年、五二頁。

大奥vs斉昭

松平慶永は、堀田と忠固さえ自派に引き込めば、慶喜後継で決まると考えていた。しかし実際には、一橋慶喜擁立運動の最大の障害は大奥であった。慶永は大奥の力を甘く見ていた。かりに堀田や忠固が一橋擁立に傾いても、大奥の反対は覆るようなものではなかった。

将軍・徳川家定の母の本寿院は、斉昭を憎むこと激しく、慶喜が将軍後継として西の丸に入るのであれば、生きる甲斐もないので自害するとまで言い出して、家定を困らせていた。さらに前述のように、家定の乳母・歌橋や上臈御年寄の万里小路局、将軍付御年寄の瀧山らも、一橋慶喜の将軍後継に断固として反対していた。大奥の老女たちは、斉昭本人も嫌いなら、その息子の慶喜までも徹底的に毛嫌いしていたのである。

さすがに島津斉彬は、養女の篤姫を家定の継室として送り込み、さらに篤姫付き老女の幾島を通して、大奥内での説得工作に当たらせていた。しかし、篤姫の力でもどうにかなるような状況ではなかった。実際、篤姫は、老女衆の説得で逆に南紀派に鞍替えしてしまったようである。

徳川慶喜は、明治になってから、回想談である『昔夢会筆記』において、当時の状況を振り返り次のように述べている。「大奥の情勢を見るに、老女は実に恐るべき者にて、実際老中以上の権力あり、ほとんど改革の手を着くべからず、〔……〕されば余は真実〔将軍を〕御請けはせざる決心なり」[16]。慶喜は、大奥の老女の権力は、老中以上に強大であり、彼女らは「実に恐るべき」存在であるとして、自分ではとても改革などできそうにないから、将軍になりたくはなかったのだ、と語っている。

江戸城の権力構造の中で、大奥の力は、人事面などでは、ときに老中よりも上だった。江戸時代、女性たちは権力の中枢にあって、強力な政治力を発揮していたのである。慶喜は、老女が怖いから将軍になりたくなかったと語っている。慶喜は、大奥が「改革」を拒む悪しき障害であるかのように言うが、実際には大奥という女性権力機構が存在したからこそ、斉昭のような好戦主義者の暴走が、かろうじて抑えられていた側面があった。大奥なくば、誰も斉昭を制御できず、攘夷戦争になだれ込んでいた可能性もあったろう。「徳川の平和」の背後には江戸城の女権があった。

日米条約交渉と忠固

ここで、ハリスとの条約交渉の経過に話題を転じたい。安政四年九月、忠固が老中に再任されると、交易を含む条約交渉に入ることが宣告された。諸大名の意見を聴取したうえで、交渉は同一二月一一日から開始された。

条約交渉は、安政四年一二月一一日から翌安政五年（一八五八）の一月一二日までの一か月のあいだに、計一四回行なわれ、草案が固まった。交渉場所は、江戸におけるハリスの宿泊場所でもあった九段坂下の蕃書調所《ばんしょしらべしょ》であった。蕃書調所は、江戸城の北の丸の脇にあった。当初は、どこかの寺院を交渉場所にしようと考えていたが、なるべく城の近くに設定し、交渉担当者と老中の連絡を密にした方がよいという判断で、蕃書調所に決まったのである。

交渉担当者は、井上清直と岩瀬忠震であったが、二人は交渉内容を城に持ち帰って、老中の判断を仰いでいた。そのうえで、城中での審議の結果を、さらにハリスの元に持ち帰って交渉するというやり方であった。

一月一四日に条約の最終案がまとまった段階で、井上と岩瀬は「条約の最終案を閣老会議とともに審査するのに次の火曜日〔一月一九日〕までかかるだろう」とハリスに告げた。井上と岩瀬は、逐一老中と相談しながら草案を詰めていった。ハリスはその様子を見て、交渉のスピードの遅さに苛立ちながら、その

▼16　渋沢栄一編『昔夢会筆記——徳川慶喜公回想談』平凡社（東洋文庫七六）、一九六七年、二四頁。

日の日記に、井上と岩瀬が「全権委員」というのは事実ではない、「私は実際上、閣老会議と談判していて、日本委員は実際の全権を持っていないのだ[17]」と書き綴っている。

日米修好通商条約といえば、交渉担当である海防掛の岩瀬と井上の活躍が論じられることが多い。二人とハリスの間の日米交渉の全過程が、記録に残っているからである。しかし江戸城中での老中と井上・岩瀬らとの話し合いの記録は残されていない。忠固は多くの意志決定を行なっていたはずである。しかし残念ながら、史料不足で詳細はわからないのである。

忠固は勝手掛老中であり、財政全般の責任者であった。その職責からすれば、条約の経済問題に関する部分で最終的な意志決定を行なっていたはずである。当時、関税率の設定や、洋銀と日本の銀貨の両替問題などが懸案事項であった。これまで経験のない経済問題に直面した忠固が、どのように考え、判断したのか、たいへんに興味深いところではある。いかんせん、探してもなかなか史料が見当たらない。

一つ言えることは、忠固は、適度な水準の関税を賦課して財源を確保し、アヘンなど有害な商品を禁制品にする以外は、可能なかぎり自由な交易をめざしていたということである。その傍証として、松平慶永と忠固とのあいだで行なわれたやりとりを紹介したい。ちょうど条約調印の一か月ほど前、松平慶永が貿易による悪影響を心配して、いくつかの質問を忠固に投げかけ、忠固がそれに回答した記録が残っている。

忠固は、貿易の影響について慶永から問われると、「何の障害もなく世界の物産が江戸に集まるようになり、江戸の繁栄は以前に比べ倍増するだろう」(何の施設にも及ばず諸国の物産自ら江戸に輻輳して都下の繁昌も他日に倍すべし[18])と答えている。

当時、諸外国と日本とでは金貨と銀貨の交換比率が異なるということが問題になっていた。この通貨問題について忠固は、「銀鈔の策を建てたる者あり[19]」と回答している。この「銀鈔」とは訳せば「銀の紙幣」という意味である。銀貨を改鋳して新銀貨を発行することを指しているものと思われる。ここで忠固が述べているプランが、のちに発行される安政二朱銀のことを指すのかどうか、詳細は不明である(安政二朱銀については、第3章で詳しく述べる)。ただ通貨問題も、忠固の職責であったことをうかがわせる。

次いで慶永は「邪教の浸透については如何《いかが》」と、キリスト教が広まる懸念を問いただした。忠固はそれに対して、「もし何事か事件が起こったらそのとき考えればよいことである」（唯何程の事かあらん其時に臨みて兎も角もせんようにあるべし）とあっけらかんと答え、まるで気にも留めていない様子なのである。[20]貿易の悪影響がさまざま懸念されていた中で、忠固は非常に楽観的な見通しを持っていたことがわかるであろう。後述するように、それは周到な準備を行なったうえでの楽観論であり、十分な根拠を持ったものであった。

キリスト教の浸透を懸念する声が高かったなか、忠固は、日本人の一部がキリスト教に改宗したところで何ら不都合は起こらないと確信していた。これは前章で見た徳川斉昭とのやりとりでも明らかである。慶永が「邪教」という言葉を使うのに対し、忠固はそうした差別的な言葉も一切使っていない。忠固は信仰についても、驚くほどリベラルな考えの持ち主であった。

当時、政権の中心人物が、経済や宗教について、このようなリベラルな認識を持っていたという事実は、日本人として知っておくべきであろう。しかるに、忠固は老中の中でも「最保守派」であるかのようなレッテルを貼られつづけてきた。慶永らの一橋派がより近代的な思考を持った「改革派」で、「幕閣」の中枢は「保守的」であったという「定説」が、根本的に誤りなのである。前者が多分に排外主義的であったのに対し、後者はリベラルで合理主義的な思考を持っていたというのが歴史の真実である。

▼17　ハリス（坂田精一訳）『日本滞在記』下巻、岩波文庫、一九五四年、一九二頁。
▼18　前掲『昨夢紀事』第四、八八～八九頁。この問答は安政五年五月二七日に行なわれたものである。
▼19　同。
▼20　同。

関税率の決定

条約交渉の中で、日本側がもっとも頭を悩ましたのは、関税問題であった。最後の最後までこの問題は先送りにされ、関税率が決定されたのは第一四回目の最終交渉だった。貿易にともなう関税の徴収は日本にとって初めての経験であったため、無理のないことであろう。日本側交渉団の井上と岩瀬は、ハリスとの一二月二六日の交渉で「関税は自分らの職分以外の事であるから、勘定方面の担当者の意見を徴する必要がある[21]」として、この問題への回答を保留している。この問題は江戸城の勘定方に持ち込まれ、そこで決定された。忠固は財務担当の老中として、この難問にも取り組んだものと思われる。

従来、日本は日米修好通商条約によって、関税自主権を失ったと解釈されてきた。これは正しい理解ではない。日本が条約の中で結んだ一般の輸入品への関税率は二〇％であり、また輸出品への関税率は五％となった。この税率は、日本が自らの意志で主体的に選択したもので、自主性のないままに押しつけられたものではない。そして、日本自らの意志で関税率も変更可能なように制度設計されていた。つまり、関税自主権はあったのだ。

正真正銘の不平等条約を結ばされた他のアジア諸国の場合、二・五〜五％程度という低税率をイギリスから強要され、しかも固定された。自主的意志で税率を決め、自主的意志で変更可能な日本の条件とはまったく異なる。日米修好通商条約が不平等条約であったという俗説は、訂正されねばならない。この問題については、次章であらためて述べることにしたい。

備中と伊賀は腹を切らせ、ハリスの首を刎《は》ねよ！

そのころ、参与辞職後の徳川斉昭は、ますます粗暴になっていった。安政四年一二月一五日、斉昭は堀田に対し一〇〇万両の軍費を出せと要求。その資金で大艦巨砲を製造し、四万人の軍隊を組織してアメリカへ渡ると言い出した。仮に一〇〇万両があったとして、「厄介丸」の斉昭に、太平洋を横断する艦隊の建造を指揮する能力などあるはずもなかった。

一二月二九日には、海防掛の川路聖謨と永井尚志が、小石川の水戸藩邸を訪ねることになった。すでに草案が出来つつあった日米条約の原案について、斉昭に説明し、承認を得るのが目的であった。斉昭が素直に首を縦に振るわけがないので、難しいロシアとの条約交渉をまとめ上げた敏腕官僚の川路が、この大役に抜擢された。しかし斉昭との交渉は、ロシアのプチャーチン相手よりも難しかった。

川路と永井が斉昭に説明をはじめると、斉昭はいきなり切れて、「備中〔堀田正睦〕も伊賀〔忠固〕もぐずぐずと申せし由《よし》、以《もっ》ての外なり。備中伊賀は腹を切らせ、ハルリスは首を刎《はね》て然《しか》るへし。切って仕《し》まへ」▼22と怒鳴りちらした。

もはや完全に正気を失っていた。斉昭が「堀田と忠固を切腹させたうえ、ハリスの首を刎ねよ」と怒鳴った一か月前の一一月二七日、実際に水戸の郷士三名によるハリス暗殺未遂事件が起きている。斉昭の狂気じみた言動の数々が、水戸の家臣や郷士・庶民たちにまで伝染し、水戸をテロリズムの震源地に変えつつあった。ハリス暗殺未遂事件は、その最初の兆候であった。

やがて、テロの暴走は止まらなくなって、数多《あまた》の血を吸いながら、水戸を滅亡の淵へと追いやっていく。水戸が生んだテロリズムの思想は、薩摩や長州にも拡散し、動乱の時代を招来させ、あまりにも多くの無辜の命を奪い、ひいては後年の日本の好戦主義につながっていくのである。斉昭の罪は、あまりにも深いと言わざるを得ない。

この斉昭の暴言事件の際には、息子の一橋慶喜が憂慮して父の斉昭を諫め、斉昭に叱責された川路と永

▼21　ハリス、前掲書、一六三頁、および東京帝国大学史料編纂所編纂『大日本古文書——幕末外国関係文書之一八』東京帝国大学、一九二五年、七六八頁。
▼22　前掲『昨夢紀事』第二、三二六頁。

井を自邸に招いて謝罪し、事態を収束させた。このときの慶喜の対応に永井は感激し、彼こそは次期将軍にふさわしいと考えるようになった。永井の慶喜への忠誠は、徳川政権の滅亡までつづくのである。

斉昭の醜態は、ハリスの許にも伝わっていた。ハリスの一月七日の日記には、「加賀侯が狂人のように『罵詈して』いるそうだ」[23]と記されている。これは斉昭の「ハリスの首を刎ねよ」という発言を指しているのだろう。ハリスが「水戸」と「加賀」を聞き間違えるとは思えない。ハリスとの交渉役だった井上清直と岩瀬忠震は、大名たちの反対が激しく、下手をすれば外様大名の反逆を招きかねないので、京都にまで赴いて勅許を得なければならない、と説明していた。「徳川」が騒ぐので簡単には調印できないと外国人に理解させるのは難しかったので、思わず「加賀侯が……」とウソをついてしまったのであろう。斉昭は、日米共通の頭痛の種となっていた。

条約勅許問題

岩瀬忠震と堀田正睦は、諸大名を同意させるために天皇の権威を利用しようと、勅許の取得を検討する。どうも、この案を言い出したのは岩瀬ではないかと思われる。ハリスは、条約草案が完成した段階で、調印は近いと思っていた。しかるに、岩瀬と井上が勅許を獲得するまで調印を二か月延期してほしいと言い出したので、たいへんに驚き、日記に次のように書き綴っている。

私は彼らに、もしミカドが承諾を拒むなら、諸君はどうするつもりかと尋ねた。彼らはすぐに、そして断乎たる態度で、幕府はミカドからの如何《いか》なる反対をも受け付けぬことに決定していると答えた。私は、たんに儀式だけと思われることのために、条約を延期する必要がどこにあるのか、と問うた。[24]

日本側委員は、ハリスに対し、ミカドの承認さえ得られれば、「最も激しく条約に反対している人びとでも、『神のたまう。我従わん』というであろう[25]」と説明した。おそらくこう述べたのは、井上でなく岩瀬であろう。岩瀬は自信満々であったが、その言動に、日本の政治状況を知らないはずのハリスの方が、不安を覚えていた。ハリスは、「これは、日本人たちがこの君主〔ミカド〕のことを語るときの、ほとんど軽蔑的な態度とはあまりにも一致しないものである[26]」と記している。

岩瀬らは、ふだんは京都のミカドについて、彼らには何の権力もないのだと、嘲笑しながらハリスに説明していたようだ。しかるに、今度は手の平を返したように、ミカドの勅許さえ得られれば、神のお告げのように万能の効果を発揮し、諸大名を沈黙させることができると主張する。ならばミカドは、十分な権威を持つということになる。ふだんの彼らの嘲りと、彼らが今行なおうとしている行為は明らかに矛盾している。このハリスの観察眼はじつに鋭い。実際、ハリスの不安は的中する。

この時期の岩瀬は、自分が天下を動かしているという得意の絶頂にあったように思われる。岩瀬は、弁舌たくみな自身の能力を過信して、京都など簡単に口説き落とせると慢心していた。自ら京都の権威を高めるような行為をしておきながら、公卿たちをまるで舐めてかかっていたのだから、自ら墓穴を掘ったように思えてならない。

忠固は、勅許など不要という考えであった。そもそも国際情勢を何も知らない禁裏《きんり》に、外交事案を判断する能力があるはずもなく、素人に意見を求め、彼らの権威を高めてしまうことなど、政権の自滅行為である。

翌安政五年の五月のことになるが、松平慶永から条約の勅許の必要性について問われた忠固は、勅許など不要であり、条約調印後に「京都所司代を呼び出し、よくよく事情を説明したうえで、奉書にて申し伝

▼23　ハリス、前掲書、一七九頁。
▼24　前掲書、一六八〜一六九頁。
▼25　前掲書、一八〇頁。
▼26　同。

えれば済むことだ」（所司代を御呼下しにて能々申含めて申上させ、御許容の事は奉書にて申し越ても済むべし）[27]と回答している。これが政権担当者としての忠固の常識的判断であった。何も知らない天皇に政治的責任を負わせ、その権力をいたずらに高めようとしていたのは一橋派の人びとであった。それは結局、孝明天皇本人を苦しめていくことになったのである。

勅許を得るべく、堀田正睦らが京都に赴くことになったとき、忠固は体を張ってでも阻止すべきであったろう。忠固は堀田の京都行きに反対であったが、それを止めようという具体的行動を取ったという史料は見つからない。忠固といえども、この行為がもたらす重大な帰結を、この段階で予測することは困難だったのであろうか。

堀田と忠固は、当初は固く結束して事を進めていた。この二人は、開国に向けた布陣として最良のツートップであったように思われる。外様も含めて当時の日本全体を見渡しても、諸侯の中から彼らに優る指導者を見出すのは難しかったであろう。しかるに、一橋派から将軍継嗣や条約勅許などという余計な問題が持ち込まれ、堀田が忠固を振り切って京都に赴いたことで、両者の間に亀裂が入ってしまった。

堀田が京都に行って不在のあいだは、忠固が堀田の代わりに首座や外国御用掛《がかり》の職務もこなした。いわば忠固首班の留守政府であった。堀田不在の四月には、オランダ商館長のドンケル・クルチウスが、米国と同様の条約の締結を求めて江戸入りしたが、堀田不在のため、忠固が四月一三日にクルチウスと会談し、正式にオランダとの条約交渉を開始している。

よく知られているように、京都に赴いた堀田は、勅許の獲得に失敗する。禁裏は、条約調印の判断に際し、「伊勢神宮の神慮をうかがうべし」と真顔で言い出す始末であった。伊勢神宮に行っておみくじを引いて決めろ、というのだ。このような人びとが、外交案件に適切な判断を下す能力などあるわけがなかった。堀田は、京都から忠固ら閣老たちに送った手紙の中で、次のように綴っている。「実に堂上方〔公卿〕等、正気の沙汰とは存ぜられず、嘆息仕り候」[28]と。

「正気の沙汰」ではない人びとは、この「勝利」の味に酔いしれて、ますます増長して公儀への干渉を強めていく。これが後年、「奉勅攘夷」「横浜鎖港」という無謀な路線につながってしまうのである。堀田の京都行きは、日本の歴史を変える重大なターニング・ポイントとなった。政権が、京都に頭を下げにいってしまったことにより、権力関係が逆転していくきっかけとなった。

井伊直弼の大老就任と忠固陰謀論

岩瀬忠震は、勅許の獲得に失敗すると、策を練り直した。慶永の家臣・橋本左内と諮って、まずは松平慶永を大老にし、そのうえで一橋慶喜を将軍後継にすれば、勅許を獲得できるだろうと考えた。堀田もその作戦に同意した。

堀田は、勅許獲得に失敗し京都から帰ってきて早々の四月二二日、将軍・徳川家定に対し松平慶永を大老に推挙したいと進言した。しかし家定は、言下にそれを否定し、その場で井伊直弼を大老に任命すると宣言したのである。

井伊を大老に就任させようと、背後で工作をしたのは松平忠固である、という噂が囁かれた。この噂を広めたのは一橋派であった。彼らは、堀田の留守中に、裏で忠固がシナリオを描き、「姦謀」をめぐらして井伊を大老にする工作を行なったと「推測」したのである。一橋派による「忠固陰謀論」の論拠を検証してみよう。中江雪江が著わした『昨夢紀事』には次のようにある。

此人〔井伊直弼のこと〕蚤々より執権の企望ありて、既に先年伊賀殿御再勤の折なども慇懃を盡され、黄金三十枚を贈られたれど、井伊殿之を不受して返されたる事を彼藩の小川民蔵なる者に聞けり、さ

▼27　前掲『昨夢紀事』第四、八九〜九〇頁。
▼28　徳富蘇峰『近世日本国民史　堀田正睦（五）』講談社学術文庫、一九八一年、三九八頁。

れど第五倫か千里の馬に等しく伊賀殿も忘れられざりしが、此度登庸せられたるは専ら伊賀殿の姦謀に出たるなり、諸有司も始めのほどは其不学無識なるを侮り思ひしかども、狼戻の性追々に暴威を逞ふし、惨毒を恣にし、遂に天下の動乱を惹出せしが、其由来する所は伊賀守の私曲に依りて醸せられたり[29]

〔現代語訳〕
この人〔井伊直弼〕は、早くから大老になりたいとの野望があり、前年に伊賀守〔忠固〕が老中に再任された折りも、礼儀を尽くして黄金三〇枚を贈ったが、〔忠固から〕受け取ってもらえなかったことを、彼の藩〔上田藩〕の小川民蔵という者から聞いていた。しかし伊賀は、第五倫の千里の馬の故事のように〔後漢の政治家の第五倫が賄賂で馬をもらいそうになり、もらわなかったものの、その事が心から離れなくなったという故事〕、これを心に留めて忘れられなくなったのであろう。この度、井伊が登用されたことも、もっぱら伊賀の姦謀によるものである。〔一橋派の〕有志たちも、井伊の不学をあなどっていたが、やがて邪悪な本性を現して、暴威をほしいままにし、ついに天下の動乱をもたらしたのであるが、そもそも伊賀守の利己心によって醸し出されたことである。

井伊は、かつて忠固に黄金三〇枚を贈ろうとし、忠固は受け取りを拒否したのであるが、一橋派の解釈によれば、それによって忠固は井伊の熱意を知り、井伊のことが脳裏から離れなくなり、ついには大老に推挙するにいたったというのである。これは「妄想」でしかない。たくましい想像の「物語」であっても、忠固が井伊の後押しをしたという根拠にはまったくならない。いつの時代においても、陰謀論が広がるきっかけは、人びとの妄想である。

仮に井伊が黄金三〇枚の賄賂を贈ろうとし、それで忠固が井伊を忘れられなくなったというのであれば、慶永が忠固に贈ろうとした賄賂は黄金五〇〇枚である。「千里の馬の故事」に譬えるなら、圧倒的に心に残るのは井伊の黄金ではなく、松平慶永のそれであろう。忠固は、慶永をこそ大老に推挙せねばならないはずである。

『昨夢紀事』は、この時代の第一級史料である。脚色もなく、たんたんと松平慶永の周辺で起きた事実がありのままに書かれている。しかし該当箇所から事実として確認できるのは、当時から忠固陰謀論が囁かれていたという「事実」であって、実際に陰謀があったという「事実」ではない。

明治になってから、井伊を大老に押し上げたのは忠固であると著書に記し、忠固陰謀説を広めたのは、ジャーナリストの福地源一郎（桜痴）である。福地は「余が水野筑後守に聞きたる所によれば……」[30]と、福地の上司であった外国奉行の水野忠徳からの伝聞情報として、そう書いているのである。しかも水野本人の情報源も「後年に至りて僅かに知り得た」というリアルタイムでない伝聞情報なのである。福地の書いたことは、伝聞のそのまた伝聞情報でしかない。

安政五年の時点の福地は、長崎から江戸に出てきて英学修行中であり、まだ公儀に召し抱えられてはいない。福地は、忠固を直接には知らない。福地の情報源の水野忠徳はといえば、日米修好通商条約の交渉の開始に際して、海防掛から田安家の家老に異動になっていた。田安家家老では、江戸城本丸の奥で展開された「陰謀」など知り得る立場ではないだろう。

水野忠徳が外交現場から退けられたのは、水野が交易反対論者であったからである。交易反対論者を、交易条件を決定するための交渉担当者に任命することはできまい。これは左遷人事などではなく、条約交渉を遂行するための適切な人事異動であった。しかし水野は、忠固のせいで左遷されたと逆恨みしていたのであろう。それで福地に向かって、忠固に対する罵詈雑言を吹き込んだのではなかろうか。

▼29　前掲『昨夢紀事』第三、三六一頁。
▼30　福地桜痴『幕末政治家』岩波文庫、二〇〇三年、八二頁。

忠固中立説と両義説

忠固は南紀派ではない、という少数派の学説も紹介したい。これまで中立説と両義説の二つの見解が出されている。まず上田の郷土史家の小林利通は、忠固中立説を唱えていた。小林は次のように言う。

憶測・伝聞は別として、忠固がどちらかに味方した史料はない。〔……〕忠固の関心は、ハリスとの交渉による修好通商条約の速決である。〔……〕一橋派も南紀（井伊直弼）派も互に、忠固は本当は敵方だったと言って批難する。答は一つしかない。忠固は中立だった。[31]

次に両義説を見てみよう。井伊の大老就任前後における忠固の動向について詳細な研究を行なった、日本政治史研究者の菊地久は、忠固は南紀派だったわけでなく、将軍継嗣問題にかんしては「両義的」であったと結論づけている。[32] 両義的とはすなわち、双方を敵に回さないように配慮して、二股をかけ、どちらが勝っても生き残ろうとしていたというのだ。一橋派にも南紀派にも双方に保険をかければ、どちらに転んでも政治生命をつなぐことができる。

しかし忠固は、天下のために正しいと信じ込んだことであれば、周囲の空気などまったく読まずに堂々と主張する性格であった。この事は、これまでの忠固の人生を知っている読者ならば納得していただけるだろう。その性格からすると、両派に二股をかける対応を採ったというのは、どうにも忠固らしくない。

筆者は、当初は中立説が正しいと考えていた。しかし史料を吟味していくと、中立説にも両義説にも矛盾があり、真相は別のところにあると結論するにいたった。

忠固の真意

忠固の真意がどこにあったのか？　筆者の推論を述べたい。驚かれる読者が多いと思うが、忠固は一橋派だったのだ。もちろん一貫して一橋派であったわけではない。前述のように、条約交渉の最中においては、忠固は明らかに中立であった。しかし条約の草案が固まってから、忠固は一橋派となり、その運動を手伝うようになったのである。

そのことを立証するため、将軍継嗣問題について慶永と忠固のあいだになされたやりとりを、時系列に沿って確認してみたい。安政四年一二月の段階で、忠固は条約問題に集中したいので、将軍継嗣問題のことにまで頭が回らないと回答していた。その際、慶永から贈られた黄金五〇〇枚を返却した。忠固は一橋派からも南紀派からも贈賄工作を受けたが、いずれも拒否し、中立を貫いていた。

忠固から黄金を返されても、なお慶永は諦めなかった。一橋派は忠固の信頼していた上田藩士の八木剛助を仲間に引き入れて説得させたのみならず、忠固の実兄の三宅康直も自派に巻き込んで、説得を試みている。[33]康直の説得に、忠固も心を動かされるところはあったかもしれない。

年が明けて安政五年、堀田が上洛すると、江戸は忠固が首班の留守政府となった。慶永は、頻繁に忠固邸（老中公邸）を訪ねて来るようになった。条約の草案は一月一四日に完成し、忠固にも心の余裕ができたのか、それ以降、慶永と密に会い、将軍継嗣問題を話し合うようになるのである。『昨夢紀事』の記載

▼31　上田市立博物館『松平忠固・赤松小三郎――上田にみる近代の夜明け』上田市立博物館、一九九四年、一七～一九頁。
▼32　菊地久「井伊直弼試論――幕末政争の一断面」上（『北海学園大学五〇周年記念論文集』二〇一五年三月、三一九～三五一頁）
▼33　前掲『昨夢紀事』第二、一七二頁。

から数えると、忠固と慶永は、安政五年になってから、一月二二日、二月一日、二月晦日（三〇日）、三月二五日、四月一六日、五月三日、五月一七日の計七回の会談をもっている。慶永は、忠固さえ一橋派に引き込めば事は決すると考えていた。一橋派の熱心な説得により、忠固は一橋派に傾いていったのである。以下、順を追って確認してみたい。

（1）一橋支持を表明

安政五年一月二二日の会談で、忠固は慶永に対し、「これまでもこの一件では不敬で言いすぎの発言もしてしまい、今更ながら恐れ多く、申し訳なく思っている」（是迄も此一件に付ては不敬の過言共申立て候ひて今更恐ある心地に候と御申述ありけれ）と、率直に謝罪している。慶永はこれを聞いて「伊賀殿まづまづ御評議寄りになり侍《はべ》る事恐悦《きょうえつ》の至に候」としている。慶永は、ついに忠固が「御評議寄り」、すなわち一橋派に好意的になったと、たいそう喜んでいる。

しかし、同時に忠固は、最終的な決定権は家定にあり、「奥向き（大奥）」が難色を示しているので「骨を折り候」と語っている。[34] 忠固は自分が一橋擁立に尽力しても、なお成功の保証はないと率直に述べつつ、「骨を折」って協力することを約束したのである。

このとき忠固は、「極めて秘事」ではあるが、と前置きしたうえで、「上には何の思召しもあらせられず」と述べている。すなわち忠固によれば、この時点で将軍の徳川家定は、慶喜と慶福のどちらがよいか、これといった定見を持っていないというのである。

ちなみに、この日、土佐侯・山内豊信は、慶永邸で慶永の帰宅を待ちかまえていた。帰ってきた慶永から、忠固がこちら側についたという情報を聞くや、「天下の事定まりぬ、あな嬉し、あな歓ばし」と、喜びのあまり二度三度と舞を踊ったという。[35] 山内豊信は、忠固さえ味方に引き入れることができれば、もはや勝ったも同然だと思ったようである。諸侯から、忠固の権力はそれほど強大だと思われていた。

(2)天皇の政治利用に不快感を示す

つづく二月一日の会談において、慶永は、島津斉彬からの書状を見せ、斉彬が三条実萬と近衛忠熙(篤姫の養父)を説得し、慶喜を推薦する勅を出してもらおうとしていることを、忠固に説明している。一方の忠固は、大奥の反対がいかに激しいかを説明し、家定が動揺していることも伝えている。

大奥の頑強な抵抗に直面していた忠固は、この会談中、大奥に不快感を示している。その中で、アメリカ総領事のハリスが大病を患って苦しんでいるのに、大奥の女中たちは「唐人が落ちましたそうな」と言って喜んでいると伝え、「いったい鳥か何かと思っているのか、あまりの言い方だ」と批判している。[36]忠固が、ハリスの病気を心から心配していること、また、当時の日本人の多くが抱いていた外国人に対する素朴な差別感情に心を痛めていた様子が伝わってくる。

当時のハリスは下田で闘病中であったが、一時は危篤状態になり、「絶望的」との情報も伝わるほどであった。忠固は、ハリスを治療すべく、一月二八日には蘭方医・伊東貫斎らを下田に派遣するなど、なんとしてもハリスの命を救おうと懸命の努力をしていた。こうした努力が実り、奇跡的にハリスは一命を取り留めたのであった。

忠固は二月一日、慶永に対し、大奥を刺激しないためにも、慶喜が後継として西の丸に入っても、なお四～五年は大人しくしていてほしいと要請している。[37]この時点で忠固は、一橋派が勝つ想定で行動しており、慶喜が後継になった後のことまで考えている。忠固は、明らかに慶喜継嗣を実現可能と思っていた。

つづく二月晦日の会談において、様子が若干変化する。京都からの勅を気にする慶永に対し、「勅は畏けれど左様にては関東の御威光にも拘《かか》わる筋に候へば拒み奉るより他は候はず[38]」と述べる。すなわち、京

▼34　前掲『昨夢紀事』第二、三八五～三八六頁。
▼35　前掲書、三八七頁。
▼36　前掲書、四〇二頁
▼37　前掲書、四〇三頁。

都からの勅が出ても決定権はこちらにあるので、京都の意志が家定のそれと異なるのであれば、拒むよりほかはない、と伝えている。一橋派が天皇を政治的に利用しようとするのに対し、忠固は危うさを感じ、彼らの論に釘を刺しているのだ。

一方で、大奥の反対について、忠固は「後宮恐るるに足らず」とも述べ、大奥の説得に自信を見せている。二月末の時点で、引きつづき忠固は、一橋擁立に協力し、大奥の説得に努めている。

つづく三月二五日の会談で、将軍継嗣についてあまり進展がない様子を伝える。このときの忠固は、もっぱら堀田の京都での条約勅許の交渉がうまくいっていないことを心配している。

(3)忠固は慶永を騙していたのか？

そして、四月一六日の会談を迎える。これが真相のよくわからない、謎の多い会談となる。この日、忠固は「将軍の意志は、すでに慶喜殿でよいと決定しているので、堀田殿が京都から帰府次第、評議を開きたいと思っている」（台慮巳に刑部卿殿に御決定にて備中殿帰府次第御評議ニ可相成）と伝え、同時に「とにかく大奥の抵抗によって話がもつれている次第で、迷惑している」（兎角大奥に差縺れたる次第ありて迷惑せらるる）[39]とも付け加えている。すなわち、大奥の抵抗があるものの、家定の意志はすでに慶喜にあると、はっきりと伝えているのである。もちろん慶永は大喜びであった。

この発言が大いに問題となる。何となれば、定説では、このときすでに家定の意志は、慶福で決していたとされているからだ。ならば、忠固は慶永にウソをついていたということになる。忠固両義説を唱える菊地久は、忠固は、家定の心が紀州と知りながら、あえて虚偽を述べ、慶永に希望をもたせていたと解釈する。菊地によれば、忠固は、家定の意志だけで事が決するとは考えておらず、「閣老衆の評定」に持ち込まれれば、一橋派の逆転もあると考えていた。一橋派に勝機があると考えての政治的発言だったというのである。[40]

しかしながら、空気を読まずに正しいと思ったことを率直に発言する忠固の性格を考えると、慶永にウソを述べてまで希望をもたせていたというのが、どうにも納得できない。そもそも、ここで忠固が慶永にウソを述べる合理的な理由がない。かりに忠固が両義的であり、どちらが勝っても生き残ろうとする政治的思惑で動いたとしても、慶永に対してウソまでつく必要があるだろうか。慶永には、「家定は紀州の慶福に傾いているが、希望は捨てず、逆転に向けて頑張りたい」とでも伝えれば済む話であろう。そう述べておけば、一橋派が勝っても負けても不都合はないだろう。

ゆえに、ここで忠固が述べた事は、本当だと筆者は考える。忠固の懸命の説得が実って、家定も慶喜支持にいったん傾いたのではあるまいか。家定も悩み、迷い、揺れていたのだろう。しかしこの後に大奥が巻き返し、最終的に、家定も大奥の意向に従ったというのが真相であるように思われる。つまり大奥の力は、忠固に勝ったのだ。

（4）海防掛の将軍廃立論に激怒

次の忠固と慶永の会談は、井伊直弼が大老になった後の五月三日であった。このときには明らかに忠固の態度は変わっている。この日、忠固の方から慶永を問い詰めている。当時、一橋派の海防掛の四～五名の言論活動が自由・活発になりすぎて、ついに将軍・家定の「廃立」まで口にするようになったという。忠固は立腹し、「不敬、無礼、もっての外」と慶永に詰め寄っている。それに対して慶永は「将軍も天下の公論で決すべきで、もはや御威光になどこだわるべきでない」と、きわめて近代的な考えを口にしている。忠固は、それに対しては反論せずに、自分はもとより慶喜支持であるが、大老になった井伊直弼は紀州支持で、もはや見通しは暗い。紀州に決まっても不満を抱かないでほしい、と慶永に告げている。▼41

▼38　前掲書、四六〇～四六一頁。
▼39　前掲『昨夢紀事』第三、三三一頁。
▼40　菊地久、前掲論文、三三九～三四〇頁。
▼41　前掲『昨夢紀事』第四、一六～一七頁。

このとき将軍の「廃立」を口にしていた海防掛の面々（その内の二名は、直後に左遷された土岐頼旨と鵜殿長鋭だったと思われる）を、忠固は叱責したようである。逆に一橋派は忠固を恨み、忠固の失脚を画策するようになる。筆者は、この「廃立」発言によって、忠固の心は一橋派から離れたのではないかと考えている。

堀田正睦が、井伊の大老就任から四日後の四月二七日、慶永に述べたところによれば、「伊賀〔忠固〕などもこれまでは私の側であったのに、〔……〕僕一人は引きつづき一橋支持の持論を主張しつづけているものの、大老は元来の紀州派であり、伊賀なども最近は以前のようには言わなくなった」（伊賀抔も是迄はおのが方人なりしが〔……〕僕一人は持論を主張致候へども大老は元来の紀州、伊賀抔も近頃となりては是迄の様には言はず[42]）とのことである。堀田によれば、これまで忠固は自分と同じ考えであったが、近頃は変わってきたというのである。井伊の大老就任の前後に、忠固の心が一橋派から離れていったことがうかがえる証言である。

五月九日になると、堀田は慶永に「大老は南紀を主張せらるるに、伊賀も同説なるには殆《ほとん》ど困り入りて[43]」と述べている。この時点で、忠固は完全に一橋派から決別して紀州支持に変わっている。忠固が慶永に廃立発言を伝えた六日後のことである。

忠固は、一橋派の運動を手伝ってきたが、大奥の頑強な反対をどうしても崩せなかった。さらに一橋派の運動に賛同できなくなっていたこともあって、大奥の推す井伊が大老に就任するにおよび、万策尽きて紀州支持に鞍替えしたというのが実態であろう。

五月一七日にも、忠固と慶永は会談をもっている。このときには、慶永も諦めムードであった。将軍継嗣以外の問題をさまざま話し合っている。慶永は、条約が締結された場合の貿易による悪影響を心配していくつかの質問をし、忠固がそれに答えている（九〇頁に前述）。そして話題が将軍継嗣問題になったとき、忠固は「ウンと仰ケ反られ、額上の血脈を太くし、忸怩たる顔色にて、兎の角のと六《むつ》ケ敷《かしき》候」と答えたという[44]。その忠固の様子から、慶永は、もはや負けである、と確信したのであった。忠固は、血脈を太くして、顔を紅潮させ、天を仰いで、忸怩《じくじ》たる様子で「とにもかくにも難しい状況である」と慶永に語ったというのだ。その様子は、真に慶永に対して申し訳なさそうである。はじめから紀州支持であることを隠して、確信的に慶永を騙していたという様子ではまったくない。忠固はウソをついていない。

以上のことから、筆者は次のように考える。

・安政四年のあいだ、忠固は条約に専念し、将軍継嗣問題では中立であった。
・安政五年に入って慶永の説得を受け入れ、一橋支持の立場で、家定と大奥の説得に努めた。
・家定は一時的に忠固の説得を受け入れたが、大奥の反対をどうしても覆せなかった。すなわち忠固は、大奥に敗北した。
・忠固は、天皇を政治利用しようとする一橋派の動きには、危うさも感じていた。一橋派が過激化し、将軍の意向をないがしろにし、将軍廃立まで口にするようになったことによって、忠固は激怒し、一橋派から離れた。

当初、一橋派は、忠固さえ味方に引き入れれば勝ったも同然と、過剰な期待をしていた。期待が大きかっただけに、裏切られたと思ったときの反動も大きかった。忠固は努力したが、大奥の前に力およばなかったというのが真相であろう。しかし一橋派はそうは考えなかった。忠固は当初から南紀派であったのに、それを隠して、慶永に協力するようなポーズを見せ、一橋派を罠にかけて騙し、陰で井伊直弼を大老にする工作を行なったという「物語」を作り上げたのである。

歴史の後知恵でしかないが、筆者としては、忠固は最初から大奥と結束して「反一橋」の旗幟を鮮明に

▼42　前掲『昨夢紀事』第三、三〇九頁。
▼43　前掲『昨夢紀事』第四、三四頁。
▼44　前掲書、八九〜九〇頁。

すべきであったと思う。忠固が一橋派になってしまったことで、大奥は落胆し、もはや忠固には頼れないと判断し、井伊を大老にしようと考えるようになってしまったのではなかろうか。忠固が最初から大奥と結束して南紀擁立で動いていれば、井伊が大老になることもなかったであろう。

忠固の日記から読み取れること

この時期の忠固の日記から、以上の推測を裏付けられるだろうか。忠固の日記は、老中の業務日誌とでも言うべきものである。城中の定例行事やルーティンワークがこなされていることの確認のために付けている記録のようである。宿直当番日誌のようなものを思い浮かべてもらえばよいだろう。そこには、「誰と会った」という情報は記されているが、「会って何を話したのか」「何が決まったのか」という肝心な情報が何も記されていない。老中の御用部屋での会議の内容も一切書かれない。ある問題について、忠固がどのような考えを持ち、何を発言し、何が決まったのか等はまったく書かれていない。ゆえに忠固日記から、彼の政治的な意志を探ることは至難である。

前述の七回の慶永との会談にしても、慶永側の史料である『昨夢紀事』には詳細に書かれている。しかし忠固本人の日記には、一切出てこない。なぜなら、城から帰宅後の夕刻などに松平慶永が訪ねてきているので、すべては公務外の会合である。忠固の業務日誌は江戸城中での公務のみを記録しているので、慶永と会ったことは書かれないことになる。

忠固日記に何が書かれているのか、一例として安政五年二月五日の日記を紹介してみたい。現代語訳のみで内容を紹介させていただく。老中の一日の業務内容もわかって興味深い。

二月五日

・今朝、登城前に若年寄の越中守〔本多忠徳〕、安芸守〔本庄道貫〕、丹後守〔本郷泰固〕がやってきて、学問所〔昌平黌〕に行くので不在とのことであった。
・太鼓の音とともに、四ッ〔午前一〇時ごろ〕に出宅した。四ッ半から二寸前〔午前一〇時四五分ごろ〕に城に着いた。
・御側衆の伊豆守〔坪内保之〕が将軍のご機嫌をうかがった。
・駕籠に乗って出かける途上、訴えがあったので、その訴状を十郎兵衛に渡した。
・自分と大和守〔老中・久世広周〕に対し〔将軍から〕召し出しがあると丹波守〔将軍側衆の平岡道弘〕から伝えられ、二人で奥へ行き、御用をうかがった後、下がった。
・今月の一八日、末姫様〔徳川家斉の二四女で広島藩主浅野斉粛の正室〕と利姫様〔浅野斉粛の息子・浅野慶熾の正室〕が二人連れだって御広敷〔大奥の詰所〕へやって来ると、留守居の因幡守〔久貝正典〕より申し送りがあった。
・菊之間〔小さな譜代大名などが詰めている部屋〕に出向き、月番から書付をもらい、皆の機嫌をうかがった。
・山吹之間に行き、待機していた右京亮〔若年寄の酒井忠毗〕に、「中奥小姓の土岐大隅守〔頼旨〕が講武所の頭取に仰せつけられ、三〇人扶持の手当を加増する」との書面を渡し、その旨申し渡した。
・若年寄の三名〔本多忠徳・本庄道貫・本郷泰固〕が挨拶にやってきて、先に退出するとのことであった。
・御用が済んだので、八打三寸廻〔午後三時すぎ〕に一同退出し、帰宅した。[45]

これが当時の首相代行にあたる松平忠固の勤務内容である。勤務時間の短いことが、何ともうらやましい。ただし、出勤前と帰宅後にも忠固は働いている。西の丸下の老中公邸には日常的に来客が詰めかけて

▼45　「松平忠固日記」安政五年二月五日、東京大学史料編纂所。

いたが、それらは城外の事なので、業務日誌には書かれない。

この日、まず出勤途上に訴状が届けられている。いわゆる「駕籠訴《かごそ》」である。興味深いが、如何《いかん》せん訴状の内容が書かれていないので、詳細は不明である。ちなみに駕籠訴が日記に頻繁に出てくるので、二月と三月の二か月間を対象に数えてみたところ、二月はこの日を含めて二回であったが、三月になるとじつに七回も駕籠訴を受けている。訴状の内容は一切書かれないが、将軍継嗣問題や条約調印問題の緊迫化がこの背景にあるのであろう。

この日の登城後には、徳川家定に呼び出されて「御用」をうかがっている。忠固の日記を見ると、二〜三月の時期の家定は、隔日くらいの頻度で老中・若年寄一同を呼び出している。にわかに家定が政務に積極的になっている様子がうかがわれる。通常は一同で呼び出されるが、二月五日は、忠固と久世が二人だけで家定に呼び出されている。久世はすっかり忠固と歩調を合わせている様子である。忠固と久世が二人だけで呼び出されているのは二月五日・一四日、三月八日に見られる。「御用」の内容は書かれないが、主な内容は将軍継嗣問題ではないかと考えられる。忠固は、大奥の「御広敷」にも頻繁に出向いている。忠固が、二月一日の松平慶永との会談で、家定や大奥の説得に努めている様子を報告している事実と矛盾しない。

通説では、この時期の家定の意志は、すでに紀州の慶福後継で決していたとされている。しかし、家定の意志が固まっていたとするならば、なぜ忠固や久世を呼び出す必要があったのだろうか？　家定自身が揺れていたから相談していたのではないだろうか。忠固が家定を説得し、それが効果を上げていた可能性は否めないのである。

井伊を大老にしたのは家定

しかしながら、結局のところ、忠固は敗北したのであった。最終的に、紀州の徳川慶福を後継にすべく、井伊を大老にしようと決断したのは、将軍の徳川家定本人である。

堀田は、京都から江戸に帰着した早々の四月二二日、家定に対し、松平慶永を大老に推挙する建議をしたこと、それが岩瀬忠震と橋本左内の策であることはすでに述べた。彼らは、まず慶永を大老にし、そのうえで慶喜を継嗣にするという二段階作戦を立案した。

しかし、慶永を大老にという提案を堀田から聞いた瞬間、家定は「家柄的にも人物的にも、掃部〔井伊直弼〕を差し置いて、越前〔松平慶永〕へ申し付けるはずがない。早々に掃部に〔大老就任を〕申し付ける」（家柄与申、人物と言、掃部を指置、越前江可申付訳無之、早々掃部へ可申付）[46]と、その場で堀田に厳命したのであった。

このときの家定は、明らかに驚き、また怒っている様子である。家定は、一橋慶喜は許容できたとしても、松平慶永だけは受け入れられないというほどの嫌悪感を持っていたのではないかと思われる。家定は、慶永の「人物」を問題にし、明らかに慶永に対して強い拒絶反応を示しているのだ。岩瀬と橋本左内の策は完全に裏目に出たわけである。

慶永は、ことあるごとに、「慶喜は英邁だから……」と主張していた。それは裏を返せば「家定は馬鹿だから……」と言っているのに等しい。ふだんから自分を馬鹿にする発言ばかりしている慶永が大老になることだけは、寛容な家定でも許容しがたかったのではなかろうか。

松平慶永（春嶽）は、晩年の回顧録においても、「温恭公〔家定〕は凡庸中ノ極三等なり。かかる天下多事の秋に当たりて、かかる将軍の凡庸にては、天下を維持する事あたはず、ゆへに、明将軍を立てん事を希望す」[47]と述べている。後年までも家定を馬鹿にしきった態度である。そうした言動が、日ごろから家定にも伝わってきて、苦々しく思っていたのではないだろうか。

▼46　佐々木克編『史料公用方秘録』彦根城博物館（彦根城博物館叢書7）、二〇〇七年、一四頁。
▼47　前掲「逸事史補」一七頁。

史料から判断するかぎり、家定はごく常識的な判断力のある君主であった。むしろ当時のような難局に際しては、いちいち現場に介入する「英邁」なリーダーよりも、現場の実務担当者に信頼を寄せ、閣僚たちの合議による意志決定を尊重する家定タイプのリーダーの方が望ましかったのではないか。家定は「君臨すれども統治せず」という近代的な君主だった。それで当時の外交はうまく回っていた。日本外交を混乱させたのは、ほかならない、独裁型リーダーシップに期待し、家定を退けようとした一橋派の人びとだった。

国政問題や外交問題には介入しなかった家定であるが、将軍後継問題は、徳川宗家の問題であり、その他の政策とは別次元の問題である。これは外野からとやかく言われる筋合いではなく、徳川家当主である家定自身の責任において決定しなければならないと考えていたのだろう。

一橋派の運動が失敗した最大の原因は、家定を無能扱いするような噂話を流しつづけた、その作戦自体にあったとは言えないだろうか。我慢強かった家定も、そうした噂を流している張本人の慶永を大老にと堀田が言い出したものだから、ついに堪忍袋の緒が切れて堀田と一橋派の排除に動いたというのが真相であるように思われる。

忠固としては、家定の意志が固まってしまえば、もはやどうにもならない。臣下としての忠固は、家定の判断を尊重し、それに従うしか選択肢はなかっただろう。最終的に忠固が井伊の大老人事に同意したとしても、それをもって忠固が井伊を大老にした黒幕であったということには、もちろんならないのである。

家定による堀田罷免の提案

井伊の大老就任後も一橋派の立場を貫いた堀田は、いよいよ家定の心象を害したようである。家定は自らの意志で堀田を罷免しようとしている。家定は、五月六日、将軍後継は紀州にせよ、という最終的な判断を井伊に伝えたうえで、「堀田は京都で不行届きがあったため、罷免したいと思う」（堀田備中守ニハ京都ニ而不行届ニ付、御役御免ニ相成候方与思召す候）という上意を伝えた。これに対し井伊は、「堀田備中の件については、もう少しお考え下さるよう申し上げた」（備中守義ハ猶相考可申上）と、慰留に努めている。▼48

堀田が一橋擁立に執着していたため、家定は勅許取得失敗を口実として、自らの意志で堀田を罷免しようとした。このとき井伊が堀田を庇ったのは、外務大臣をいきなり切ると、ハリスとの日米交渉に悪影響が生じると不安を覚えたためであろう。井伊としては、条約調印までは堀田の首をつなげておこうと考えたのだろう。

もし忠固が、堀田のように一橋派に留まれば、家定の怒りを買って罷免の憂き目に合うことは必定であったろう。条約調印に政治生命を賭けている忠固としては、調印前に失脚に追い込まれることだけは何としても避けたかったはずである。忠固は、堀田と袂を分かって、慶福を支持して動く以外に選択肢はなかった。

かくして条約調印に向けて理想的な布陣だった堀田と忠固の連立政権は、一橋派の運動によって混乱させられ、二人のあいだに亀裂が入り、それが井伊の台頭を許し、ついに瓦解に追い込まれるのである。

井伊直弼の報復人事

井伊直弼は、安政五年四月二三日、大老に就任した。井伊が大老就任早々に行なったことは、自らが勝手掛の職務を担当すると宣言し、忠固を勝手掛から外したことであった。老中の中で最重要の財務担当の職権を、忠固から奪ったのだ。

忠固が代わって拝命したのは、軍艦操練・長崎海軍伝習・大船製造・鉄砲鋳造・調練・蕃所調所・医学

▼48　前掲『史料公用方秘録』一五頁。

館・天文方など、国防と洋学研究に関するポストであった。[49]〝国防大臣〟兼〝文部科学大臣〟といったところであろうか。井伊は、枢要な権力を握っていた忠固を、平閣僚の地位に落としたことになる。このとき、堀田は外国御用掛《がかり》、すなわち外務大臣のポストのまま留任している。

忠固が当初から南紀派として活動し、さらには井伊を大老にしようと工作したという俗説が誤りであることは、この人事を見れば明らかなように思える。井伊を大老に押し上げたのが忠固であるとすれば、その井伊が、いきなり忠固を降格させることなどあり得るだろうか。これは明らかに、論功行賞ならぬ報復人事である。忠固は直弼を大老に推挙する工作などしていない。元来、直弼と忠固の関係は良くなかったということだ。

一橋派の忠固主要打撃論

しかるに家定を馬鹿にしていた一橋派は、家定が自分で決断をしたとは信じず、裏で忠固がシナリオを描いて井伊を大老にする工作を行なったに違いない、井伊を操っているのは忠固だと信じ込んだ。『昨夢紀事』の四月二八日の記録には以下のようにある。

遠江守殿〔伊達宗城〕と御一処に、土佐殿〔山内豊信〕へ御出ありて、御談じ有りけるは大老の出来し以後は、廟堂の様も一変して、西城の御事に異説の起こりたるも、大老の議に出づるには有るべけれど、素より大老は不学無術の人なれば、さしたる技倆はあるまじけれど、伊賀といへる奸物の附添ひありて蠱惑せるなれば、伊賀をだに黜けなば、大老は土偶人の如くなるべけれとて、その黜けん策を、かれこれと仰せ合わせたる[50]

〔現代語訳〕

遠江守〔宇和島侯・伊達宗城〕と土佐守〔土佐侯・山内豊信〕が、〔慶永邸を〕訪ねてこられ、あれこれ議論した。何でも、大老が決まって以降は、評議の模様も一変し、西の丸問題〔将軍継嗣問題〕にも異論が起こった。これは大老の議論から出てきたことではあるけれど、大老はもとより不学無術の人であり、たいした技量もあるわけでもない。しかし、伊賀〔忠固〕という奸物〔腹黒い人物〕が背後に控え、大老を操っている。伊賀さえ辞めさせてしまえば、大老は土偶人〔土人形〕のごとくなり、何もできなくなるだろうと、伊賀を失脚させる策を皆であれこれ議論した。

裏で井伊を操っているのは忠固であり、井伊は忠固の操り人形でしかなく、一人では何もできない「土偶人」だというのだ。ゆえに、忠固さえ罷免してしまえば、あとは井伊を手なずけ、井伊を翻意させて慶喜支持に変えさせることは容易だという。井伊は「不学無術」な哀れな存在という分析で、一橋派の運動方針は、忠固への主要打撃論で固まってしまうのである。

図 2-6　井伊直弼
一橋派に対抗し、紀州の徳川慶福を将軍継嗣にすべく大老に就任。日米条約については、あくまで勅許の獲得を優先することを主張し、勅許不要・即時条約調印を唱える忠固と対立を深めていった。〔豪徳寺蔵〕

これは井伊と懇意で、頻繁に接触していた伊達宗城の分析に基づく方針であった。虚実を織り交ぜながら忠固の悪評を吹き込み、敵は忠固であると、伊達宗城に思い込ませていたのは、ほかならぬ井伊本人だった。一橋派は、井伊を信じて、忠固こそ諸悪の根源と考えるようになり、攻撃の矛先を忠固に向けるようになった。井伊とすれば、本来は政敵であるはずの一橋派の協力を得て、当面の最大の敵である忠固を追い込んでいくことに成功したわけだ。政治的な「技量」や「術策」において、井伊の方が一橋派の諸侯たちより一枚も二枚も上手だったと言えるのではあるまいか。

井伊による忠固排除工作

一橋派は、井伊が忠固の傀儡《かいらい》であると見たが、完全に誤った情勢分析であった。井伊の大老就任の当初こそ、忠固も井伊を味方に引き入れようと丁重に扱った模様である。しかし、両者の政治的見解は相反することが、すぐに露呈した。井伊の大老就任から一〇日ほどで、忠固と井伊は衝突し、対立は激しさを増していった。主要な争点は、条約締結にあたって勅許を得るか否かであった。

井伊は、五月一二日には忠固の罷免を家定に要請している。井伊の就任から、わずか二〇日ほど後のことである。五月一二日の彦根藩の記録には、次のようにある。

松平伊賀守事異存申立、種々説得いたし候得共、何分主意強く御為方ニ相成不申ニ付、御役御免ニ相成可然旨被　仰上候処、夫々御案外之義、伊賀ハ精忠之者ニ付其方与手を組、万事取計候ハヽ、為方ニ可相成り与奥向之者も申居候間、其つもり之処〔……〕夫ニ而ハ取除ヶ候様可致、乍去、養君之事済み迄ハ其侭ニ致置候様との御沙汰之趣奉伺候▼[51]

〔現代語訳〕

松平伊賀守が異議を申し立てるので、さまざま説得を試みたが、なにぶん、我が強く、これでは徳川の御為にはならないので、罷免をしていただきたいと〔家定に〕申し上げたところ、〔家定から〕「それは思いもかけないことだ。奥の者たちは、『伊賀は精忠の者であるから、その方〔直弼のこと〕とともに手を組んで万事を取り計らえば、御為になる』と言うので、私もそのつもりでいたのだ。〔……〕

そこまで言うならば取り除くようにしたいが、将軍後継問題が片付くまではこのままでいたい」との御沙汰であった。

家定の対応は、井伊の要請はなるべく聞き届けたいが、「奥向之者」に配慮して、忠固を簡単に罷免することはできないというものであった。

井伊は、条約の勅許獲得に執念を燃やしていた。京都守護の任についてきた彦根藩主として、井伊は京都とは特別な関係にある。堀田正睦にできなかった勅許の獲得を、自分ならできるという自負を持っていた。井伊は勅許の獲得に、自ら大老になることの存在意義を賭けていたのだ。忠固は勅許など不要、即時調印すべしと主張していたので、井伊とは相容れなかった。そこで井伊は、忠固を更迭したうえで、越前鯖江藩主の間部詮勝《まなべあきかつ》を老中に推挙し、間部を京都に派遣し、勅許獲得をめざそうと考えた模様である。しかしながら、井伊が忠固罷免を要望しても、家定が簡単に首を縦に振らなかった。

家定は、「奥向之者」たちが、忠固を「精忠の者」と評価し、直弼とともに手を組んで政局に当たってほしいと希望しているので、将軍継嗣問題が片付くまで待ってほしいという。政権安定のために井伊を大老に推挙して、忠固と組ませようと家定に進言していたのは「奥向之者」たちだったのだ。

忠固も、井伊の大老就任に際し、家定や「奥向之者」たちから井伊と力を合わせてほしいと要請され、その方向で努力しようとしたことであろう。しかし、京都に頭を下げて条約勅許をめざすという井伊の方針は、忠固には許容できるものではなかった。このような重大な外交的判断を京都になど委ねてはならない。

▼49　維新史料編纂会編『維新史料綱要』巻二／安政二年正月～安政五年六月、五五二頁。
▼50　前掲『昨夢紀事』第三、三九九～四〇〇頁。
▼51　前掲『史料公用方秘録』一五頁。

大奥が忠固を支えていた

井伊は執念深く、五月一九日にも家定に対し、忠固罷免を重ねて申し入れた。家定から二二日に返書があった。そこには以下のように書かれていた。

備中守〔堀田正睦〕と違、伊賀守ニハ奥向ニ而ハ評判宜、御為方与存居候次第ニ付、何とも御請仕兼候旨申来▼52

〔現代語訳〕
「備中とは違い、伊賀は奥向きの評判がよろしく、〔徳川の〕御為になると申しているので、これについては請負かねる」とのことであった。

家定の前回の回答は、「将軍継嗣問題が片付けば忠固の罷免も考える」という事だったが、それから一〇日後になると、「堀田は罷免するが、忠固は留任させる」という回答に変わってしまったのである。理由は、「堀田には奥向の支持がないが、忠固は奥向の評判がよいから」である。

さて、この「奥向」とは、いったい誰を指すのか。菊地久は、平岡道弘・石河政平などの将軍近侍衆の詰める「中奥」を指すのだろうと考えている。▼53 しかし普通に読めば、「中奥」のみならず、「大奥」も含めての「奥」であろう。

先の老中の時代から、大奥は忠固と協力して斉昭に対抗しつづけてきたので、信頼は厚かったはずである。ところが、にわかに忠固が一橋派の立場になって大奥の説得に動いたことで、信頼関係は揺らいでいたはずである。それでも大奥にとって、反水戸の柱石でありつづけた忠固は切れない存在であったのだろう。大奥としては、井伊を大老にして、忠固と協力させることにより、一橋派に傾いた忠固を南紀派に軌道修正させようという計算があったのではなかろうか。井伊直弼と忠固の手を組ませ、斉昭や一橋派を退けてほしいというのが、大奥の願いであったのだろう。

大奥にとって大誤算だったのは、忠固と直弼は条約の勅許問題等で考え方がまったく異なり、井伊の大老就任後、早々に対立することになってしまったことだった。家定も大奥も、勅許問題で井伊と忠固がここまで深刻に対立するとは予想できなかったのであろう。

家定が忠固罷免を決断

井伊直弼は、執念深く忠固を追い詰めていった。五月中には、鈴木藤吉郎による金銭供応疑惑という贈収賄の嫌疑が、忠固にも降りかかった。鈴木藤吉郎とは、かつて水戸家に仕え米の仲買人として蓄財し、諸大名に金を貸して財をなし、南町奉行所の与力にまでなっていた人物である。この鈴木から、忠固と老中の久世広周、および若年寄の本郷泰固に、不透明な資金が流れていたという疑惑が浮上し、彼らが捜査対象になったのである。久世も本郷も「忠固派」と目されていた。本郷は、家定の信頼も厚く、家定に忠固の留任を働きかけていた将軍側衆への影響力も強かった。

これは、忠固を失脚させるために井伊が仕掛けたものであり、「忠固派」の一網打尽を狙ったものと思われる。井伊は、忠固の有罪は立証できると一橋派に吹聴していた。松平慶永も、忠固が鈴木藤吉郎と癒着して悪だくみをしているのではないかと疑って、忠固を問い詰めている。[54]

これは「無理筋」の捜査であった。この件では誰も罪に問われていない。鈴木藤吉郎は確かに、忠固が

▼52　前掲『史料公用方秘録』一五～一六頁。
▼53　菊地久、前掲論文。
▼54　前掲『昨夢紀事』第四、一六～一七頁。

老中に再任された際に贈賄を試みたようであるが、このときも忠固はただちに突き返していた。[55]慶永からも直弼からも一切の金品を受け取らなかった忠固の用心深さをすでに知っている読者であれば、忠固がそんな罠にかかるわけがないことはおわかりかと思う。忠固が賄賂を受け取らないことを一番よく知っているのはほかならない、直弼と慶永のはずである。しかし、収賄の疑惑をかけて捜査のポーズを見せるだけでも、政敵を追い詰める効果はある。実際、疑惑の捜査が行なわれるなか、本郷は五月六日から一一日まで、久世は五月六日から同一三日まで、そして忠固も五月一〇日から同一四日まで一時登城できなくなったほどであった。[56]

後日談であるが、本郷も忠固の失脚直後に、やはり失脚に追い込まれた。久世はかろうじて政権にとどまったが、安政五年一〇月には井伊の弾圧政策に抗議して、ついに罷免させられた。久世は井伊に抵抗し、気骨を見せたのだ。久世は桜田門外の変の後、老中首座として復活する。

話を元に戻すと、井伊の攻勢の前に、次第に家定も大奥も忠固をかばいきれなくなっていったものと思われる。井伊は再々度、忠固の罷免を家定に働きかけた。家定は、堀田の罷免を井伊に働きかけていた。家定は堀田を罷免したいが井伊が慰留し、井伊は忠固を罷免したいが家定が慰留するというねじれが生じていた。どうしても忠固を切りたい井伊は、五月二五日、堀田罷免に同意するので、それと抱き合わせで忠固も罷免してほしいと家定に提案するにいたった。そしてついに、家定と井伊のあいだで取引が成立した。家定は井伊に次のように回答したのである。

段々御考被遊候処、如何ニも尤之義ニ付指免し候様可致、併、御養君之義、漸治定致候処、執政両人も取除ヶ障り出来候而ハ一大事与思召候間、右相済候ハ、早速御取除ヶ可被成間、夫迄見合候様との上意[57]

〔現代語訳〕

〔家定は〕しばらくお考えあそばされた後、いかにももっともな事なので、両名ともに罷免するようにしたい。ただし、〔将軍の〕跡継ぎがもう少しで決まりそうなのに、執政者の二人を同時に罷免してしまうと〔後継問題に〕差し障りが生じ、一大事になるかもしれない。この問題が決着すれば、すみやかに罷免してよいので、それまでは見合わせたいとの上意であった。

将軍後継が決まり次第、堀田と忠固を同時に罷免する。これが家定の下した結論であった。かくして堀田と忠固の政治生命は、将軍後継が決まるまでと期限づけられることになったのである。

家定がそう決断した以上、その情報は将軍近侍衆に伝わり、忠固も彼らを通してそれを知る所となったであろう。忠固は、自分に残された日々はもう長くないことを自覚したうえで、政務に当たることになったのであろう。

密偵・西郷吉之助の大奥報告

翌六月の月番老中は、忠固であった。忠固は、公然と井伊と衝突し、井伊を押しのけて自分の主張を貫き通そうとするようになった。六月二日には、井伊と忠固が将軍の前で大喧嘩になった。これは、島津斉彬の御庭番〔密偵〕として大奥の内情を探っていた西郷吉兵衛〔吉之助、のちの隆盛〕が入手し、慶永の臣である橋本左内に六月六日に伝えたものである。西郷の情報によれば、喧嘩の様子は次のようなものであった。

▼55　上田市立博物館、前掲書、一九頁。
▼56　鈴木棠三・小池章太郎編『藤岡屋日記』第八巻、三一書房、一九九〇年、二〇〇〜二〇九頁。
▼57　前掲『史料公用方秘録』一六頁。

六月六日西郷吉兵衛左内か許へ来りて申上しハ、後宮の光景去月十七八日此迄ハ全く南紀の説にて御召物なとも御若年の御支度なりしに、當月朔日近衛左府公〔近衛忠熙〕より将軍家の御臺所〔篤姫〕へ御直書被進たり、御文意は知りかたけれと、大方御養君の御事なるへし、此御書を二日の日大老伊賀殿へ御下けになりしに両人於台前大議論となり、漸上の御扱ひにて相済たるよし、此巳来は後宮の様子変わりて歌橋なとも意気弱くなりて物おもはしき気色に見ゆれハ、あしき事にはあるましくおもへると聞ゆるよし▼58

〔現代語訳〕

六月六日に西郷吉兵衛〔吉之助〕が、〔橋本〕左内のところに来て申すには、大奥の様子も先月の一七、一八日ころまではまったく南紀派一色で、〔将軍の跡継ぎが着る〕御召物の準備なども子ども向けの支度をしておりました。当月になって近衛公より御台所〔篤姫〕に書状が届けられ、その内容は確かにはわかりませんが、大方は将軍跡継のことだと思われます。この書を、二日になって、大老と伊賀殿〔忠固〕へ見せたところ、両人とも将軍の前で大激論になりました。しばらくしてお上〔家定〕が仲裁して何とか済みました。この頃は、大奥の様子も変わってきて、歌橋などもすっかり気弱になり、思い悩んでいる様子です。これは悪いことではないと思われます。

将軍正室の篤姫の養父である近衛忠熙より、篤姫宛てに書状が来着し、その内容が、篤姫から家定を介して、井伊と忠固に見せられたという。その場で井伊と忠固が衝突し、家定の前で「大議論」になり、家定が仲裁に入ってようやく収まったというのだ。この情報は、おそらくは篤姫付き御年寄の幾島から西郷吉之助に伝えられ、西郷から橋本左内を経て、慶永のもとにも届けられたのである。

西郷吉之助と橋本左内は、井伊と忠固の喧嘩を南紀派の仲間割れと見て、逆転のチャンスと捉えている。一橋派はこの時点でまだ諦めていなかった。西郷は、南紀派の中心的存在の一人である家定乳母の歌橋が、すっかり意気消沈している様子を朗報として報告している。歌橋は、井伊と忠固が手を組んで家定を支えていくことを期待していたのであろう。二人の喧嘩の様子を見て、その期待が裏切られたことに、落胆の色を隠せなかったのだろう。

西郷は、井伊と忠固の「大議論」の原因について、将軍継嗣問題のことだろうと解釈している。しかしこれは誤りである。西郷の「密偵」としての力量も不十分であった。この「大議論」の原因は条約問題だったのだ。

六月九日に、伊達宗城が、井伊に直接「大議論」の内容について尋ねたところ、井伊は「二日の将軍の前での議論は条約問題のことであり、将軍継嗣問題のことではない」（二日台前の議論は条約の事にて西域の件にハあらさる）▼59と語っている。

忠固の主要関心事は、条約であった。筆者の推測を述べれば、忠固は家定の前で、無勅許での調印がやむを得ざることを述べ、決断を促したのではあるまいか。井伊はそんなことはさせじと猛反発し、家定の前で二人が大喧嘩をするという事態に発展してしまったのではなかろうか。もはや忠固は、なりふりかまっていなかった。

家定も、こうした様子を見て、井伊と忠固の協力関係は不可能と思ったことだろう。家定から見ると、紀州の慶福擁立に熱心な井伊を残して、忠固を切るのもやむなしと思ったのも無理はない。

ちなみに、六月二日の忠固の日記には、「備中殿と自分と大和殿が、〔将軍から〕召し出されたと丹波守〔平岡道弘〕より伝えられたので、三人で御前に出て御用をうかがい、下がった」（備中殿自分大和殿別段被為召候旨丹波守申聞如例三人一同　御前え出御用相伺引▼60）とのみ記されている。忠固の日記では、堀田と久世も一緒に召し出されており、井伊の名は記されていない。井伊は後から呼ばれて入ってきたのか、

▼58　前掲『昨夢紀事』第四、一三三〜一三四頁。
▼59　前掲書、一六三頁。
▼60　「松平忠固日記」安政五年六月二日、東京大学史料編纂所。

あるいは忠固入室以前から井伊はその場にいたのか、謎である。業務日誌である忠固の日記には、もちろん井伊と口論になったことなどは書かれていない。

西郷の報告を読むかぎり、この時点の徳川家定は、明瞭な判断力を有しており、体も不自由な様子はない。しかるに、このエピソードからわずか一か月後の七月六日、家定は亡くなってしまう。家定は脚気で亡くなったとされるが、この記録からは、脚気を患った瀕死の重病人のようにはとても思えない。家定の死には、未解明の闇があるように思えてならない。

アロー戦争の終結と英仏艦隊来航情報

六月六日、忠固と対立関係にあった海防掛の永井尚志から、以下のような情報が、松平慶永にもたらされている。

伊賀殿抔近来ハ當りかたき勢にて、人の申事をハ、夫は知れたる事、是ハ聞くに及はぬなとゝおもふ儘にふるまハるる故、言路も洸と壅塞して、下にのミ憤れり、亜墨利迦船三艘長崎へ来船して、やがて下田へ廻れるよし、英船も無程渡来すへき由申出たり抔語られたり▼61

〔現代語訳〕

伊賀殿などは、近頃は近寄りがたい権幕です。人の申すことに対し、「それはわかりきっている」とか、「こんなこと、いちいち聞く必要もない」などと言って思うがままにふるまい、下の者たちにのみ当たり散らすので、皆、萎縮して何も言えなくなっています。アメリカ船三隻が長崎に来航し、いずれは下田に廻航してくること、そしてイギリス船もほどなくして来航するに違いないことなど語られています。

この六月六日の永井の談を聞くにつけても、この時期の忠固が平静さを失って、イライラ、ピリピリしている様子がうかがえる。これが、後世の悪評価をもたらした大きな要因となっていることは否めない。忠固は、もはや残された時間がないことを自覚したうえで事を急いでいた。おそらく忠固は、自分が月番老中の六月中に、その権限を最大限に利用して条約を調印してしまおう、そう決意したのであろう。忠固が自分の政治生命を長引かせようと考えるのであれば、井伊との衝突は避けるはずである。六月に入って対立をエスカレートさせていったのは、もはや条約調印以外に何も考えていなかったからであろう。

忠固を焦らせていたのは、アロー戦争（第二次アヘン戦争）が終結し、清国を侵略・蹂躙したイギリス艦隊が、次は日本にやってくるだろうという予測であった。そして実際、この七日後の六月一三日に、米艦のミシシッピ号が下田へ廻航し、中国でのアロー戦争が英仏連合軍の勝利によって終結し、勝利の余勢を駆って、英仏軍艦四〇隻余が日本に来航するだろうという情報を伝えたのである。

ハリスは即座に、この情報を利用して一挙に条約の調印に持っていこうと考えた。ハリスは、英艦隊来航情報を老中に伝え、英艦襲来の前に日米条約を調印してしまうことが「格別大切」と説いた。もはや一刻の猶予もならなかった。忠固は、ハリスに言われるまでもなく、同様に考えていた。一刻も早くアメリカと調印してしまわなければ、イギリス艦隊が来航してしまう。アヘンを「自由」に「貿易」するため、清国に二度にわたって侵略戦争を仕掛け、同国の関税自主権を奪って、強引にアヘンを売りつけた大英帝国。その帝国が、アヘンを禁制品にするとか、関税率を二〇％にするとか、日米交渉で合意された有利な条件をやすやすと呑むとは思えなかった。実際、忠固の心配は、杞憂ではなかった。やがて日本は、イギリス帝国主義の何たるかを、身をもって知ることになるのだ。

▼61　前掲『昨夢紀事』第四、一三五頁。

岩瀬忠震の忠固罷免工作

六月一六日、ロシアのプチャーチンも下田に来航。一七日には、ハリスがポーハタン号に乗船して神奈川に着き、条約の締結を要請してきた。

ハリスとの外交交渉を担っていた井上清直と岩瀬忠震も、忠固と同様、イギリスの来航前にアメリカと条約を結んでしまおうと考えていた。しかし岩瀬は、外交官の職分から逸脱して政治運動に深入りし、この時期は、一橋擁立のため忠固を失脚させようと画策していた。岩瀬は、ハリスとの談判のために出張を命じられた六月一八日、橋本左内に宛てた書簡で次のように記している。

異船渡来之一條に付火急に出張を被命、只今直に品海より出帆仕候。〔……〕梧桐を洗する事方今之緊要。〔……〕四十艘余の入津以前調判尤好機会と可申　此場ニ臨ミ不断ニ失し遂に英仏の矛先ニ屈スルハ大辱▼62

〔現代語訳〕

黒船が来航した一報を受け、火急に出張を命じられ、ただいま直接に品川より出帆する。〔……〕梧桐〔忠固を指す隠語〕を洗い流す〔失脚させる〕ことが喫緊の課題。〔……〕四〇隻を超える〔英仏艦隊〕が来着する前は、〔日米条約を〕調印する絶好の機会であろう。この期に及んでまだ決断できず、ついに英仏の矛先に屈してしまうことになれば、それこそ大辱となる。

ハリスが条約の締結を迫って神奈川にまでやってくるという火急の事態となり、岩瀬は談判のため品川から出張を命じられた。四〇隻という情報が伝えられていた英仏艦隊がやってくる前に、アメリカと条約を調印してしまうことの必要性を重ねて強調し、英仏の「矛先」に屈するようなことがあれば「大辱」と記している。ここまでは忠固と同じ考えである。

しかしながら、それよりも先に「梧桐を洗する事方今之緊要」と書いている。松平家の家紋は「五三の桐」であり、「梧桐」とは忠固を指す隠語なのである。すなわち、ハリスと即刻条約を結ばねばならないが、まずは忠固を失脚させることが喫緊の課題であるというのだ。

英仏艦隊来航前にハリスと条約を結ばなければいけないという緊急事態に直面していた岩瀬が、なぜ同じ考えを持つ忠固を失脚させることを最重要と考えねばならないのだろう。岩瀬を含めた一橋派は、忠固さえ失脚させれば、その後に残った井伊など、いかようにもあしらえると考えていた。岩瀬ら一橋派は、将軍・家定や井伊を舐めてかかり、その能力を否定していた。彼らをみくびりすぎていたのである。

図 2-7　岩瀬忠震が映っているとされる写真

日英修好通商条約の交渉の際、英国側の使節エルギン卿の秘書ウィリアム・ナッサウ・ジョスリンが撮影。後列の中央が岩瀬とされるが、顔はぼけている。（英ヴィクトリア＆アルバート博物館蔵）

この致命的な判断ミスが、結局のところ、自分たちへの弾圧となって跳ね返ってくるのだ。このとき、倒されるのが忠固ではなく井伊であれば、その後の歴史はまったく変わったものになっていたであろう。策士策に溺れる。岩瀬は、自分の頭の良さを過信し、誤った情勢分析によって策を弄し、それがことごとく裏目に出てしまったのだ。

ハリスとの条約交渉において、岩瀬が果たした役割はもちろん大きなものである。一八日の談判で岩瀬はハリスに要望し、日米条約と同じ内容の条件を英仏にも受け入れさせるよう、ハリスは友好的調停者として行動するという誓約書を書いてもらっている。こうした配慮はさすがであり、日本人は、岩瀬の外交能力に感謝せねばならない。しかし、条約の勅許を得ようとか、慶永を大老にしようとか、敵は井伊でなく忠固と位置付けるといった、誤った運動方針を立てたことについては、岩瀬は批判されねばならない。これらの判断ミスは、結局のところ、岩瀬本人の運命だけでなく、日本の運命をも暗転させていくのだ。

京都からの返書隠匿事件

いよいよ条約締結の段に入りたい。その前に、将軍継嗣問題で不可解な事態が進行していたことを付言しておかねばならない。先の六月二日、井伊直弼は、御養君が決定したと、その承認を求める飛脚便を京都に送っていた。御養君は紀州の徳川慶福と決定したのだが、その具体名はあえて記さずに、継嗣が決定したからそれを承認してほしい、という都合のよい内容だった。

意外にも、京都の武家伝奏は、六月八日付でそれを承諾する返書を出していた。時の関白・九条尚忠は公儀寄りであった。先の条約勅許問題のときも、勅許を出すべきという立場で動いていた。今回の将軍継嗣もあっさりと承認した。

ちなみに、九条尚忠と松平忠固には意外なつながりがあった。九条尚忠の跡取りである養子の九条幸経の正室は松平忠固の実妹、すなわち姫路藩主・酒井忠実の一三女の鉾姫であった[▼63]。忠固は九条家とこのようなパイプを持っていた。残念ながら、将軍継嗣問題や条約勅許問題で、忠固がこのパイプを利用したかどうかについて、裏付ける史料は何も見当たらない。

六月八日に京都を発した返書は、五日もあれば江戸に到着するはずである。ところが一九日になっても、返書は井伊に届けられていなかった。井伊は、京都からの返事を心待ちにしていたが、その結果がどうなったのか知らないまま、条約締結を決める六月一九日の城中評議を迎えることになった。

歴史学者の菊地久は、堀田ないし忠固、あるいはその両者が、京都からの返書を隠匿していたのではないかと推測している。何となれば、京都から慶福後継のお墨付きが得られれば、堀田と忠固は罷免させられる。二人としては、京都からの返書を井伊に隠したまま、条約調印を成し遂げねばならなかった。[64]

筆者は、返書を隠匿していたのは、堀田ではなく忠固であろうと推測する。生真面目で実直な堀田の性格では、そういう裏技は駆使できそうにない。しかし、熾烈な権力闘争をくぐりぬけてきた忠固ならば、条約調印という大義のためであれば、それを毅然と実行するであろう。

不幸なことに、京都からの返書を隠匿したのではないかと疑われた一件で、その責任者とされた奥祐筆の志賀金八郎は、堀田と忠固が失脚した後の七月一日、自決に追い込まれた。志賀の自決についても謎が多く、その真相はいまだに解明されていない。

確かなことは、井伊、忠固、一橋派のあいだで息詰まる情報戦、いや、すさまじい謀略戦が展開されていたということである。

失脚と引き換えの条約調印

忠固は決意をもって、一九日の午前中の城中評議に臨んだ。老中、若年寄、三奉行、海防掛の一同を揃えての評議であったようである。忠固にとって、罷免される前に条約を調印する最後の機会であった。今日このときをもって、条約調印を断行するしかなかった。

評議の席上、井伊直弼は「京都の意向を厚く尊重し、これこそ最優先に考えてもらいたいと言葉を尽くした」（京都の事は厚く心得候て是こそ第一義なるべけれと言葉を盡し）[65]という。井伊は、あくまでも勅

▼62　前掲書、一八八〜一八九頁。
▼63　『姫路市史資料叢書２　姫路秘鑑二』姫路市史編集室、二〇〇四年、三二八頁。
▼64　菊地久「井伊直弼試論——幕末政争の一断面」中の一（『北海学園大学法学研究』五三（四）、二〇一八年三月、一〜四二頁）。

許を優先させ、それまでは調印を先延ばしするという従来方針を繰り返した。
それに猛然と反論したのが、忠固であった。井伊本人が、その日の夕方に松平慶永邸を訪れて語ったことによれば、忠固は次のように主張したという。

長袖の望ミニ適ふやうにと議するとも果てしなき事なれハ、此表限りに取り計らハすしては、覇府の権もなく、時機を失ひ、天下の事を誤る▼66

〔現代語訳〕
公卿の希望にかなうようなどと議論をはじめれば、それはきりのないことである。いまこの江戸において決めてしまわなければ、我々は覇府としての権威も失い、好機も逃し、天下の大事を誤ってしまう。

井伊が慶永に語る忠固発言は、忠固を貶める意図のもとに発せられるので、注意する必要がある。しかしこの発言内容は、忠固ならば確かに言いそうであり、さもありなんと思われる。忠固は、おおよそこのように発言したのであろう。

我々こそが政権担当者であり、京都ではない。今日このときでなければ、絶好の機会を逃し、天下の大事を誤ってしまう。これ以上、調印の先送りは許されない。忠固は鬼気迫る勢いで弁舌を振るって、議場を支配したのだ。

勅許が優先されるべきという井伊の意見に賛同した者は、若年寄の本多忠徳のみであったという。井伊は孤立した。井伊によれば、堀田は「敗軍の将」の面持ちで、終始無言であったという。本多忠徳以外は、みな忠固に賛成した。忠固は、無勅許調印の全責任を自分が背負うという覚悟であったのだろう。忠固を失脚させようとする一橋派の海防掛の面々にしてみれば、これ幸いと映ったことであろう。

六月一九日の忠固の日記には、午前中の記録として「〔将軍が〕井伊殿はじめ一同にお達しがあると丹波守〔平岡道弘〕から伝えられたので、一堂揃って御前へ出て、御用をうかがい、下がった」（掃部殿初一同江　御達被遊旨丹波守申聞一同例　御前江出御用相伺引）[67]とある。条約調印の評議については、何も記されていない。忠固は、老中の御用部屋での会議内容について一切記さないので、この件も同様である。おそらく将軍・家定に面会に行く前に評議があったのであろう。平岡を通して評議の決定内容を家定に伝えたうえで、家定の呼び出しを受け、本日調印することへの同意を家定に求めたのではないだろうか。井伊はそれに同行している。

一つの歴史学上の謎がある。通説では、最後に条約調印の許可を与えたのは井伊だと言われている。だが、前述の井伊本人の談によれば、一九日の評議は忠固が主導し、勅許を優先せよという井伊の意見は通らなかった。ならば無勅許調印を断行したのは、忠固と言わねばならない。

井伊が条約調印の許可を与えたという説は、彦根藩の『公用方秘録』に記された次のエピソードが根拠となっている。評議ののち、井伊が井上清直と岩瀬忠震を呼び寄せ、「天朝からの勅許が得られるまで〔調印を〕先延ばしせよ」（天朝江御伺済ニ相成候迄引延）と命令。井上は「仰せの通りにしたいと思いますが、どうしようもなくなった場合は調印してもよいですか？」（仰之趣奉畏候得とも　不及是非節ニハ調印可被仰付哉）と問う。それに対し井伊は、「その場合は致し方ないが、なるだけ引き延ばせ」（其節ハ致方無候得共、成丈ヶ相働）と回答したとされる[68]。

井伊から「その場合は致し方ない」という言質をとった井上と岩瀬は、その足でポーハタン号に赴き、躊躇することなく調印に踏み切った。「その場合は致し方ない」という一言によって、最後に調印の許可

▼65　前掲『昨夢紀事』第四、一九二頁。
▼66　前掲書、一九二〜一九三頁。
▼67　「松平忠固日記」安政五年六月一九日、東京大学史料編纂所。
▼68　前掲『史料公用方秘録』一八頁。

を与えたのは井伊だ、という評価になっているのである。このエピソードは彦根藩の史料にのみ登場する。本当にあったかことなのか否か、再検討の余地があろう。

そもそも評議の場で、条約を調印するという合意がなされたのか、それとも最後まで井伊は反対しつづけ、合意することなく散会になったのか、確かなことがわかっていないのである。日本の運命を決めるこの重大会議が、結論が出ないまま散会になったとは思えない。忠固の性格からして、本日必ず調印すべしという結論まで導き、そのうえで将軍の同意を求めに赴いたはずであろう。井伊もその場にいたのだから、その結論には従わねばならない。もし、会議が終わってから、こっそり井伊が井上と岩瀬を呼び出して「調印を延期せよ」と命令したとすれば、ルール違反の越権行為である。井上と岩瀬は、そのような指令に従う必要はなかろう。筆者は、評議の場で、本日調印するという結論まで出したのであり、家定もそれを承認したのであり、それゆえ井上と岩瀬は迷うことなく調印したのだと考える。

岩瀬にしてみれば、調印さえしてしまえば無勅許調印の責任を忠固一人に負わせ、失脚に追い込むことができるという目算もあっただろう。条約調印と忠固失脚という一石二鳥を得ることができる。逆に忠固からしてみると、自分が全責任を負うと宣言しさえすれば、自分の首を飛ばすためにも、岩瀬は必ず調印してくると計算していたのではあるまいか。忠固と岩瀬は、「同床異夢」ならぬ「異床同夢」という関係であった。とにかくこの二人は、最後には条約調印で協力したのであった。忠固は憎まれ役を買って出て、自らの政治生命と引き換えに、条約調印に持ち込んだのだ。

井伊直弼は、忠固に圧倒された後、一九日の夕刻には松平慶永のもとを訪れ、「伊賀守などは小大名の分際で、権勢をふるって傍若無人にふるまいおって、この度も自分の思うがままに任せて、京都を圧倒しようなど、言語同断である」（伊賀抔ハ小身者の分際として此頃は権威を誇り傍若無人の有様此度の事抔も我意に任せて京都を押付んと致す條言語同断なり）▼69と怒りをぶつけた。自分は孤立したと慶永に率直に打ち明けたうえで、本来は政敵であるはずの慶永に対し、「貴兄初の援助を依頼するの外なし」と協力を要請した。

条約調印から二日後の六月二一日、堀田正睦、松平忠固、久世広周、内藤信親、脇坂安宅の老中五名の連署で、京都に奉書が送られた。英仏連合軍が清国に打ち勝ち、そのまま日本に押し寄せてくる情勢なので、やむをえずアメリカとの条約の調印にいたったたという内容であった。[70] その奉書の中に、大老・井伊直弼の名はない。これが、忠固が老中として発給した最後の文書となった。その文書が京都に送付されると、その日の夜のうちに、堀田と忠固に対し「明日より登城差し止め」が命じられた。次いで二三日、正式に二人には「御役御免」が申し渡され、追って謹慎処分も加えられた。

井伊直弼は、忠固の排除に際して一橋派の慶永に協力を求めたにもかかわらず、忠固と堀田の処分が終わると、返す刀で一橋派への大弾圧を開始するのである。

忠固が失脚した六月二三日、庶民の側から見た政治記録である『藤岡屋日記』には、次のような落首が掲載されている。

うへ田から伊賀跡へ稲と言当た　とても今年ハ不作なりけり[71]

「上田の伊賀が去って、その跡に稲が来るという予想は当たった。これで今年は不作になるだろう」と。この「稲」とは、おそらく、忠固失脚を受けて新しく若年寄に就任した稲垣太篤（近江山上藩主）を指しているものと思われる。「不作」とは、景気の見通しが暗くなることの隠喩だろう。忠固が去って景気の先行きが悲観されたということは、勝手掛としての忠固が行なっていた経済政策が、庶民からは景気を明るくする材料として評価されていたということだろう。

▼69　前掲『昨夢紀事』第四、一九二〜一九三頁。
▼70　東京帝国大学史料編纂所編纂『大日本古文書――幕末外国関係文書之二〇』、東京帝国大学、一九三〇年、五一〇〜五一三頁。
▼71　前掲『藤岡屋日記』第九巻、一九九一年、二三六頁。

交易は世界の通道なり

こうして忠固は、三度目の失脚をし、謹慎処分も受けることになった。失脚後の忠固は、それから一年三か月後に死去してしまう。上田に戻ることなく、浅草瓦町（現・台東区柳橋）の上田藩中屋敷で謹慎し、そのまま死去した。すべての夢を失い、謹慎して失意のうちに衰弱し、死期を早めてしまったかのような印象を受ける。本当に、忠固は失脚して枯れ果ててしまったのだろうか？

失脚しても、まだ忠固には残された夢があった。彼が政治生命を賭して成立させた条約は残り、横浜開港に向けてやるべきことは山積していた。失脚後の忠固は、藩邸で家臣たちを集めて、次のように叱咤激励し、開港の準備をさせていたと伝わる。

交易は世界の通道なり、決して忌むべきの事にあらず、寧《むし》ろ之を盛んにするを要す、即ち皇国の前途亦宜《またよろ》しく交易に依りて大に隆盛を図るべきなり、故に我藩の如きも今より其《その》準備を為し置くを要す、縦令《たとい》世論囂々《ごうごう》たりとも開くべきの通道豈《あ》に遂に開かずして止むべけんや、汝等決して世論の囂々たるに躊躇せず、宜しく予め其方法を講ずべきなり。▼72

〔現代語訳〕

交易は世界の普遍的な道である。決して、嫌がって避けようとすべきものではない。むしろそれを活発にすべきことこそ緊要である。すなわち皇国の前途は、交易によって開かれ、おおいに興隆を図るべきものなのだ。それ故、わが藩も、今からその準備をせねばならない。たとえ世論が紛糾しようとも、必ず開かれるべき道を、閉ざしてしまうなどということができるわけがない。皆の者は、世論の喧騒にひるむことなく、交易を推進する方法を考えていかねばならない。

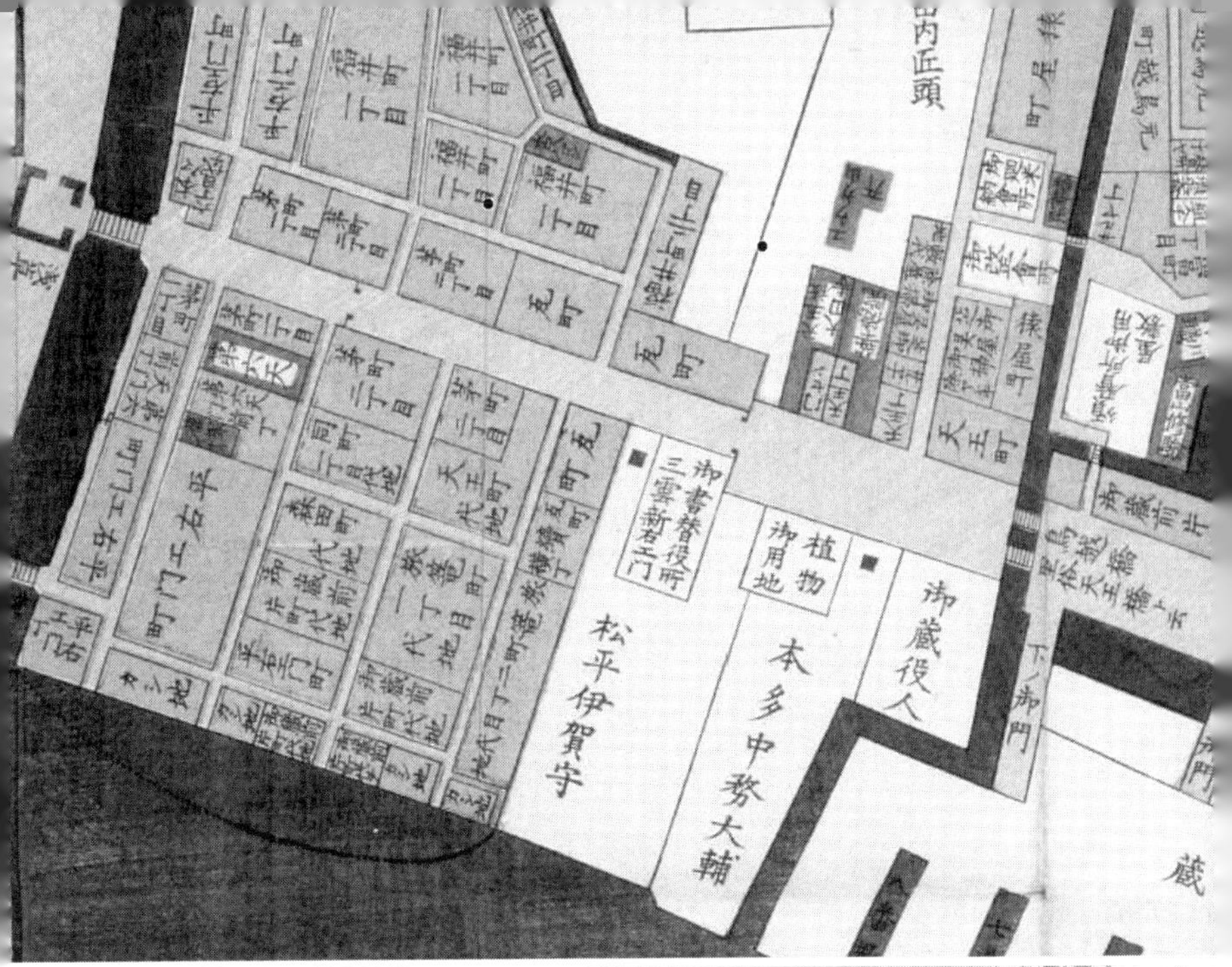

図 2-8　浅草の上田藩中屋敷

神田川が隅田川と合流する浅草橋からほど近い、庶民的雰囲気がただよう場所に、上田藩の中屋敷があった。地図の中央の下に「松平伊賀守」とある。忠固の失脚により上田藩上屋敷（老中公邸）は没収され、この中屋敷が上屋敷となった。失脚後の忠固は、ここで最後の日々を過ごした。（嘉永４年「江戸切絵図」より。国立国会図書館蔵）

図 2-9　現在の上田藩の中・上屋敷の跡地周辺

左図は、屋敷跡地付近の浅草橋から見た風景。屋形船がわずかに往時を偲ばせる。上図は、上田藩邸の跡地（台東区柳橋二丁目）。忠固は失脚後、ここで生糸輸出の準備をした。（著者撮影）

「交易は世界の通道なり」――これこそ、自らの政治生命を賭して取り組み、その正しさを立証しようとしていた信念であった。横浜開港が成れば、そのことは明らかになるだろう。

かねて一つの謎とされていたことがある。横浜開港直後から、大量の生糸が横浜に集荷され、輸出された。開港翌年には、日本の全輸出額の六五％を生糸が占めるようになった。しかし、生糸に国際競争力があり、海外から歓迎されるはずであると、誰がどうして予測できたのだろうか？

この問題の解明に取り組んだ横浜開港資料館の西川武臣は、開港前から、いくつかの藩が取り組んでいた「藩専売制度」に着目している。西川は、開港直後から藩専売で産物を横浜に送り込んだ代表的な藩として、二つの藩を取り上げている。一つが生糸を扱った上田藩、もう一つが茶を扱った紀州藩である。

上田藩は嘉永七年（一八五四）から、紀州藩は安政四年（一八五七）から、領内産物を江戸で直売する許可を公儀に願い出ていた。忠固は、老中に再任される五か月前の安政四年四月には、江戸に上田産物会所を設置し、上田の特産品であった絹糸や絹織物を集荷する体制を作り上げていた。

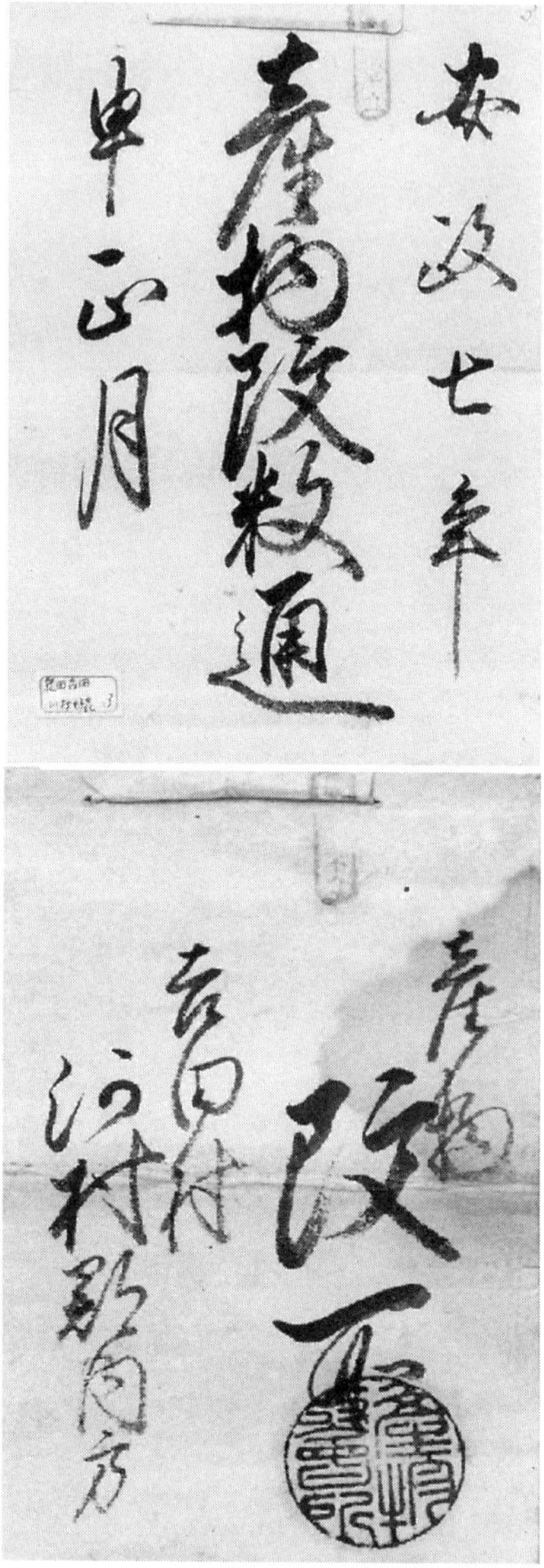

図 2-10　上田藩産物の改数通帳

上田の生糸商人が産物会所で検査を受けたことを証明する検印の帳簿。上図の表紙には「安政七年 産物改数通 申正月」とある。（上田市立博物館蔵）

西川は、以下のように指摘する。

上田藩が扱った生糸や紀州藩が扱った茶は日本を代表する輸出品であったが、すでに両藩はこれらの産物を江戸へ出荷する体制を開港以前に作り上げていた。こうした事前の準備があって、両藩は開港直後から貿易に進出できた。[73]

上田の生糸は、もともと日本最大の生糸市場であった上州前橋に出荷されていた。忠固は、来たるべき生糸輸出をにらんで、前橋ではなく江戸に直接出荷する体制を作り上げていたのである。

安政五年六月に条約が調印されると、上田藩はすぐに輸出品目の選定をはじめる。上田産物会所が扱う輸出品目を選定し、売り込む役職である「産物世話役」が設置された。その役職に任命されたのが、弱冠二〇歳の城下商人・伊藤林之助らであった。伊藤は、いよいよ開港と意気込んで、安政六年二月二九日に上田を発ち、三月四日に浅草の上田藩邸に到着している。江戸に着いた当日の伊藤の日記には、「御上様より御料理頂戴[74]」と記されている。忠固は、いよいよ開港だと意気込んでやってきた若い商人たちに、御馳走をふるまってねぎらっていたのだ。失脚から八か月後のことである。条約調印のため、江戸城内の政敵たちと息詰まる攻防を繰り広げた忠固であったが、庶民たちには、このような気配りをする「忠優」のままであった。

上田の城下商人たちは、忠固が開設した産物会所を大いに活用し、輸出候補の上田の物産を江戸に送り込んでいった。そして、上田藩の輸出候補物産の筆頭には「白絹糸ならびに同織物」が掲げられていたのである。

▼72　小林雄吾「松平忠固公」（『上田郷友会月報』大正四年正月増刊号、一九一五年）、五三頁。
▼73　西川武臣『幕末明治の国際市場と日本――生糸貿易と横浜』雄山閣、一九九七年、二〇～二三頁。
▼74　阿部勇『上田は信州の横浜だった』上田小県近現代史研究史ブックレット21、二〇一三年、三三頁。

中居屋重兵衛と忠固

横浜開港初年度（安政六年〔一八五九〕）の全生糸輸出の五割以上を扱った、伝説的な大貿易商が「中居屋」であった。店主は上州嬬恋村出身の中居屋重兵衛（本名・黒岩撰之助）であった。横浜開港前、中居屋重兵衛は、頻繁に上田藩邸を訪れている。

中居屋重兵衛の日記によれば、安政六年一月二一日、上田産物会所と「貿易ノ儀」についての交渉があった。二月七日には中居屋重兵衛は上田藩邸に招かれ、「山海の珍味を取りそろえた御馳走」（山海ノ珍味取揃御馳走）で接待されている。その後、交渉は順調に進み、三月五日には、「伊賀守様方御進達」とある。[75]この「御進達」とは、上田の物産を中居屋が取り扱う許可証のことである。この日、忠固が中居屋重兵衛に対し、上田の物産を扱う許可を正式に与えたのだ。

つづく三月一七日の中居屋日記には「明七つ時駕籠に而根岸御行之松吉岡様参り夫より伊賀守様より村垣様夫より岩瀬様江参り帰り」とある。[76]この日の中居屋は、まず吉岡様（横浜出店の認可を与える外国奉行の調方の吉岡元平）を訪ね、その足で上田藩邸に赴いて忠固と会い、さらに現役の外国奉行の村垣範正と会い、それから作事奉行に左遷されていた岩瀬忠震と会合したというのだ。じつに多忙な様子である。その会合の内容は書かれていないが、失脚中の政治家と現役外交官のあいだを、商人の中居屋重兵衛が動き回っていたのである。大老の井伊直弼がこの動きを知ったとすれば、心安からぬ思いであったはずである。

忠固と岩瀬は、本来は開国に向けて協力し合うべき関係であった。しかし、将軍継嗣問題で政敵として争う事態となり、それが井伊を利する結果になった。しかし事が終わってみれば、貿易の推進という点において、忠固と何ら矛盾はないことに岩瀬も気づいたのではあるまいか。中居屋重兵衛は、忠固や岩瀬と頻繁に接触していた。忠固や岩瀬にしてみれば、中居屋と協力し、貿易によって失地を回復し、井伊に対抗しようとしていたのかもしれない。

中居屋の三月一八日の日記には「松平伊賀守様御勘定奉行松本様御出御国産書御持参御酒出す」[▼77]とある。解釈が難しい文書である。はたして「伊賀守様と勘定奉行の松本様」が二人でやってきたという意味なのか、それとも「伊賀守様の家中の勘定奉行の松本様」が一人でやってきたという意味なのか、判然としない。もし仮に、忠固本人も勘定奉行と一緒にやってきて、輸出に向けた商談をし、中居屋重兵衛と酒を酌み交わしていったとするならば、すごい話である。もはやそれは「封建領主」ではなく、近代的自治体の首長の姿である。しかし、謹慎中である忠固本人が中居屋にやってきたというのはどうも考えにくいので、おそらく後者の意味なのであろう。「御国産書御持参」とは、中居屋に扱ってほしい上田の輸出向物産のリストを持ってやってきたという意味であろう。

いずれにせよ、これらの史料からうかがえることは、上田物産の輸出のために藩主自らトップセールスで動いたという事実である。失脚してもなお忠固は枯れてはいなかった。国際市場での生糸需要を見込んで、周到にその準備をさせていたのは忠固だったのだ。

横浜開港

横浜の中居屋が開店した当日の六月一九日、その日早々に上田産物世話役の伊藤林之助とイギリス商人とのあいだに商談が行なわれている。これが、記録に残る日本最初の生糸輸出の商談である。イギリスに次いで、アメリカやオランダからも次々に注文が入り、上田の生糸は飛ぶように売れていった。[▼78]若い商人

▼75　中居剛屏『日新録：安政六年一月一日～四月一日 横浜開港の先駆者 中居屋重兵衛手記』私家版、一九五八年。また、萩原進『新版　炎の生糸商中居屋重兵衛』有隣新書、一九九四年、一二六～一三一頁も参照。
▼76　前掲『日新録：安政六年一月一日～四月一日 横浜開港の先駆者 中居屋重兵衛手記』。
▼77　同。

の伊藤は忠固の期待に見事に応えたのである。正確な統計数値は残っていないものの、開港初年度に輸出された生糸の最大の供給元は、上田産物会所であったと思われる。そう推定できる根拠は第4章で述べる。横浜で上田の生糸が飛ぶように売れているという報告は、江戸の藩邸の忠固にただちにもたらされたことであろう。忠固がどのような感想を述べたか、それがうかがえる史料は確認できない。自分が政治生命を賭して取り組んできた事業が結実するという確信を得て、心地よい達成感を覚えたに違いない。

解明されない歴史の闇

安政六年の忠固は、中央政界での権力は失っても、なお藩主として、上田の生糸を世界に向けて売り込むべく、活発に動いていた。ところが、開港から三か月後、上田の生糸が外国商人に飛ぶように売れはじめた矢先の九月一二日、忠固は急死してしまう。忠固の死について、いまだに真相は謎につつまれている。

忠固の死の前月の八月には、一橋派の岩瀬忠震と永井尚志に永蟄居処分が下され、「安政の大獄」がいよいよ苛烈になってきていた。そして九月に忠固が急逝する。さらに一一月中旬には、上田の物産を独占的に扱っていた中居屋が営業停止処分を受ける。これによって上田藩が中居屋に出荷した商品の代金は回収不能になってしまったようである。これらの事件が連なるのは単なる偶然であろうか。

忠固は、表向きは病死と報告されている。しかし病死説を疑う人は多い。忠固の突然死には、あまりにも不審な点が多いからだ。筆者も病死説を信じることはできない。

忠固を描いた郷土史家の猪坂直一の小説『あらしの江戸城』のエピローグは、忠固は駕籠で外出したところ、水戸浪士らしき人物に銃撃されて暗殺されたというものである。謹慎中に外出したところを暗殺されたので、事が発覚するとお家断絶になってしまう。そこで暗殺は極秘とされ、犯人の追及もできなかったとなっている。[▼79] 上田の郷土史家の小林利通が、『あらしの江戸城』の著者の猪坂に、暗殺説を採用した根拠を訊いたところ、猪坂は次のように語ったという。

「イザカは逆にすればサカイです。私は酒井の人間です」と。氏の号は印南野人であったが、明石の地名である。そして、「忠優は殺されたんですよ。昔の重臣だった人に言ったら、誰から聞いたと顔色を変えて、それからその時の様子を話してくれました」。[80]

猪坂は姫路藩を治めた酒井家の縁戚の出で、忠固が暗殺されたことを知っており、「昔の重臣だった人」からも、そのときの様子を詳しく聞き取ったと証言している。

上田の郷土史家で、上田藩の岡部派と藤井派の藩内抗争を研究した尾崎行也は、当時、藤井派が大量に処罰されていたことから、忠固を暗殺する動機は藩内にもあったと示唆している。[81]

いずれにせよ、病死説を疑う人びとは多い。しかし暗殺された証拠は見つからないので、この問題にこれ以上踏み込むことはできない。

上田市立博物館には、忠固の遺言状が残されている。九月四日付けである。忠固は老中再任に際して、いつでも死ぬ覚悟をし、遺言状をあらかじめ準備しておいた。暗殺されたとすれば、遺言状の「九月四日」という日付は、あとから誰かが書き足したはずである。遺言状（図２‐11参照）を見ると、「九月四日」の筆跡は、忠固のものではなく、別人のもののように見える。

遺言状には「当家に養子に来て、いろいろ苦労したが、病気になって死ぬ。嫡男の犛之助（忠礼）はまだ幼年であるから、よろしく補佐してほしい」という趣旨のことが述べられ、追記として「連年の面扶持

▼78　阿部勇、前掲書。
▼79　猪坂直一『あらしの江戸城――幕末の英傑松平忠固』中沢書房、一九五八年。
▼80　上田市立博物館、前掲書、七頁。
▼81　尾崎行也「『上田藩主松平忠固暗殺』考」『社会教育大学月報　№25』（上田ＰＴＡ母親文庫社会教育大学理事会、一九八二年）、二～八頁。

で家中の者一同にずいぶん難渋をかけてしまった」（連年之面扶持懸リ米等ニ而家中一統難渋為及候儀[82]）と家臣たちへの謝罪の言葉が付されている。

忠固は、天保の大飢饉の際、領民たちを救うため、家臣たちへの扶持米をギリギリにまで減らしていた。そのことを後々まで気に病んでいたのだ。忠固の政治の原点は、飢饉のあまりにも過酷な体験にあった。「皇国の前途は交易によりて隆盛を図るべき」という政治的信念は、二度とあのような経験を繰り返すまいという決意からきていたのだ。

忠固の遺志を継承した子どもたち

惜しむらくは、忠固の写真も肖像画も残されていないことである。親族の写真を紹介して、父親の顔を想像するしかない。家督を継いだ息子の忠礼と弟の忠厚の写真を掲げておく。この兄弟の母は別人である。異母兄弟の二人に共通する面長の顔や切れ長の眼などの特徴を抽出していくと、父親の顔もおよそ想像がつくのではないだろうか。忠固が大奥から人気が高かったという理由の一端も想像できよう（本書のカバーなどには、これらの親族たちの写真をもとに作成した忠固の肖像画を掲げた）。

九歳のときに急逝、忠固の跡を継いだのが忠礼である。忠礼は、側室の井上としとの子で三男であった。兄二人はいずれも早世していたため、家督を継ぐことになった。母の井上としは、武家の出ではなく、職人の娘で、松平家の侍女として奉公するうちに忠固の目にとまったとのことである[83]。弟の忠厚は、別の側室で家臣の娘・岩間つまとの子である。忠厚は、分家の塩崎五〇〇〇石を継いで旗本となった。

忠礼と忠厚の兄弟は、廃藩置県後、父親の遺訓を継いで米国のラトガース大学に留学する。忠固が日米条約の調印を断行してから一四年後の明治五年（一八七二）のことであった。忠固の老中就任当時、海外渡航を試みれば死罪であった。忠固の努力が実り、子どもたちの代になると海外留学を妨げる障害はなくなっていた。まさに隔世である。

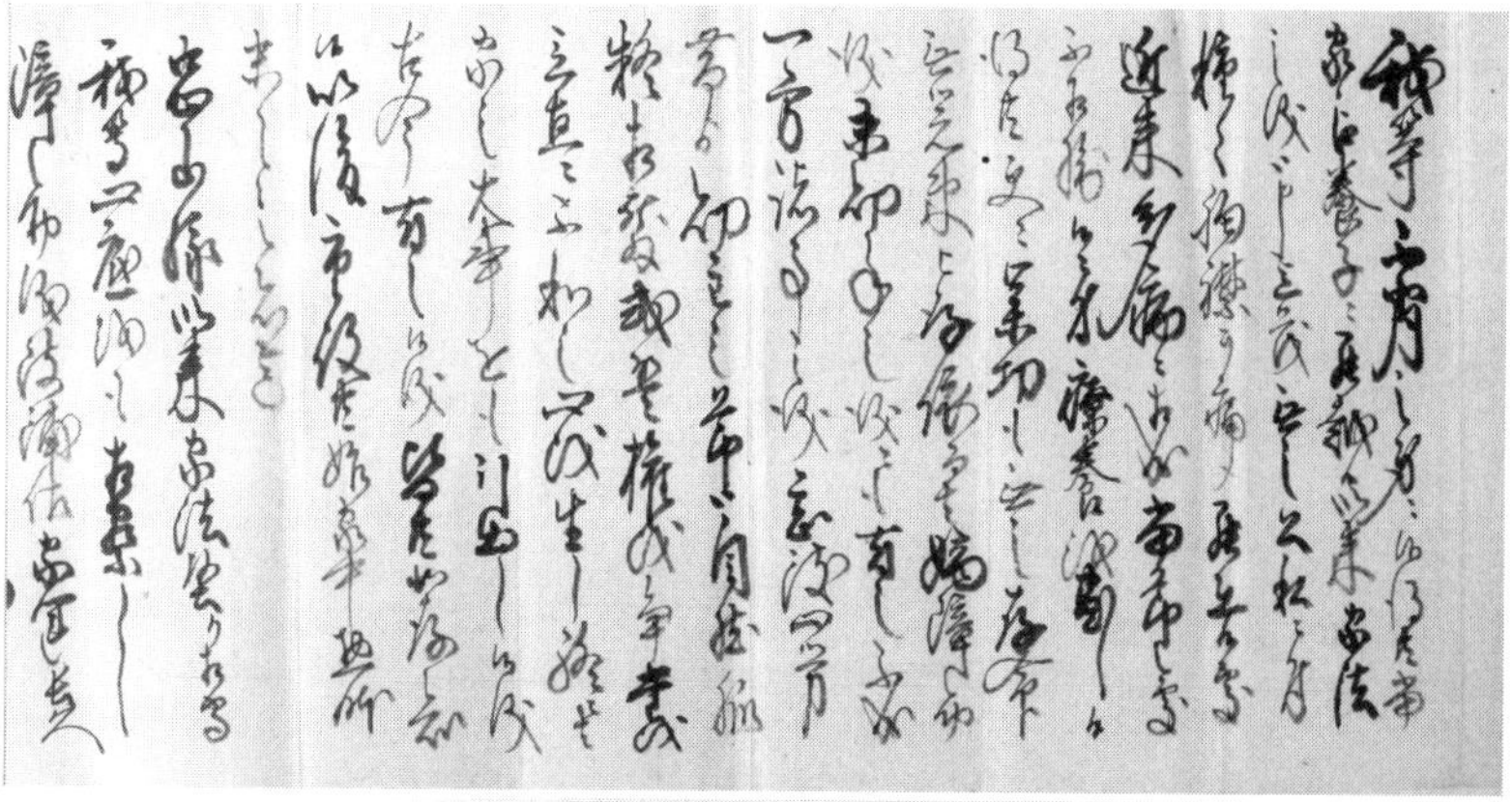

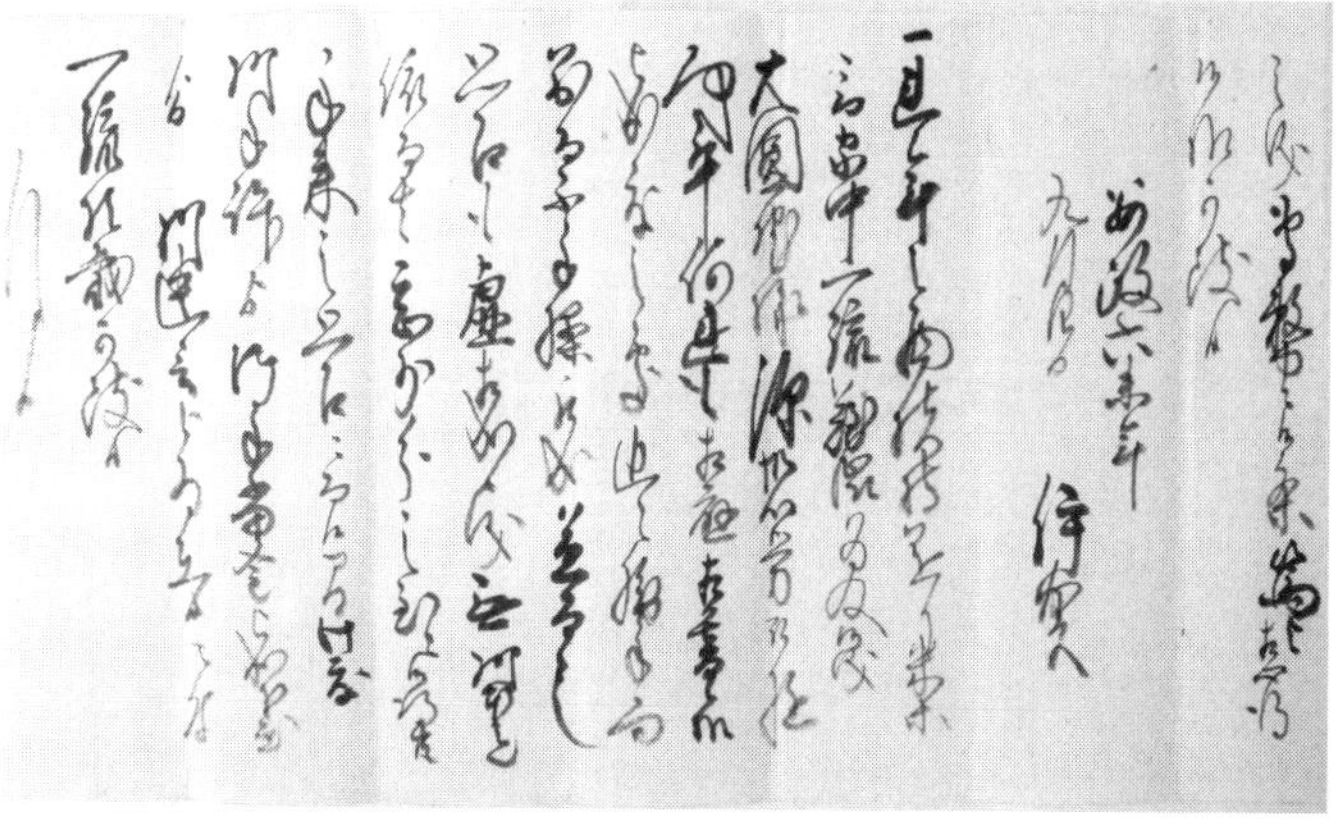

図 2-11
松平忠固の遺言状

下図の４行目に「九月四日 伊賀」とある。字体の違いから、これは誰かが書き足したように見える。（上田市立博物館蔵）

図 2-12　上田市横町の願行寺と松平忠固遺髪墓

遺髪と遺歯を埋葬され、墓石には「故従四位下行侍従 兼 伊賀守 上田源公髪歯之冢」とある。寺門は、上田築城の際に真田昌幸が海野郷から移築したと伝わる桃山風建築。ただし現在の門は 1718 年再建。（著者撮影）

松平忠礼は、出身身分の上にあぐらをかいて学芸を怠ることはなく、個人として研鑽を積み、有用な人材となった。帰国後は、留学で得た学問と語学力を活かして外務省に奉職した。

弟の松平忠厚の生涯は、さらに激烈であった。忠厚は米国で学問に眼覚める。兄とともに帰国するはずであったが、出奔して米国に残り、勉学をつづけて土木工学を修めた。同時期に陸軍軍人の娘であるカリー・サンプソンと恋に落ち、日本に残した妻を離縁し、松平家との縁も切ってまで、駆け落ち結婚をした。[84] 日米条約の立役者の息子は、米国人女性と国際結婚した日本人男性の第一号となったのである。

忠厚は、土木工学者として新しい測量器具を開発し、学術論文も多数発表するなど、学術分野でも多大な貢献をした。[85] 一八八〇年に忠厚は、三角法を活用した新しい測量器具を発明し、全米で大きく報道され一躍有名になった。『ニューヨーク・デイリー・トリビューン』紙は、「日本人の発明家」という見出しで、「我が国最初の日本人発明家T・A・マツダイラ」が「高等数学の理論を駆使して、従来より簡単かつ迅速に計測できる画期的な器具を開発した。〔……〕それは三角測量の方法である。その安全性と迅速性は過去に例のないものだ[86]」と紹介、その業績を讃えている。忠厚こそは、国際的な学術や発明の先端分野でメジャーな業績を残した、初の日本人なのである。

そして忠厚は、マンハッタン高架鉄道にシビルエンジニアとして入社。折しも同社も参加してニューヨークに計画されていたブルックリン橋の建設で、測量のアシスタントも務めている。その後、忠厚はユニオン・パシフィック鉄道の主任測量士として、大陸横断鉄道の建設のためコロラド州に移り住んだが、結核のため、一八八八年に三七歳の若さで惜しくも亡くなっている。[87]

忠厚の次男のキンジロー（欽次郎）も、父の血を受け継いで発明の才能があった。一九一二年、二七歳のときに温度で検知する火災報知器を発明し、特許を取得している。ほかにも、サーカス団の手品師や民間会社の会計主任など多才な活躍をした後、一九二七年には首都のワシントンDCからほど近いメリーランド州エドモンストン市の市長に当選した。キンジロー・マツダイラこそ、在米の日系人として初めて市長に選ばれた人物となった。[88]

［右］図 2–13　松平忠礼
廃藩置県後、米国ラトガース大学に留学し、帰国後は外務省に奉職。（上田市立博物館蔵）

［左］図 2–14　松平忠厚と妻カリー・サンプソン
兄・忠礼とラトガース大学に留学。米国で学術・発明の先端分野で活躍。（上田市立博物館蔵）

［下］図 2–15　Kinjiro Matsudaira（松平欽次郎）
忠厚の次男。米国史上初の日系人市長となる。（Yoji Yamaguchi, *A Student's Guide to Japanese American Genealogy*, Oryx Press, 1996, p.50 より）

驚くべきは、反日感情がピークに達していた第二次大戦中の一九四三年、キンジローは市民の声に推されて二度目の市長当選を果たしたことである。たとえ敵国の血を引く者であっても、キンジローの日頃の行ないを市民たちは信頼したのだ。攘夷論の吹き荒れる中、人種的偏見をまったく持たず日米友好を推進した忠固の志は、孫のキンジローにも伝わり、戦時中にもかかわらず市長当選という奇跡につながったようにも思える。

再度、市長になったキンジローは、長年市民を苦しめていた洪水の対策に手腕を発揮した。[89] 土木工学者であった父・忠厚の才能を受け継いでいたのだろう。同時にキンジローは、上田藩主として蚕業振興に鋭く目をつけた祖父・忠固の行政手腕も受け継いでいたようにも思える。「交易は世界の通道なり」の信念を掲げ、徳川斉昭と井伊直弼という両巨頭を敵に回してもなお執念で日本を開国に導いた忠固の遺志は、息子や孫たちに確かに継承されたのである。

▼82　「松平忠固遺言状」安政六年九月四日、上田市立博物館蔵。
▼83　青木歳幸『シリーズ藩物語　上田藩』現代書館、二〇一一年、五六頁。
▼84　飯沼信子『黄金のくさび――海を渡ったラストプリンス松平忠厚（上田藩主の弟）』郷土出版社、一九九六年。
▼85　上田市立博物館編『赤松小三郎・松平忠厚――維新変革前後　異才二人の生涯』上田市立博物館、二〇〇〇年。
▼86　*New York Daily Tribune*, 一八八〇年二月二九日付。
▼87　飯沼信子、前掲書。
▼88　飯沼信子「松平忠厚とカリー・サンプソン」『野口英世とメリー・ダージズ――明治・大正　偉人たちの国際結婚』水曜社、二〇〇七年、一四一～一八四頁。Yoji Yamaguchi, *A Student's Guide to Japanese American Genealogy*, Oryx American Family Tree Series, 1996, p.50.
▼89　"History". Town of Edmonston（エドモンストン市の公式ホームページ）。http://edmonstonmd.gov/about-edmonston/town-history/（二〇二〇年三月取得）

第3章

“不平等”でなかった日米修好通商条約

［章扉の図版］

タウンゼント・ハリス

日米修好通商条約の交渉において、弱腰だった「江戸幕府」は、ハリスに「不平等条約」押しつけられたとされてきたが、実際には、ほぼ「対等」なものだった。　（米国議会図書館蔵）

教科書の「定説」

列強の圧力に対して弱腰だった「江戸幕府」は、日米修好通商条約によって治外法権を強要され、関税自主権も失った、と解釈されてきた。近年、当時の徳川官僚層の有能さを立証する研究が多くなされ、再評価の動きは加速しているものの、「不平等条約」という定説を覆すまでには至っていない。[1] 学校教育でもいまだに「不平等条約」と教えられている。試みに、手元にある育鵬社の中学歴史教科書『〈新編〉新しい日本の歴史』（平成二九年度版）を参照してみたい。一八五八年の日米修好通商条約の締結について、次のように書かれている。

〔……〕幕府の大老**井伊直弼**は、朝廷の許可を得ることなく、1858（安政5）年、**日米修好通商条約**を結びました。

この条約は、清がイギリスと結んだ不平等条約と同じく、日本には**関税自主権**がなく、外国に**領事**

▼1　徳川政権の官僚層の有能さを実証し、また日米和親条約や日米修好通商条約は不平等条約とは言えないと論じてきた研究の系譜として、加藤祐三『黒船前後の世界』（岩波書店、一九八五年）、坂田精一『ハリス』（吉川弘文館〔人物叢書〕、一九八七年）、井上勝生『〈日本の歴史一八〉開国と幕末変革』（講談社、二〇〇二年）、三谷博『ペリー来航』（吉川弘文館、二〇〇三年）、鵜飼政志『明治維新の国際舞台』（有志舎、二〇一四年）、後藤敦史『開国期徳川幕府の政治と外交』（有志舎、二〇一五年）が挙げられる。

> **裁判権（治外法権）**を認めるなど、わが国にとって不平等な内容でした。同様の不平等条約は、オランダ、ロシア、イギリス、フランスとも結ばれました。
> （太字は原文）

育鵬社の中学歴史教科書では、日米修好通商条約は、清国が結んだものと同様な不平等条約と規定している。

次に高校教科書から、山川出版社の『新日本史B』の記述内容を確認したい。高校教科書は、中学の教科書に比べて格段に詳細になる。しかしストーリーの骨子は変わるものではない。

> 〔……〕アロー戦争で中国がイギリス・フランスに劣勢であると伝えられるや、ハリスはこれを利用して両国の脅威を説き、早く通商条約に調印するようにせまった。ついに幕府は、勅許を待たずに1858（安政5）年6月、**日米修好通商条約**に調印した。
>
> この条約では、（1）神奈川（横浜）・長崎・新潟・兵庫（神戸）の開港と江戸・大坂の開市、（2）自由貿易、（3）外国人居留地の設置と一般外国人の日本国内旅行の禁止、などが定められた。しかし、日本に滞在する外国人の裁判は、本国の法により本国の領事がおこなう**領事裁判権**を認め、関税は日本が自主的に税率を決める権利である関税自主権を欠き、相互に相談して決める**協定関税制**という不平等条約で、明治維新後に条約改正という大きな課題を残した。
>
> 幕府は、オランダ・ロシア・イギリス・フランスとも同様の条約を結び（**安政の五か国条約**）、日本は自由貿易を強制され、資本主義的世界市場に組み込まれた。
>
> 安政の五か国条約は、中国が欧米諸国と結んだ通商条約と大差はないが、外国商人の自由な内地旅行やアヘン輸入の禁止条項など、戦争に負けて条約を結んだ中国と比べ、交渉により締結した日本の方が少し有利であった。▼[2]
> （太字は原文）

「右派寄り」とされる育鵬社の中学教科書では「清がイギリスと結んだ不平等条約と同じ」と書き、山川出版社の高校教科書では「中国が〔……〕結んだ条約と大差はないが、〔……〕交渉により締結した日本の方が少し有利」と書く。中国と「同じ」と書く教科書と、中国と比べ「大差はないが、日本の方が少し有利」と書く教科書。ニュアンスに若干の違いはあるが、大きく見ればどちらも「不平等条約」を強調する点、記述内容に大差はない。

動かしがたい歴史的事実であるから、政治イデオロギーに関係なく、記述が同じになるのは当然だと思われる方も多いだろう。本章では、「不平等条約」という教科書の「定説」こそが、政治イデオロギーの産物であり、誤っていることを論証したい。日米修好通商条約は、アヘン戦争に負けた中国が結ばされたような「不平等条約」とはまったく異なる。ほぼ「対等」と言える条約であった。日本は、当時の国際的政治環境の中では、最良の内容の条約を、交渉によって勝ち取ったのである。

「不平等条約」言説は、明治維新「神話」の根幹を成すといっても過言ではない。徳川「幕府」には基本的な外交能力がなく、列強に強いられるままに不平等条約を結ばされた。すなわち、徳川政権が近代国家として自立していくのは不可能であったという前提の下で、テロや武力によって政権を奪取した「明治維新」が肯定的に評価されてきた。そのうえで、明治維新によって成立した近代国家が、血のにじむような努力をした結果（実際に日清・日露戦争で血を流した）、初めて不平等条約の改正が成し遂げられたというサクセスストーリーが展開される。しかし、事実はそうではない。

日米条約交渉と関税率の決定

まず、米国の初代駐日領事であるタウンゼント・ハリスと日本側の条約交渉の中で、関税率がどのよう

▼2　『改訂版新日本史：日本史B』山川出版社、平成三一年版、二〇一八年、二二三～二二四頁。

に決まったのかを確認しよう。はたして、ハリスに関税自主権を奪われた、といった事実はあったのだろうか？

日米の条約交渉は、安政四年一二月一一日（一八五八年一月二五日）から翌安政五年一月一二日（一八五八年二月二五日）まで計一四回にわたって行なわれ、草案が固まった。交渉場所は、江戸におけるハリスの宿泊場所でもあった九段の蕃書調所内であり、日本側の交渉担当者は、井上清直と岩瀬忠震であった。

条約交渉は順調に進み、一二月のうちに条約草案はほぼ固まったが、最後まで決まらなかったのが関税率であった。日本にとって、貿易にともなう関税の徴収は経験のない問題であったため、頭を悩ませていたのであろう。

ハリスは、安政四年一二月二六日（一八五八年二月九日）の交渉で、「頓税」（船のトン数に応じての課税。対オランダ貿易で用いていた）や輸出税というのは、貿易にとって有害無益で、関税は輸入税のみでよいという持論を述べていた[3]。

ハリスの主張は、経済学的に正しい。輸入の急増による国内産業の損害を回避しつつ、輸出産業を振興するためには、妥当な水準の輸入税のみを課し、輸出税はゼロにするのが合理的な手法である。実際に、当時のアメリカ本国もそのような税制によって経済発展を遂げていた。ハリスは、本国の成功体験を日本に伝えたのであり、彼が関税問題で日本を陥れようとした形跡は見られない。

日本側全権の井上と岩瀬は、「関税は自分らの職分以外の事であるから、勘定方面の担当者の意見を徴する必要がある」として、この問題への回答を保留した。関税率の決定は、勘定方に任され審議された。松平忠固は、勝手掛老中で財政部門の責任者であり、この問題で最終的な判断を下す立場にあったはずである。しかしながら、忠固がこの問題にどのように関与したのか、残念ながらその具体的内容を確認できる史料は見当たらない。

関税率の決定は、年明けに持ち越され、安政五年一月一〇日の第一三回の日米交渉において、日本側は、頓税は取らないが、輸出税は残すことに決したとハリスに通告した。ハリスは輸出税をゼロにすべきと考えていたが、日本側が輸出税に固執したため、ハリスは妥協した。関税率の決定権はあくまでも日本側にあったことは明らかである。輸出税を残すという最終判断は、老中が下したはずである。勝手掛の忠固の意向を反映したものであろうことは、想像に難くない。

一月一二日の第一四回交渉で、日本側は輸入税一二・五％、輸出税も同じく一二・五％を提案した。しかしハリスは、一二・五％もの高額な輸出税を課したのでは、日本は「如何なる繁栄の貿易をも粉砕するだろう」と述べる。[4] 輸出を伸ばそうと考えるのであれば、このハリスの主張は正しい。

日本側は、それでも輸出税を課すことに固執し、輸出税一律五％を再提案、ハリスはしぶしぶそれを認めた。輸入税も修正され、一般の財に対しては二〇％、酒類には三五％、日本に居住する外国人の生活必需品（石炭、材木、コメ、パン、鯨漁具、鉛、錫など）には五％、という三段階で賦課することに決まった。

日本側は、輸出税をゼロにしてほしいというハリスの要求は拒否したものの、ハリスの主張にも合理性があると考えたのであろう。原案を修正し、輸出税を七・五％低くして五％、その分、輸入税を原案よりも七・五％高くして二〇％と設定した。これは関税収入を、当初の見込み分だけ確保しようという動機のもとに決定されたのだろう。この最終判断も忠固が決定したと思われる。こうして第一四回交渉で条約草案は固まった。あとは調印を待つだけとなった。

輸出税の賦課と片務的最恵国条約

輸出税について、ハリスは不満を残しつつ受け入れた。しかしアメリカは輸出税を取らない国であった。

▼3　ハリス（坂田精一訳）『日本滞在記』下巻、岩波文庫、一九五四年、一六二〜一六三頁。
▼4　ハリス、前掲書、一八九頁。

日本のみ輸出税を課すことになれば、貿易における双務性が成立しないことになる。日米両国は、日米修好通商条約を双務的な最恵国条約にしようとしていた。すなわち、日米両国は第三国に対して与えた最も有利な貿易条件を、日本はアメリカに対し、アメリカは日本に対し、それぞれ無条件に適用しなければならないということだ。しかし日本が輸出税を課すと、双務性が破れたことになる。そこでハリスは日本側が輸出税を課すならば、条約原案の第一一条にあった双務的最恵国条項は削ると主張し、日本はそれを受け入れた[5]。

こうして日米修好通商条約において、日本はアメリカに最恵国待遇を約束するが、アメリカは日本に最恵国待遇を約束しないという片務的最恵国条約になった。日本は第三国に対して与えた最も有利な貿易条件を、アメリカにも適用するが、アメリカはその義務を負わないということである。「片務的最恵国待遇」は、「関税自主権の欠如」および「領事裁判権」とともに、日米修好通商条約を「不平等条約」と規定する三つの根拠の一つとされている。しかしこれは、アメリカが課していない輸出税を日本側が課すことに決定したために生じたことである。輸出税を導入すれば双務性を確保できなくなることは、日本側も同意のうえであった。日本側はそれを失っても、なお輸出税を取ることのメリットの方が多いと考え、それを選択したのだ。

すなわち、これも「幕府」が弱腰だったために一方的に押しつけられたものなどではない。むしろ逆であり、輸出税を課すという日本の強気の外交の結果であり、両者納得したうえでの判断だったのである。日本側が、双務的最恵国条項を失ってでも、輸出税にこだわった理由は史料不足で判然としない。推測するに、以下のような理由が挙げられよう。

第一に、輸出税は、外国側の取引業者が外貨で支払うものである。これは日本の外貨収入に貢献し、日本の銀保有量の増加を促す。それに対し輸入税は、日本側の輸入業者が政府に支払うため、日本の通貨で納税される。それは外貨収入の増加には寄与しない。

第二に、輸出のマイナス面がある。当時、公儀は日本の物産が輸出ばかりに流れるのを懸念していた。

日本の物産は、国内の需要に見合う量だけ生産されているので、いきなり輸出市場が開けると、国内で品不足に陥り、物価高になろう。それゆえ、輸出税でブレーキをかけようと考えたのではなかろうか。事実、輸出がはじまってから、生糸は圧倒的に国内向けよりも輸出向けに流れてしまうことになる。生糸不足から、国内の絹織物産業は大打撃を受けた。国内市場への生糸の供給不足は、物価高騰の一つの要因ともなった。公儀が、輸出の急激な増加を警戒するのは十分な理由があった。輸出税の賦課についても、よくよく考えての決定であったと思われるのである。

関税自主権は存在した

関税率は、条約の条文には含まれていない。条約の付属文書である「貿易章程」で定められていた。本文に含めなかったのは、変更を可能にするためであった。その章程の末尾には、税率改訂の規定がある。和文と英文の原文をそれぞれ紹介する。

「右〔関税率規定〕は神奈川開港の後五年にいたり日本役人より談判次第入港出港の税則を再議すへし」

「Five years after the opening of Kanagawa, the import and export duties shall be subject to revision, if the Japanese government desires it.」[6]

つまり関税率は、神奈川が開港されてから五年後に、「日本側が望むなら」改訂されるということになった。

ここで、英文の「shall be subject to revision」に注目されたい。「shall」は、法律用語で用いられるとき、法的拘束力をもって「～せねばならない、～する義務がある」という意味になる。「subject to」は

▼5 石井孝『日本開国史』吉川弘文館（歴史文化セレクション）、二〇一〇年、二七七頁。
▼6 外務省条約局編『旧条約彙纂』第一巻第一部、外務省条約局、一九三〇年、四二頁。ただし漢字の旧字体を新字体に改めた。

「〔承認などを〕受けなければならない」という意味である。つまり、日本側が関税率の改訂を提案すればアメリカは法的義務として、必ずそれを承認せねばならなかったのである。

徳川政権の和訳は、「再議すへし」となっている。これだと、日本側が税率改訂を提案すればアメリカと再交渉になるが、その交渉結果がどうなるかまでは定かでないことになってしまう。これは誤訳である。条文の英語を直訳すれば、「神奈川港が開港されてから五年後、もし日本政府が望むのであれば、輸入税ならびに輸出税は改訂せねばならない」となる。

「協定関税」とはいっても、日本側の自主的判断で関税率改訂を提起すれば、アメリカは必ず同意せねばならず、逆にアメリカ政府は関税率の改訂を提起する権利を持たない。関税率を変更する権利は日本にのみある。これは「関税自主権がある」というべきなのである。

日米修好通商条約において、「関税率を自主的に決めていないのか?」と問えば、「日本は自主的に輸入税を二〇%、輸出税を五%と決めた」のである。「関税率を自主的に変更する権利がないのか?」と問えば、「日本は自主的な意志により、五年後に変更することが可能」でもあった。

もっとも列強諸国は、協定関税制ではなかった。相手国に相談することもなく、自国の意志でいつでも関税を変えることができた。日本は五年という年限で縛られ、相手国に提起して「貿易章程」を変更するという手続きが必要であった。国内手続きのみで一方的に関税率を変えることが可能なアメリカと比較すると、対等でないといえば、対等ではない。

しかしながら協定関税制は、当時の国際環境を考えれば、悪いことではない。後述するように、軍事的威圧で無理やりに関税率を下げさせることを得意としていたのが大英帝国であった。協定によって二〇%と厳格に定められ、簡単に税率を変えることはできないという制度の方が、英国の無理強いを回避できるという点で、日本の安全保障上、そして経済政策上、有利な内容であったといえる。ハリスは大英帝国に対抗すべく、そこまで考えていたのである。

正真正銘の不平等条約を結ばされた清国やタイなどは、自国の意志ではなく、英国の意志で、輸入関税を五％や三％という低税率にされ、固定された。日本が結んだ条約は、他の非西欧諸国が結ばされた不平等条約とはまったく違う。日本は自らの意志で輸出税五％、輸入税二〇％を決定し、また自らの意志で変更可能な道筋もつけておいたのである。

日米条約における関税条項を正確に表現するならば、「関税自主権がなかった」のではなく、「関税自主権のある協定関税制」と表記すべきであろう。これを「清国と同様に関税自主権がなかった」と表現するのは明らかに誤りである。「幕府」無能史観の先入観によって語られつづけてきた虚偽言説なのである。

関税率二〇％は国際水準だった

ここで徳川政権が課した、輸入関税率二〇％の意味を考えてみたい。二〇％という税率は、当時の欧米の列強諸国が互いに貿易する際に課していたのと同等の水準であった。国際スタンダードだったのだ。

表3－1は、一八七五年と一九一三年に、主

表 3-1　19 世紀後半～ 20 世紀初頭の主要国の工業製品の平均輸入関税率

	1875 年	1913 年
アメリカ	40-50%	44%
フランス	12-15%	20%
ドイツ	4-6%	13%
オーストリア	15-20%	18%
デンマーク	15-20%	14%
ロシア	15-20%	84%
スペイン	15-20%	41%
イタリア	8-10%	18%
イギリス	0%	0%
日本	5%（当初は 20%）	30%
清	5%	5%
インド	2.5%	2.5%

（出典）ハジュン・チャン『はしごを外せ』日本評論社、2009 年、26 頁（筆者が清とインドを加筆）。

要国・地域が工業製品に課していた平均関税率である。この表の中で、関税率〇%という完全な自由貿易を実施しているのはイギリスのみで、他の国々は平均して一五~二〇%程度の関税を賦課していることがわかるであろう。

当時、工業製品に対する関税をゼロにできたのは、いちはやく産業革命を成し遂げ、工業部門で他国に対して優位な競争力を持つにいたった「世界の工場」のイギリスのみであった。イギリスは、「自由貿易」を国是として掲げ、関税をゼロに引き下げていた。一般的に、関税ゼロを実現したいと考えるのは、工業製品について世界で最も競争力のある、「世界の工場」としての地位を確保している国である。

一九世紀当時、工業製品の競争力において、他のすべての国々は「世界の工場」イギリスより劣っていた。自らの意志で工業化を遂げようとするのであれば、イギリス製品に適度な関税を賦課し、財源を確保しつつ、国内の産業基盤整備のための公共投資を行なう必要があった。そうでなければ、イギリスの工業製品に国内市場を席捲されるだけで、自国の工業力は発展しない。

実際、イギリスそのものが、「世界の工場」の地位を手にする以前は、保護貿易措置によって国内産業を守っていた。一八世紀前半の段階でイギリスの織物産業は、熟練したインド職工の手工業制の綿製品に太刀打ちできず、国内産業の打撃を回避するため、インドの綿製品の輸入を制限するという保護貿易措置を採用しつづけた。[7]

一九世紀になると、イギリスは産業革命を成し遂げ、インドに取って代わって綿製品の大輸出国の地位を占めることになった。イギリスが自由貿易主義に転じたのは、これ以降のことである。

他の世界の国々は、かつてのイギリスが試みたのと同様、イギリスの綿製品に対抗して国内産業を防衛し、育成する仕組みが必要であった。それが関税である。表3-1を見れば、イギリス以外の欧米各国は、一五~二〇%程度の関税を賦課しており、最も保護主義的な国であったアメリカにいたっては、四〇%以上という高関税を賦課していることがわかるであろう。日本が勝ち取った一般商品に対する二〇%という関税率は、国際スタンダードであり、安定した財政収入を確保しながら、近代化・工業化を遂げるために必要な水準であった。

低税率を強要された清国とインド

望まない低税率を強要されたのは、イギリスの侵略を受けた清国やインドなどであった。清国は、イギリスによるアヘンの密貿易に手を焼き、一八三九年にアヘン取締を徹底的に強化し、それを国内に持ち込もうとした輸出業者の追放処分をもって対応した。それに怒ったイギリスが派兵して勃発したのがアヘン戦争である。アヘン戦争以前の清国は、輸入品に対する各種課税によって、関税率換算で二〜三割に相当する税を取っていた。敗戦によって南京条約を結ばされた清国は、政府が輸入に課していた各種課税を放棄させられ、輸入関税を一律に五％にするという低税率を強要され、アヘン貿易も実質的に合法化されてしまった。[8]これこそ不平等条約である。

インドは、一八世紀までは世界最大の綿織物輸出地域として繁栄していた。織物の輸出競争力において、イギリスより圧倒的に優位な状態を保っていたが、イギリスが産業革命を経て機械紡績機を手にしたことによって、次第に対抗できなくなっていった。イギリスはインドに関税率二・五％という低税率を強要した結果、インドの綿織物産業は壊滅した。インドは綿織物という完成品の輸出国から、綿花やアヘン原料のケシなど一次産品生産国に変えられてしまったのである。[9]

イギリスがアジア諸国の関税自主権を奪っていった最大の意図は、アジア諸国が自立し、イギリスを脅かす工業国になるのを阻止し、自国の工業製品の優位な状態を永続させようというものである。この目的からして、日本が関税率二〇％を確保したことは、イギリスにとっては脅威であった。詳しくは第5章で

▼7　川勝平太『日本文明と近代西洋――「鎖国」再考』NHKブックス、一九九一年。
▼8　波多野善大責任編集『中国文明の歴史一〇　東アジアの開国』中公文庫、二〇〇〇年、八三〜一〇四頁。
▼9　加藤祐三、川北稔『世界の歴史二五　アジアと欧米世界』中央公論社、一九九八年。

述べるが、長州藩による下関海峡での無差別砲撃事件をきっかけに、イギリスは日本の関税率を二〇%から五%に引き下げさせることに成功する。長州藩の下関戦争の敗戦の責任を負った日本は、アヘン戦争で負けた清国と同じ関税率を強要されたのであった。これこそ「関税自主権の喪失」と呼ぶべき事態だったのである。これは徳川政権の責任ではなく長州藩の責任である。

米国の関税保護主義

アメリカは、近代国家建設における関税の重要性を認識していた。それゆえハリスは、イギリスに対抗する意味も込めて、日本が高い関税率を課すことを後押しした。これはアメリカの歴史的教訓から導かれたハリスの信念であった。

表3-2は、アメリカの建国初期における連邦政府の歳入総額と、それに占める関税収入の割合を示したものである。一八世紀後半から一九世紀初頭まで、連邦政府の歳入はほぼ関税に依存しており、歳入に占める関税の比率は九〇%を超えていた。他の税金を徴収しはじめてからこの比率は低下していくが、それでも一九世紀中は、歳入の五割ほどを関税に依存していた。

アメリカは、南北戦争以降においては、四〇%以上という高率な関税を課してイギリスの工業製品に対抗し、国内産業を保護・育成

表 3-2　建国初期アメリカ連邦政府の歳入に占める関税の比重

	歳入総額 ($1,000)	関税収入 ($1,000)	関税 / 歳入 (%)
1795 年	6,115	5,588	91.4%
1800 年	10,849	9,081	83.7%
1805 年	13,561	12,936	95.4%
1810 年	9,384	8,583	91.5%
1815 年	15,729	7,283	46.3%

（出典）朝倉弘教『世界関税史』日本関税協会、1983 年：312 頁。

しようとした。経済学では、こうした保護関税政策の採用を「幼稚産業保護戦略」と呼ぶ。これは、そもそも米国憲法の起草にも携わった初代財務長官アレクサンダー・ハミルトンが発案した政策であった。アメリカのような新興国は、関税なしに財源を確保することは難しかった。もしアメリカが、インドや中国なみの低関税を採用していたら、アメリカに自立した工業は育たず、第三世界諸国のように、農産物輸出に依存する低開発状態を強いられていたであろう。

アメリカの関税率四〇%は、さすがに高率すぎるという批判もあろう。他方で、徳川政権がハリスとの交渉の中で自ら選択した二〇%という税率は、当時の国際環境の中では平均的な水準で、適正なものであった。インド、中国、タイなどは、不平等条約によって二・五%から五%程度の低税率を強いられたことで、十分な産業基盤が育たず、長らく低開発状態に陥れられた主要因となったのだ。

ハリスは、条約交渉の開始前の安政四年一〇月二六日（一八五七年一二月一二日）に、老中首座の堀田正睦を訪問し、こうしたことを説明した。すなわち、アメリカ政府は歳入を関税に頼って国家財政をまかなっていること、日本も貿易に対して適度な課税をすれば大きな収益をもたらし、立派な海軍を維持できるようになるだろうこと、イギリスはアメリカのような穏和な条件を提示しないであろうこと、清国はアヘン戦争で負け、いままたアロー戦争で英仏軍の侵攻を受けていること、イギリス艦隊の脅威の前に屈服するようなことになれば、日本国民の前で政府の威信を失墜することになるだろうこと、などである。[10]

堀田は、このハリスの言を信頼した。堀田も賢明であった。こうして徳川政権の基本的な外交方針は、植民地帝国のイギリスよりも先に、植民地化の意図のないアメリカとのあいだで、日本に有利な内容の最恵国条約を結んでしまい、その条件をイギリスにも認めさせようということに定まった。もしアメリカよりも先にイギリスが日本に乗り込んできていたとしたら、関税率二〇%という水準は勝ち取れなかった可能性が高い。

▼10　ハリス、前掲書、八七頁。

一八五八年当時のイギリスは、インドの大反乱と清国でのアロー戦争（第二次アヘン戦争）に手を焼いており、日本にまで艦隊を派遣する余裕がなかった。アロー戦争が終結すれば、イギリス艦隊が来航する。堀田正睦や松平忠固ら公儀閣老たちは、そうなる前に、ハリスとさっさと条約を結んでしまうのが国益にもっともかなうと判断した。正しい判断であった。もっとも、インドと中国が侵略を受けるという犠牲のうえに、日本は時間的猶予を得ていたことも忘れてはならないだろう。

領事裁判権

日本史教科書において、「不平等条約」説のもう一つの論拠となっているのが、領事裁判権の問題である。関税については不平等と言えないとしても、領事裁判権についてはやはり不平等ではないか、と考える人も多かろう。

日米修好通商条約の第六条は、次のようになっている。

「日本人に対し法を犯せる亜米利加人は亜米利加コンシェル裁断所にて吟味の上亜米利加の法度を以て罰すへし亜米利加人に対し法を犯したる日本人は日本役人糺の上日本の法度を以て罰すべし」

「Americans, committing offences against Japanese, shall be tried in American Consular Courts, and when found guilty, shall be punished according to American law. Japanese, committing offences against Americans, shall be tried by the Japanese authorities, and punished according to Japanese law」[11]

日本人のアメリカ人に対する犯罪は日本が裁き、アメリカ人の日本人に対する犯罪はアメリカが裁くという規定である。条文を読むかぎり、両国に双務的で対称的な内容になっている。これは果たして不平等なのであろうか？

アメリカ人に対して法を犯した日本人を日本の法で裁くということは、アメリカに在住する日本人がアメリカで犯罪をした場合、日本の領事が日本の法にのっとって裁く、という意味のように読める。だとすれば、双方の国が双方の国で対等に領事裁判権を持つということになる。とすれば、両国に対称的な条約である。

ちなみにロシアとの条約では、領事裁判権の双務性が明確に規定されていた。日米修好通商条約に遅れること二二日後の七月一一日に締結された日露修好通商条約では、領事裁判権については、第一六条において、以下のように加筆されている。

「露西亜国に於ての日本人も同様たるへし」

「Japanese subjects shall enjoy the same rights and privileges in Russia as are granted to all other foreigners」[12]。

すなわち、ロシアが日本で領事裁判権を持つのと同様、日本もロシアにおいて領事裁判権を持つのである。これは相互に領事裁判権を認めるもので、日露両国に対称的な内容であり、不平等性はない。

問題は以下の点にあった。米・英・仏・蘭と結んだ条約では、日本人が相手国で犯罪をした場合はどうなるのか、日本に領事裁判権があるのか否か、曖昧にされているのである。ロシアとの条約では明確にされている領事裁判権の双務性が、他の国々との条文では曖昧にされているのだ。

坂田精一は、ハリスと日本側の阿吽《あうん》の呼吸で、この点はあえて曖昧にしておいたと解釈している[13]。当時、海外で暮らす日本人はいなかったし、海外渡航も許可されていなかった。これは、日本人が海外で暮らすようになってから追って考えればよい問題であった。

また、日本人の海外渡航が可能になって以降のことを考えても、双務的な条約にすることは、日本側にとってメリットはなかった。一般的に、日本よりもアメリカの方がはるかに刑罰は軽い。例えば、当時の

▼11　『旧条約彙纂』第一巻第一部、二二頁。
▼12　外務省条約局編『旧条約彙纂』第一巻第二部、外務省、一九三四年、五七〇頁。
▼13　坂田精一『ハリス』吉川弘文館（人物叢書）、一九八七年、二四〇～二四二頁。

日本では政権批判をすれば遠島もあり得たが、アメリカではそもそも罪に問われない。在米日本人がアメリカの大統領を批判したとして、その日本人に日本の法を適用することは、邦人保護の観点からも何ら好ましいことではない。不平等条約を押しつけられたという認識は、徳川政権の中にはまったくなかった。日本としては、双務性を追求するよりも、当面は曖昧にしておく方が良策だったのである。

日本におけるアメリカ人の犯罪は日本の法で裁くことを追求すべきだった、という意見もあるだろう。しかし、日本国内で日本政府を批判した外国人を島流しにすることは、人道的に許されるだろうか？　そのような非人道的な刑罰を外国人に課すことを、徳川官僚たちは想定していなかったのである。

そもそも当時の日本には近代的な刑法や民法がなかった。当時の日本は、大名行列の前を横切っただけで、その場で斬り捨て御免という乱暴なものであった。そのような法を外国人に適用してはいけないのは当然である。実際、のちに生麦事件を引き起こした薩摩藩は、それを根拠に無罪を主張した。諸外国としては、日本の刑法が国際基準になるまでは、「領事裁判権」がないかぎり、安心して生活することなどできなかったのは当然である。

徳川政権は、文化も慣習もまったく異なる外国人に、切腹、磔《はりつけ》、獄門といった日本の刑罰を科すようなことを想定していなかった。それが、そもそも徳川家康以来の「祖法」だった。日本の国法は、日本人民を統治するためにあり、外国人は法の適用外というのは家康の考えだったのだ。徳川政権の諸法度は、外国人に適用することを想定して作られてはいない。

徳川政権と明治の長薩政権の双方で外交官を務めた田辺太一は、明治になってからの回想において、領事裁判権は、家康以来の祖法と何ら矛盾するものではないと考え、日本側は何ら問題にはすることなく受け入れたのだと述べている。▼14

少なくとも、日本に近代的な民法・刑法ができない間は、領事裁判権を認めるのは当然の判断であろう。日本に近代的な法体系が整備されていけば、追って条約を改正して領事裁判権をなくしていくことができたであろうし、実際にそうなった。領事裁判権は、近代法ができるまでの当面の経過措置として妥当だった。これを「不平等」と批判するのは不当である。

坂田精一は、「不平等条約」とは、明治政府が創出した合言葉であり「国民主義を鼓吹して日本の国際的地位を急激に高めようとした、当時の為政者の政策的な意図から出たもの」[15]と述べている。現代にいたっても、日本人はいまだに長薩政権のプロパガンダを信じ込まされているのだ。

通貨問題は、日本側の判断ミス

関税についても、領事裁判権についても、日本は基本的に合理的な判断をしていた。では、条約にまったくの過失がなかったかと言えば、一つだけ大きな判断ミスがあった。条約の最大の問題は、通貨問題であった。

ハリスが考えた条約原案の第五条は、「日本人に支払われる外国貨幣のすべてに対し六パーセントの両替手数料を日本政府にあたえ、更に日本貨幣の輸出を禁止する」[16]という内容であった。

ハリスは、国際基準の金貨と銀貨の交換比率が、日本国内におけるそれと違うことに気づいていた。当時、日本における金貨と銀貨の交換の重量比は一対五程度であったが、海外では一対一五程度であった。外国人が、洋銀を持ち込んで日本の銀貨と同量交換し、その銀貨で小判を手に入れると、日本では海外に比べ三倍の量の金が手に入るという計算になる。外国の銀貨を日本に持ち込んで、日本の小判を取得し、それを海外に持ち出せば、大きな為替差益を得ることが可能だったのである。

ハリスは親切にも、日本の小判が海外に流出しないよう、日本貨幣の輸出禁止という条項を入れていた。また、日本の一分銀と洋銀（メキシコ銀）との両替についても、公儀が六％の両替手数料を取得可能とい

▼14　田辺太一『幕末外交談　第一』一、東洋文庫、一九六六年、五三頁。
▼15　坂田精一、前掲書、二三五頁。
▼16　ハリス、前掲書、一五二頁。

う条件を提示していた。この六％は、輸出で取得した洋銀を、日本の銀貨に改鋳するための経費を賄う手数料であった。

しかしながら、日本側の判断で、両替手数料は不要とし、外国貨幣の日本における自由な使用を認め、さらに日本の貨幣の輸出まで認めてしまった。条約の第五条は以下のようになった。

「外国の諸貨幣は日本貨幣同種類の同量を以て通用すへし、双方の国人互に物価を償ふに日本と外国との貨幣を用ゆる妨なし」

「All foreign coin shall be current in Japan, and pass for its corresponding weight of Japanese coin of the same description. Americans and Japanese may freely use foreign coin in making payments to each other[17]」

これが条約の最大の失敗だったと言ってよいだろう。ハリスは、日本側からこのような提案がなされるとは期待しておらず、驚きをもって、日記に以下のように記している。

「私がまったく驚いたことには、彼らはその六パーセントを放棄し、日本の貨幣の自由な輸出を許し！また、凡ての外国貨幣は日本において自由の通用すべきことを言明したのである[18]」。

アメリカにとってうれしい誤算であったろう。日本側は、ハリスの原案を承認しておけばよかった。通貨の同種同量交換を適用すると、一ドル銀貨は、日本の天保一分銀三枚と交換されることになる。一分銀四枚で一両であったから、当初の条約における公定レートは一ドル＝〇・七五両ということになる。しかし金貨との交換比率で考えると、日本の天保一分銀は実際には同量の洋銀の三倍の価値を持つ通貨であったから、一ドルは〇・二五両となる。公定レートは不当なものであった。

通貨問題について、老中勝手掛の松平忠固がどのような見通しを持っていたかを十分に判断できる史料は見当たらない。しかしながら条約の中の通貨条項は、財務大臣であるところの忠固の職責に関する事柄であるから、その最終的責任は忠固にあると言わざるを得ない。

前章で紹介したように、松平忠固は経済政策については、当時として驚くほどリベラルな考えの持ち主であり、開港後の経済見通しも楽観的であった。そのリベラルな考えと楽観性が行き過ぎて、手数料なしでの金貨銀貨の同種同量交換、外国通貨の自由な流通、さらには日本貨幣の輸出まで認めてしまったように思える。これは失策であった。しかし貨幣の同種同量交換も、平等性を追求した結果として生じた失敗であった。これも不平等条約の根拠とはならない。

新二朱銀発行とその失敗

堀田正睦と松平忠固の失脚後、外国奉行に就任した水野忠徳の提案によって、貿易決済にのみ通用する「安政二朱銀」という新通貨を発行することに決定した。新二朱銀は天保一分銀の一・五倍の重量を持つ新通貨であったが、額面が天保一分銀の半分の二朱（＝〇・五分）でしかないという奇妙な新通貨であった。天保一分銀三枚で洋銀一ドルと同量であるから、新二朱銀二枚でちょうど洋銀一ドルと同量になるよう、急遽鋳造された。この新二朱銀を使うと二枚（＝一分＝〇・二五両）で一ドルということになり、金貨と銀貨の交換比率を国際水準まで下げることができた。それは同時に、外国から見れば、一ドル銀貨による日本物産の購買力が、三分の一に減じることを意味した。外国商人からしてみれば、日本の物価は世界でも最も安いと喜んでいたのに、いきなり世界でも有数の物価高の国になってしまうことを意味した。[19]

この貿易決済用の新通貨である新二朱銀の発行に対し、イギリス公使のオールコック、アメリカ公使のハリスらは、条約違反であると猛抗議した。彼らの猛抗議を受け、横浜港は、安政六年六月二日（一八五九年七月一日）に開港したものの、混乱し、しばらく商取引はほとんど行なわれなかった。猛抗議を受けた公儀は、やむなく横浜開港から三週間後、新二朱銀の通用を停止し、一ドル銀貨を天保一分銀三枚と交換

▼17　前掲『旧条約彙纂』第一巻第二部、二二頁。
▼18　同。
▼19　石井孝『幕末開港期経済史研究』有隣堂、一九八七年、四二～五六頁。

することを認めざるを得なくなった。
この結果、一部の外国商人たちは、商品の貿易をそっちのけにして、日本の小判を漁ることに狂奔するようになってしまった。なかには、兆や京という単位の、日本中の一分銀すべて集めても足りない、いや、世界中の銀をすべて集めてもなお足りない、天文学的数字の銀貨の交換を請求してくる英国商人も現われた。[20]
こうした外国商人たちの「錬金術」によって、日本の小判が海外に流出していくことになった。ハリスが最初に提示していた日本の貨幣の輸出禁止という原案のままであれば、金貨の海外流出は防げたはずであった。
新二朱銀の発行に失敗し、金貨の流出に直面した公儀は、事態の悪化を抑えようと、万延元年(一八六〇)四月に金の含有量を大幅に低下させる金貨の貨幣改鋳を行なった。新通貨である万延小判の発行である。銀貨の品質を上げるのを諦め、逆に金貨の品質を落とすことによって、金貨と銀貨の交換比率を国際水準に改訂したのである。これによって、小判の海外流出はようやく止まった。
しかし当然のことながら、金貨の価値は大幅に下落し、物価高騰の要因ともなった。通商条約における通貨条項は、日本に大きな混乱をもたらす一因となった。もっとも小判の海外流出による混乱は、俗説で言われているほど、ひどいものではなかったことにも留意されたい。日本から海外に流出した小判の量は、以前は根拠もないままに数百万両などという説も語られていたが、それは「幕府無能史観」の先入観に引きずられて語られていた言説であった。近年の研究では、流出量は一〇万両程度というのが定説である。[21]
また庶民も含めて、物価高騰で皆が打撃を受けたかのように言われるのも正しくない。次章でも述べるが、物価高騰により消費者である武士たちの生活は困窮したものの、生産者である庶民にとっては収入の増加も意味し、生産意欲を高めることにつながった。徳川政権は、確かに通貨問題でつまずいたものの、迅速な対応によって被害は最小限で抑えられたことも事実である。

大英帝国の自由貿易帝国主義

イギリスは、日本がアメリカと関税率二〇％の条約を結び、他の国々にもその税率を適用させたことを苦々しく思っていた。イギリスは、日本の関税率も清国なみの五％に引き下げる機会を虎視眈々と狙っていたのである。

一九世紀、破竹の勢いでアジア諸国を植民地化しつつあった大英帝国の国家戦略は、「自由貿易」の強制にあった。自由貿易は、世界で最初に産業革命を成し遂げ、イギリス本国で過剰に生産される工業製品の市場を開拓するとともに、原料資源の供給基地を確保するために必要不可欠な制度であった。

イギリスに倣って工業化を達成しようとする諸国家にとっては、関税によって適度な水準の産業保護・育成措置が必要となる。世界各地に多様な地場の織物産業がある。英国の綿製品の輸出攻勢によって国内の織物産業が打撃を受けるのを回避しようと考えるのは、独立主権国家であれば当然の発想である。通商条約を結んで貿易をしつつも、なお安価なイギリス製品に対抗し、工業を育成する財源を確保するために必要なのは、適切な水準の関税を賦課することである。

大英帝国からしてみれば、そうはさせまいと貿易相手国に低関税を強制して、自国の製品市場にしていこうという戦略を意識的に用いた。経済学者のギャラハーとロビンソンは、これを「自由貿易帝国主義」と呼んでいる。[22]

自由貿易帝国主義の国家戦略を端的に表明している例として、初代駐日公使として薩英戦争と下関戦争

▼20　石井孝、前掲書、七二～八一頁。

▼21　幕末の金貨流出についての諸研究のレビューと最新の推計値については以下の文献が詳しい。髙橋秀悦「幕末・金貨流出の経済学――「海舟日記」に見る「忘れられた元日銀総裁」富田鐵之助（四）」『東北学院大学経済論集』第一八五号、二〇一五年、七～八六頁。

を戦ったラザフォード・オールコックの発言を紹介しよう。

費用の高くつく戦争に訴えることなしに自由な通商を発展・拡大することが、われわれの条約の率直にして唯一の目的である。極東地域において、どのような条件があれば、この目的を達成できるのだろう。もし確かな精度でこれを判断できる基準を見つけることができたなら、それはどんなにか意義深かったことだろう。衝突や中断の危険なしに新しい市場を確保していくことが、マンチェスターの夢であり、広くわれわれの製造業界全体の希望である。しかし、通商は交戦状態という災厄をいみ嫌うとはいえ、実際には理論的には非難されるべき紛争をしばしばひき起こしていることは否定しえない。法律がそれを実行させるためのなんらかの力を基盤とするのと同じように、すべての国の政治の背後には物理的な力に訴える必要があるということは、多少なりとも正しいことである。〔……〕たしかに東洋全体においてはつねに力に訴えられている。[23]

オールコックは、英国外交官としての自分たちの使命が、マンチェスター（綿紡績産業の中心地）の夢をかなえることであると、臆面もなく表明する。そして、なるべくならば、費用のかさむ武力に訴えることなしに、マンチェスターの利益のために自由貿易を拡大することが最善であるとする。しかし、それを相手国が嫌がるため、現実には武力なしに実行を迫るのは難しい。それゆえオールコックは、東洋が慢性的に戦争状態にあることを「多少なりとも正しいことだ」と、後ろめたさを覚えている様子ではあるが、なお肯定するのだ。さすが、四か国連合艦隊を率いて長州に攻め入った人物の発言であるといえよう。

つづいてもう一つ、幕末における英国外交官として薩長を支援し、倒幕の大きな力になったアーネスト・サトウの発言を紹介しよう。

日本側のアイディアは従来からいつも、国内と国際とを問わず、組合（ギルド）を設立し、独占権を買い取って、通商を規制し、ほとんど彼らのものにしようというものであった。こうした組織は理論的にいかに長所があろうとも、西洋の思想とは全く相いれないものである。東洋諸国において、このようなシステムがイギリスの進路を遮ろうとした場合、我々は戦争に訴えることを決して止めることはなかった。[24]

サトウは、徳川政権が兵庫開港に際して、貿易の管理組合を設立しようとしているという噂を聞き、徳川政権が自由貿易を阻害する動きをつづけるのであれば、英国は躊躇せずに戦争に踏み切ると述べている。サトウが薩長支援に踏み切った理由の一つには、徳川政権の貿易政策が手強く、薩英戦争と下関戦争の結果、英国に従順になった薩長の方が通商政策に関して御しやすいと踏んだからであろう。

こうしたオールコックやサトウの主張こそ、自由貿易帝国主義の表明なのである。ギャラハーとロビンソンによれば、英国製品の販路を拡大するためには、不平等条約を結ばせて、相手国が自国産業を防衛するのに十分な関税を賦課できないようにしてしまえばよい。関税自主権の剥奪である。この際、相手国が

図 3-1　オールコック
大英帝国の初代駐日公使。(London Metropolitan Archives 蔵)

図 3-2　アーネスト・サトウ
大英帝国の外交官。(P. Pantzer & S.Saaler, *Japanische Impressionen eines Kaiserlichen Gesandten.* München 2007 より)

関税自主権のない自由貿易を受け入れればそれでよし、それを拒んで抵抗すれば、イギリスは軍事力を行使して植民地にすることも辞さない。いみじくも、オールコックやサトウが表明している通りである。

ギャラハーとロビンソンによれば、自由貿易帝国主義の支配は、二通りの形態をとる。一つは「非公式帝国」である。タイや中南米諸国のように、相手国が不平等条約を受け入れれば、イギリスの製品販売市場であり原料資源の供給基地とする。当時のタイや中南米のように、表面的には独立国であっても、非公式に経済的には帝国の支配下に置かれていく。もう一つが「公式帝国」である。これは、当該国が不平等な通商条約の締結に抵抗した場合である。こうした場合、英国は武力行使に訴えることを辞さず、最終的には軍事制圧して、帝国の領土に編入することもある。この事例に該当するのは、インド、ビルマ（現ミャンマー）、南アフリカなどである。

一般に、大英帝国は、初期の自由貿易主義段階から、次第に帝国主義段階へと移行したと言われている。自由貿易主義は本質的に暴力をともなわない平和的なものであり、領土略奪の帝国主義とは異質であるという理解である。しかし、これはまったく根拠のない言説にすぎない。ギャラハーとロビンソンは、イギリスが「自由貿易段階」にあったとされる一八四〇〜七一年に、すでに領土拡張はピークに達しており、自由貿易主義と帝国主義は断絶しておらず、同時に進行した現象であると論じたのである。[25]

先に、日米修好通商条約は、「関税自主権のある協定関税制」であると述べた。当時の国際情勢を鑑みれば、「協定関税率」の方が安全だった。仮に日本の意志でいつでも自由に関税を変えることが可能な条約を締結していた場合、自由貿易帝国主義の本性からして、英国は軍事的圧力でもって日本に関税率引き下げを強要することを辞さなかっただろう。条約の付属文書である貿易章程に関税率が二〇％と定められ、アメリカがその後ろ盾となるのであれば、イギリスもそれを無下に踏みにじることはできず、尊重せざるを得なくなるだろう。条約付属の貿易章程で関税率を定める協定関税制の採用は、イギリスの自由貿易帝国主義から日本を守るための知恵だったのだ。

不平等の端緒は日英修好通商条約

日本は、安政五年六月一九日の日米修好通商条約調印につづいて、七月一〇日にはオランダ、七月一一日にはロシア、七月一八日にはイギリス、九月三日にはフランスとのあいだで、それぞれ通商条約を結んだ。定説では、蘭・露・英・仏との間に結ばれた条約も、日米条約と同様な内容とされ、あわせて「安政の五か国条約」と呼ばれる。

しかしながら、それらの条約内容を子細に見ると、英国との条約には、他国にはない重大な問題が含まれている。日英修好通商条約は、日米条約と同水準が確保されなかったのである。ここに不平等条約の端緒が見られる。ハリスが従来から主張していた通り、イギリスは甘くはなかった。

先に見たように、日米修好通商条約において、関税率は、「日本役人より談判次第」、横浜開港から五年後に改訂できることになっていた。あくまでも関税率の変更は、日本政府の希望に基づくはずであった。しかるに日英修好通商条約では、その条項は以下のように書き換えられてしまった。

「日本或いは貌利太尼亜〔ブリタニア〕政府の望にて出港入港の税則を再議すへし」。

「the import and export duties shall be subject to revision, if either the British or Japanese Govern-

---

▼22 John Gallagher and Ronald Robinson. "The Imperialism of Free Trade," *The Economic History Review*, August 1953, Vol.6, No.1, pp 1–15.

▼23 Rutherford Alcock, *The Capital of the Tycoon: A Narrative of a Three Years' Residence in Japan*, Vol. 2, Greenwood Press Publishers, 1969, p.358（邦訳：オールコック『大君の都――幕末日本滞在記』岩波文庫、一九六二年）

▼24 Ernest Satow, *A Diplomat in Japan*, Oxford University Press, 1969, p.256（邦訳：アーネスト・サトウ『一外交官の見た明治維新』岩波文庫、一九六〇年）

▼25 Gallagher and Robinson, ibid.

ment desires it」[26]。

日米条約において、関税率改訂のイニシアティブは日本側にのみあったのに、日英条約では英国政府の希望でも税率を改訂可能なように変更されてしまったのである。これはあまりにも重大な退歩であった。実際、この条項に基づいて、のちに関税率の引き下げ交渉が、英国の意志で行なわれることになってしまう（第5章で詳述する）。この条文はあまりにも酷い内容である。この条文を受け入れてしまった日本側交渉団の過失は重大すぎる。なぜハリスと相談して、イギリスに抗議してもらうなどの知恵が働かなかったのだろう。

さらに、別の問題もあった。日米条約で定められた関税率表がそのまま他国にも適用されるはずであったのに、日英条約では、イギリス側のごり押しにより、綿製品と羊毛製品が「五％税率」のカテゴリーに編入されてしまった。当時のイギリスの最大の輸出品は綿製品で、二番目が羊毛製品だった。この二つの品目が二〇％でなく五％になれば、財政収入の減少は劇的なものとなる。

横浜開港の翌年の万延元年（一八六〇）においては、日本の輸入に占める綿製品と羊毛製品の割合は、じつに九三％であった。その後、比率は低下していくが、慶応三年（一八六七）でも、綿と羊毛製品をあわせて四七％を占める。

一律に関税率二〇％であれば一〇〇の輸入に対して二〇の関税収入を得られる。しかし、仮に輸入の約五〇％が綿・羊毛製品であり、それらに五％税率が適用されると、得られる関税収入は一二・五（五〇×〇・二＋五〇×〇・〇五）に減ってしまう。日本の財政に与える悪影響は甚大であった。

さらに重大な悪影響は、日本の在来の綿織物産業が安価な英国の工業製綿製品に圧倒されてしまい、壊滅的打撃を受けることになってしまったことである。のちに明治中期になって、生糸輸出で蓄積した資本を元に、綿紡績産業を再建することになるが、それにはずいぶんと時間がかかったのである。

ハリスは、イギリスへの対抗上、日本政府に最大限の財政収入を確保させようと考え、綿も毛も二〇％の関税としていたのに、その苦労も水の泡というものだった。ハリスは真に残念そうに、「はなはだ不審な政策の処置である」[27]と日本に抗議している。日本がもっと慎重になって、ハリスに仲介を依頼してイギリスと交渉していれば、綿と羊毛製品の二〇％関税を維持できていたのではなかろうか。

なぜこのように重大な国益の損失を、甘んじて受け入れてしまったのであろう。イギリスとの条約交渉の全権委員は、水野忠徳、永井尚志、岩瀬忠震であった。彼らは、いずれも一橋派であり、松平忠固を失脚させようと画策していた人びとである。

彼らは、忠固さえ失脚させれば、井伊直弼などいかようにも手なずけることができると甘く見ていた。しかし井伊は一橋派の協力を得て、最大のライバルであった忠固を失脚させると、攻撃の矛先を転じて一橋派へと向け、苛烈な弾圧を展開するようになった。彼らが盟主と仰いだ松平慶永も一橋慶喜も、イギリスとの条約交渉の時点で、すでに失脚させられていた。水野も岩瀬も永井も、井伊政権の弾圧下で、いつ自分たちが失脚させられるかわからないという不安定な状況になり、条約交渉に向かうモチベーションも低下していたのだろう。彼らは、イギリスの要求を抵抗することなく呑んでしまった。この三人の責任は重大であると言わざるを得ない。堀田と忠固の連立内閣が健在であったら、このようなイギリスのごり押しを簡単に認めるようなことはなかったであろう。

開港後の貿易黒字

開港後の貿易は、紆余曲折を経ながらも発展していった。開港後の貿易収支は黒字超過で、日本には大きな外貨収入がもたらされていた。図3－3は、開港直後から明治八年までの日本の輸出額と輸入額の推計値である。

▼26 前掲『旧条約彙纂』第一巻第二部、三七頁。
▼27 石井孝、前掲『日本開国史』、三八一頁。

開港初年度（一八五九）は、六月に開港してからの半年で輸出総額は八九万ドル、開港二年目の万延元年には輸出総額は四七一万ドルに達し、輸出の六五％を生糸が占めた。

文久元年（一八六一）に、輸出額が三七九万ドルと一時的に低下したのは、前年に出された五品江戸廻送令の影響と思われる。五品江戸廻送令とは、生糸のほか、雑穀、水油、蝋、呉服の五品について、直接横浜に送って輸出することを禁止し、必ず江戸の問屋を経由するよう義務づけた法令であった。横浜開港後、生糸などが輸出市場にのみ流れ、国内向けに流れなくなって物価高騰の一因となったため、輸出にブレーキをかけようと井伊内閣によって導入された政策であった。これは確かに一時的に政策側の意図通りに、輸出の

図 3–3　江戸末から明治初年度の貿易額の推移

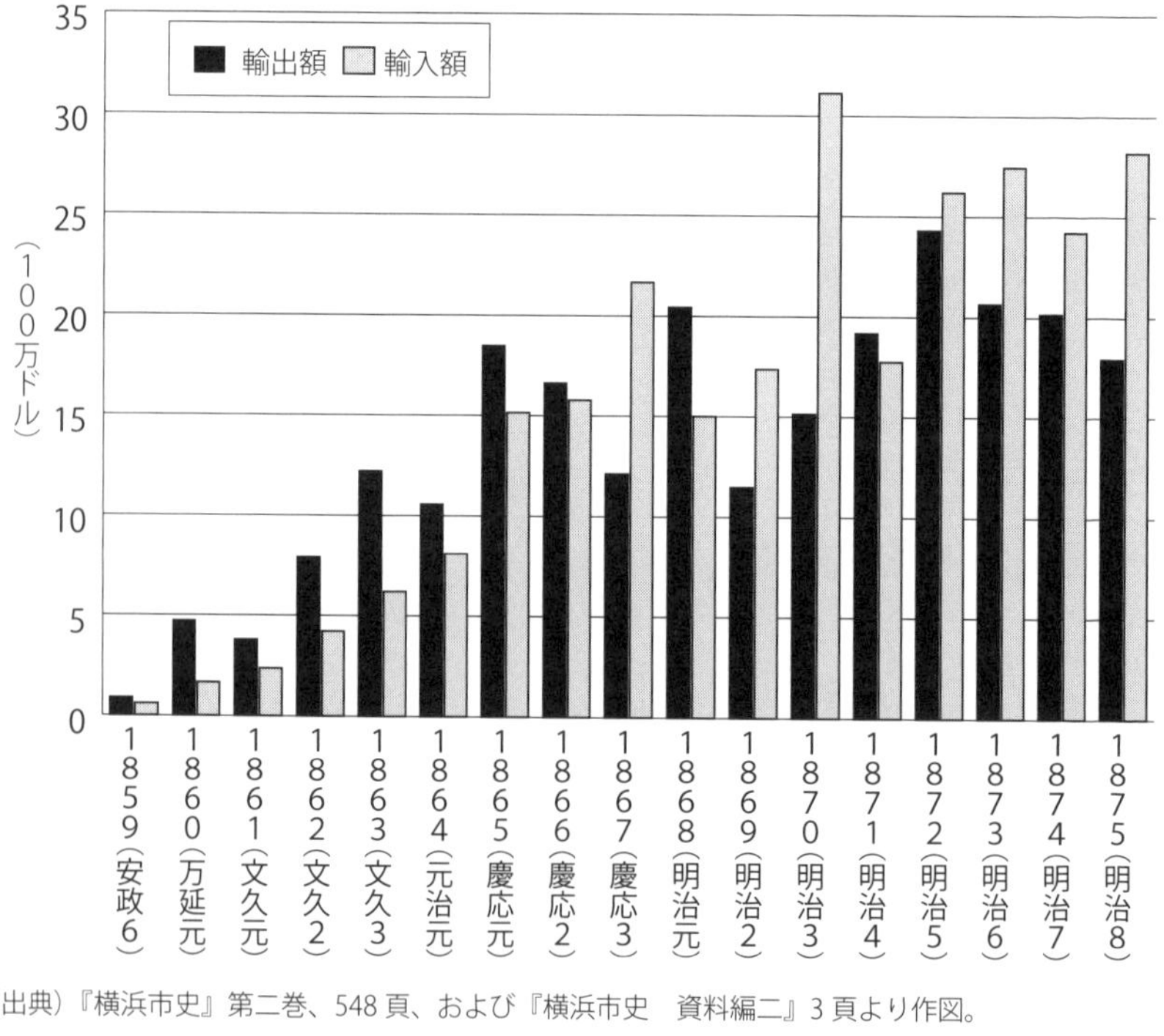

（出典）『横浜市史』第二巻、548 頁、および『横浜市史　資料編二』3 頁より作図。

阻害要因となった。

しかし翌文久二年になると、輸出は七九二万ドルと前年比倍増を遂げる。公儀が輸出を抑制しようとしても、庶民たちはたくましく増産し、輸出を発展させていったことがわかる。文久三年（一八六三）、輸出額は一二二一万ドルに達し、輸出に占める生糸の割合は八〇％に達した。

ところが文久三年に、第5章で述べるように、「朝廷」の攘夷指令を受けて「幕府」が「横浜鎖港」方針を掲げ、生糸輸出を規制するようになった。また長州藩による下関での無差別砲撃や下関海峡封鎖などが発生したため、元治元年には輸出が大幅に低下した。しかし薩英戦争と下関戦争の結果として、薩長の攘夷勢力が一掃されると、慶応元年には前年比一・八倍のV字回復を遂げている。

一般財に対する関税率二〇％という条件の下、開港から慶応二年まで貿易収支は一貫して黒字であった。輸出を牽引した生糸は、この後も第二次大戦に突入する昭和一六年（一九四一）まで、日本の輸出第一位の地位を保持し、日本経済を牽引していくことになる。

関税収入の推計

慶応元年（一八六五）には、輸出額が一八四九万ドル、輸入額は一五一四万ドルに達した。これは財政収入にも多大な寄与をもたらしたものと思われる。当時の関税収入の統計が残っていないため、『横浜市史』の輸出・輸入額の推計値から、公儀が得ていたはずの関税収入を大雑把に推計してみたい。

まず輸出税は五％なので、輸出税からの歳入は約九二万ドル（一八四九万×〇・〇五）程度に達したはずである。次に輸入税であるが、一般の商品は二〇％であったが、前節で述べた通り、英国の要求によって綿製品と毛織物製品が五％関税とされてしまっていた。慶応三年、綿製品と毛製品の日本の輸入量はじつに七〇％を占めていた。そこで輸入品の七割が五％関税で、その他が二〇％関税であったとして計算する（ただし酒類の関税率が三五％、コメやパンなどのそれが五％であることを考慮していないので正確ではない）。慶応元年の平均関税率は、およそのところで九・五％（五×〇・七＋二〇×〇・三）程度であったと思われる。すると輸入税からの歳入は、一四四万ドル程度。輸出税と合計すると関税収入は、二三七万ドル程度になる。一ドル＝〇・七五両とすれば、関税収入はおよそ一七八万両ということになろう。

当時の徳川政権の財政収入は、年貢収入と直轄鉱山からの収益などを貨幣換算し、あわせて四〇〇万両程度だった。関税だけで、貿易開始前の財政収入の半額近くに達していたのである。本来ならば、綿製品・毛製品への関税も二〇％を維持できている状態が最良であった。しかし、この程度の水準の関税収入であっても、これを維持できていたら、日本はもっと迅速に、工業化・近代化を遂げていたことは疑う余地がない。

しかるにイギリスの自由貿易帝国主義は、それを許さなかった。下関戦争を契機として、オールコックに代わって英国公使になったハリー・パークスは、さらなるイギリス製造業の希望に従って、関税率の一律五％への削減を執拗に要求。ついに慶応二年にそれを呑まざるを得なくなる。その帰結は、輸入の急増による大幅な貿易赤字と歳入不足であった。これについては第5章で論じたい。

第4章

日本の独立を守った“市井の庶民”たち

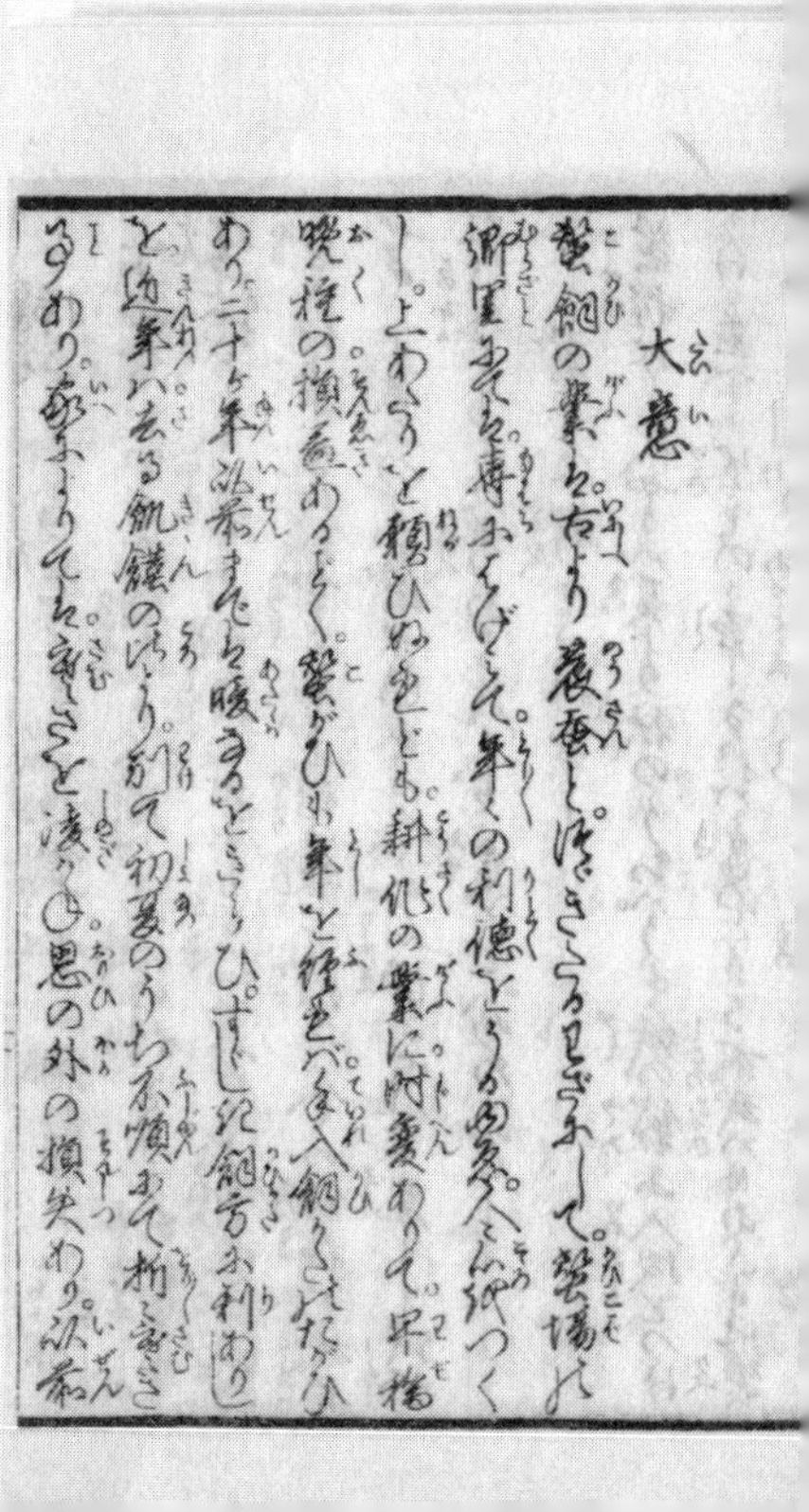

［章扉の図版］

［左］藤本善右衛門縄葛

父・藤本善右衛門保右は、優れた糸質を持ち黄金色をした新しい蚕種「黄金生」を育成した。息子の縄葛は、さらに交配を重ねて品種改良をし、蚕種「信州かなす」を生み出した。これらの開発によって、上田藩の上塩尻村は蚕種生産のメッカとなった。（藤本蚕業歴史館蔵）

［右］藤本善右衛門保右が著わした『蚕かひの学』

保右は、奥州・関東の各地を回って習得した養蚕技術を解説した『蚕かひの学』を、天保12年（1841）に出版した。

（NPO長野県図書館等協働機構蔵）

右派と左派に共通する「不平等条約史観」

「不平等条約史観」によれば、「幕府」は、列強に強いられて不平等な条約を結ばされたものの、開港後の貿易の見通しについても定見はなく、開港による物価高騰で社会不安が起こっても十分に対処できず、列強にふりまわされて右往左往するのみであった、とされる。その中で、尊王攘夷の「志士」たちが起ち上がり、彼らの運動のエネルギーの中から近代国家の思想が芽生え、やがて攘夷の無理を悟った志士たちが開国派に転じる中で、明治維新という近代的社会変革につながったと評価されてきた。尊王攘夷運動のエネルギーは、維新の原動力として肯定的に捉えられる。このストーリーは、大まかには第二次大戦前でも大戦後でも、ほぼ同様なものとして語られてきた。

丸山眞男は、太平洋戦争中の昭和一九年（一九四四）に『国家学会雑誌』に掲載された論文において、以下のように論じている。

> 最も熱烈な「攘夷」論者にして同時に積極的な開国論者たりしもの少なからず（佐久間象山・吉田松陰・大国隆正等）、逆に開国論といふも、その本来の内面的傾向はむしろ最も保守的な鎖国論であって、ただ現下の情勢に推されての止むをえざる開国論にとどまるものであった。[1]

▼1　丸山眞男『日本政治思想史研究』東京大学出版会、一九五二年、三四七～三四八頁。

丸山は、井伊直弼を事例に出しながら、幕閣の開国論の根っこは保守的鎖国論であったと論じ、他方で吉田松陰や大国隆正のような神国思想の持ち主たちを「積極的な開国論者」と評価した。戦時中だからこのように書かざるを得なかったのだろう、と思われるかもしれない。ところが丸山は、敗戦後においても、基本的にこの評価を変えていないのだ。「知の巨人」と称賛された丸山のような研究者が、ひとたびこのようなドグマを打ち立ててしまったら、容易に覆すことなどできない。松平忠固も、井伊直弼と同様、「止むをえざる開国論」のカテゴリーでひと括りにされ、真剣に研究するに値しない人物とみなされ、その政策内容は顧みられなくなったのも無理はなかった。

戦後に興隆した左派のマルクス主義史学も、丸山と同様、幕府の開国論を保守的なものとしつつ、攘夷派のエネルギーを近代的主権国家形成の契機とする、戦前からの見方を踏襲した。例えば、宮地正人の『幕末維新変革史（上・下）』を紐解いてみよう。この書は、講座派マルクス主義の歴史観に立脚しつつ、近年でもっとも体系的に明治維新の通史を書ききった大著である。同書の序文には、以下のように記されている。

〔……〕欧米列強が主導する軍事力を背景とした世界資本主義の包摂過程に対し、非キリスト教世界のいかなる地域と国家においても、摩擦なし、抵抗なしの『開国主義』は、例外なく当該地域と国家の従属化と植民地化の第一歩となっていった。

この世界資本主義への力づくの包摂過程に対し、日本は世界史の中でも例外的といえるほどの激しい抵抗と対外戦争を経、その中で初めて、ヨーロッパでは一七世紀なかば、絶対主義国家体制のもとで確立された主権国家というもの（筆者はこれを天皇制国家の原基形態と考えている）を、一九世紀七〇年代、欧米列強により不平等条約を押し付けられた東アジア地域世界にあって創りあげた。▼2

すなわち、列強による軍事力を背景とした「世界資本主義」への力づくでの「包摂」に対し、日本は激しい抵抗と戦争を繰り広げ、それが「不平等条約を押し付けられた」東アジア世界の中にあって、例外的に独立を維持し得た要因と見る。すなわち尊王攘夷運動は、近代主権国家の意識を生み出した契機として評価される。

しかしながら、激しい抵抗を繰り広げたインドが植民地になり、同じく抵抗した中国が半植民地になった一方、抵抗せずに「不平等条約」を受け入れたタイは独立を維持している。こうしたアジア諸国の事例を検討していけば、宮地の見解が誤りであることはすぐにわかる。

宮地の見解は、左派の代表的な歴史観であるが、戦前からの皇国史観を継承する右派の歴史観もこれに共通する。保守派の日本会議系の歴史学者である松浦光修は、明治維新一五〇周年の二〇一八年に出版した『明治維新という大業』の中で、次のように述べている。

わが国には、かつて「攘夷」という思想がありました。あった……というだけではありません。その言葉に生きて、散った幕末の人々は、おびただしい数にのぼります。しかし、近代化の進展とともに、その思想は、しだいに瞼を閉じはじめ、大東亜戦争の後は、長く深い眠りに入ったままです。

〔……〕

わが国の〝体たらく〟をまねいた原因の一つは、もしかしたら「攘夷」という精神を、日本人は忘れてしまった……というところにあるのかもしれません。[3]

松浦の歴史観を、ひと言で述べれば「攘夷史観」ということになろう。日本は豊臣秀吉の時代から

▼2　宮地正人『幕末維新変革史（上）』岩波現代文庫、二〇一八年、iii～iv頁。
▼3　松浦光修『明治維新という大業――〝大東亜四百年戦争〟のなかで』明成社、二〇一八年、一七四～一七五頁。

四〇〇年間に及ぶ攘夷戦争を戦いぬくことによって、民族の独立を維持したのだという見方である。この歴史観の中からは、戦争することなく二五〇年の平和を謳歌した江戸時代のような期間は、すっぽりと抜け落ちてしまう。

列強諸国の侵略の脅威を敏感に感じ取った人々が、民族的覚醒を経て抵抗運動を繰り広げ、それによって日本は独立国家の地位を維持し得たという歴史観は、左派にも右派にも共通することがわかるであろう。左派と右派は互いを「敵」とみなし、犬猿の争いをつづけてきたが、少なくとも明治維新の評価については、互いに「味方」なのである。

貿易に積極参画しようとする庶民こそ独立の原動力

こうしたなか、近年では、これら「左右共通の歴史観」に異議を唱える者が増加している。例えば、出自が講座派歴史学でありながら、従来の歴史観の見直しを訴えてきた歴史学者に、井上勝生がいる。井上は以下のように述べている。

> 貿易の開始を、在来産業が壊滅させられ、社会に「不安と混乱」が巻き起こったと見るのは一面的にすぎる。貿易初期について見ても、生糸売り込み商人の盛んな活動に代表されるように、貿易への参加が広範にみられ、それが日本の独立の真に広大な基盤になった。▼4

井上は、従来の講座派史観に異を唱え、日本が独立を維持したその基盤は、尊攘運動という民族的抵抗などにあるのではなく、広範な人びとの貿易への積極的な参画にあったと見る。攘夷派の「志士」たちは、排外主義に凝り固まって外国人襲撃テロを繰り返したのに対し、多くの庶民たちは外国に偏見などを持たず、開港を「好機」と捉え、貿易への参入を試みた。尊王攘夷思想に感染せず、外国語を学び、開国という事態に積極的に適応しようとした、広範な庶民たちの活動こそ、日本の独立の真の基盤になったというのだ。

だが宮地正人は、井上の見解を批判して、次のように述べている。

私は、明治維新史を専攻してきたが、幕府の開明性を支持し連携しながら、世界市場へのスムーズな参入を志し、実現した日本商人なるものの実例を一つも知ることは出来なかった。幕府においては、その困窮する財政状況のもと、経済政策としてとられたのは、物価高騰をひきおこす貨幣改鋳政策であると共に一八六〇年の五品江戸回送令であり、一八六六年、一部の特権商人と結託しての蚕種生糸運上徴税政策であった。後者がこの年の奥州信達地域と武州全域での世直し一揆の原因となったのは、周知の事実である。▼5

この見解は正しいのであろうか？　確かに、松平忠固と堀田正睦が失脚した後、井伊政権の下で五品江戸廻送令など貿易を制限しようとする政策が出されたことは事実である。しかし庶民たちは、そうした妨害があっても、なおたくましく貿易を発展させた。財政的困窮から生糸の運上徴税政策が課されたのは、後述するように、攘夷派によるテロや長州藩の下関戦争によって、列強から莫大な賠償金を課せられた挙げ句、虎の子の関税収入を失ってしまうなどの混乱の結果であった。

すなわち攘夷派によるテロ活動が無用な混乱を生み、貿易を妨害し、財政の困窮化を招いたのであるし、日本の自立を脅かしたのである。それがなければ、日本はより迅速に円滑に近代国家として発展していたはずである。本章と次章でその根拠を示したい。まず宮地は、「幕府の開明性を支持」しながら「世界市

▼4　井上勝生『シリーズ日本近現代史①　幕末・維新』岩波新書、二〇〇六年、一一三頁。
▼5　宮地正人『通史の方法――岩波シリーズ　日本近現代史批判』名著刊行会、二〇一〇年、二三頁。

場へのスムーズな参入を志し、実現した日本人商人」の実例を知らない、ということなので、まずそうした商人たちを紹介することからはじめたい。

上田城下商人の「出府日記」

上田藩主の松平忠固は、第2章でも見た通り、条約調印に先立つ安政四年（一八五七）四月、上田産物会所を国元と江戸に設置し、生糸輸出の準備をはじめていた。現場で輸出の準備を行なったのは、武士ではなく上田の商人たちであった。

本章は、松平忠固との関連で上田藩の輸出政策を中心に叙述するが、あくまで事例である。「幕府の開明性を支持し連携しながら、世界市場へのスムーズな参入を志し」た商人たちの事例は、枚挙にいとまがない。そうした中でも、上田藩に注目する必要性があるのは、開港初年度に生糸輸出の先鞭をつけたという点においてである。松平忠固という政治指導者と庶民たちとの連携のもと、海外貿易の準備が行なわれ、「世界市場へのスムーズな参入を志し」た事例となるであろう。第2章では、藩主の忠固側の視点で上田藩の交易事業を紹介した。本章では庶民側に視点を移して論じたい。

横浜の開港の初年次、上田の城下商人たちは、松平忠固が設置した産物会所を活用し、上田の物産を江戸に送り込んだ。第2章でも論じたように、「藩専売」の集荷体制を紀州藩や上田藩などいくつかの藩が構築していたことが、開港初年度から大量の茶や生糸が横浜に集められ、輸出が発展する鍵となった。[6]

横浜開港に先立つ安政六年（一八五九）三月、開港準備のため上田の城下商人たちが江戸に上っていった。このとき江戸に出ていった上田城下商人の伊藤林之助は、横浜開港前後の様子を「出府日記」に記している。この伊藤の日記は、二〇〇六年に上田の郷土史家の阿部勇によって発見・解読されたもので、横浜開港前後の様子を知ることができる第一級史料として注目されている。以下、阿部勇の研究に依拠して、その内容を紹介させていただきたい。[7]

伊藤林之助は、同僚の町田吉五郎とともに、上田の「産物世話役」に任命された。産物世話役とは、輸出用産品を選定し、それを売り込む担当者である。この大役を委ねられた伊藤は、このとき弱冠二〇歳の若さであった。若い体力とみずみずしい感性が必要とされたがゆえの抜擢であったのだろうか。

伊藤は、二月二九日に上田を発ち、三月四日に江戸の浅草の上田藩邸に到着した。到着した当日、藩主の松平忠固から御馳走をふるまわれ、その労をねぎらってもらったことは、第2章で紹介した通りである。その後、伊藤らは数日間、上田藩邸の「御長屋」に滞在し、新堀に居を移した。忠固が設置した上田産物会所は南新堀（現・中央区新川）にあったので、そこからほど近い場所に居を見つけたのである。伊藤は、上田産物会所を拠点に活動を開始する。

三月一七日、伊藤は、上田の輸出候補の物産三七品目をリストアップし、それを商人の中居屋重兵衛に送付している。中居屋の日記によれば、上田藩は藩専売の物産リストを三月一八日に正式に中居屋に提出しているが、伊藤の日記と中居屋の日記を照合すると、実際に準備を行なっていたのは、伊藤らであったことがわかる。

三月二七日の伊藤の日記には、中居屋重兵衛宅に出向き、「神奈川交易ならびに地所」の話をしたと記されている。伊藤は、中居屋とともに、横浜に開店予定の店舗を構える候補地を選定する作業も行なっていた。

中居屋重兵衛の開港準備

上州嬬恋《つまごい》の中居村出身の中居屋重兵衛は、上田の産物会所が集荷した生糸を一手に扱い、近代日本最

▼6　西川武臣『幕末明治の国際市場と日本――生糸貿易と横浜』雄山閣出版、一九九七年。
▼7　阿部勇『上田は信州の横浜だった』上田小県近現代史研究会ブックレット二一、二〇一三年。

初の大輪出商人となった人物である。本名を黒岩撰之助という。嬬恋は、上田藩と鳥居峠を挟んで隣接し、戦国時代には、上田から北上州に広がっていた真田氏の領地であった。嬬恋も養蚕が盛んで、上田とは経済的に密接につながっていた。活火山の浅間山と草津白根山の裾野にあり、天明の浅間山の大噴火で大きな被害を受けたことでも知られている。同時に、温泉が多く、火薬原料の硫黄を産するなどのメリットも多かった。硫黄の産地であることから、火薬の製造が盛んであり、黒岩撰之助も元来は火薬の研究者であった。[8]

重兵衛とともに中居屋を創業した大番頭は、中居屋重右衛門であり、本名を松田玄冲という。松田はもともと上田藩に隣接する信州丸子の飯沼村の医師であった。松田も火薬の研究に従事していたので、火薬を通して黒岩撰之助との交流が生まれたものと思われる。[9]

丸子は、現在でこそ上田市に編入されているが、江戸時代は、公儀直轄地、上田領、小諸領、岩村田領などが入り組んだ複雑な地域であった。松田玄冲の生まれた飯沼村は、上田領ではなく、岩村田藩一万五〇〇〇石の飛び地であった。

近代日本最初の大輪出商である中居屋は、山間の養蚕地域出身の黒岩撰之助と松田玄冲の庶民コンビによって誕生したのである。のちに中居屋が弾圧を受けた際、松田玄冲は関係資料を故郷に移したようで、中居屋の日記や帳簿などの資料はいずれも丸子の飯沼で発見された。

中居屋に出入りしていた諸藩

中居屋の日誌（「昇平日録」）が、開港に向けた準備期間中の安政六年（一八五九）の一月元日から三月末日まで残っている。中居屋は会津藩・紀州藩・上田藩と契約し、それら諸藩の輸出向け物産を取り扱うようになる。中居屋の日記からその過程を確認しておこう。[10]

一月六日には、会津藩交易掛《かかり》の中野平内が、中居屋に年始の挨拶にやってきている。会津藩と中居屋は

図 4-1　上田城と黒岩撰之助・松田玄冲の生家の位置関係

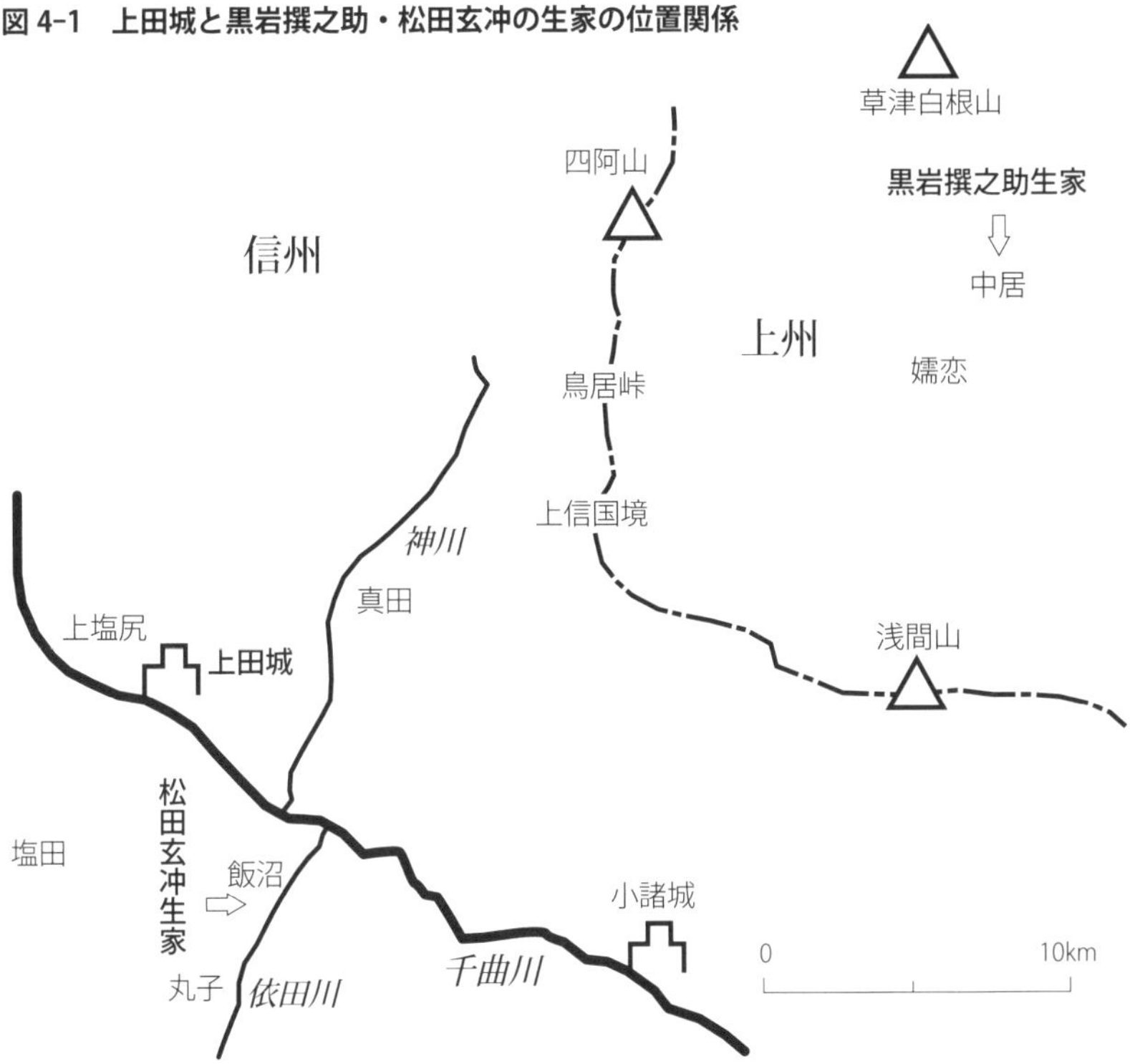

図 4-2　丸子町飯沼の名主で、松田玄冲を支えた吉池家

中居屋重兵衛とともに中居屋を築いた松田玄冲は、飯沼で生まれた。生糸で栄えた名残りとして、今もこうした重厚な家屋が並ぶ。（著者撮影）

前年から接触していた様子で、順調に交渉を重ねている。三月五日には、会津の国元より藩の物産取り扱いを中居屋に委託する「御進達」が出されている。

将軍・徳川家茂の出身藩である紀州藩も、中居屋と一月から接触し、順調に交渉を進めている。三月一〇日には、中居屋が外国奉行の水野忠徳に紀州物産の取り扱いを申請したところ、何か書類に不備があったのか、水野が難色を示し、不受理となった様子である。ちなみに外国奉行の水野忠徳は、将軍継嗣問題で一橋派として活動し、忠固を失脚させようと画策していた一人である。紀州藩に何か遺恨があった可能性もあろう。それでも紀州物産の取り扱いは、一五日に正式に受理された。

ついで一月二一日に、上田藩の上田産物会所の主人が「交易の儀」につき、中居屋に談判に来たとある。上田産物会所の側から中居屋に接触を開始したようである。その後順調に交渉が進み、三月五日には、藩主の松平忠固が藩の物産を中居屋に取り扱わせることを正式に許可する「御進達」を下している。

以上の三藩のほかにも、棚倉藩、南部藩、秋田藩、尾張藩なども中居屋と接触したという記録があるが、三月末の時点では契約にはいたっていない。

諸藩以外では、用賀（武蔵）、小諸・諏訪・上田（以上信州）、伊豆、遠江、小田原、群馬など各地の富農や富商が個別に中居屋に出入りし、中居屋で扱う商品の荷主になろうと交渉している。横浜開港に向けて諸藩と庶民たちが活発に動きはじめていた。

紀州・会津・上田藩の輸出物産候補

四月二六日、公儀は中居屋が横浜に出店することを正式に許可するとともに、紀州・会津・上田の三藩の物産を輸出することも承認し、中居屋横浜店の建設がはじまった[11]。早くから輸出の準備をしていたこれら三藩が、輸出の先鞭をつけることになったのである。開港初年度に中居屋の扱った物産の多くは、これら三藩が「藩専売品」として供給したものだった。

上田商人の「原町問屋日記」に、中居屋が扱った三藩の物産リストが記載されている。中居屋で取り扱った商品は、表4－1の通りである。安政六年当時、どの日本物産に国際的需要があり、競争力があるのか、どの藩も暗中模索で、手探りで輸出できそうな商品を選定していた様子だ。紀州・会津・上田藩も、じつに多くの物産を国元から取り寄せ、輸出を試みている。

紀州藩の扱う物産には棕呂箒《しゅろほうき》、会津藩には刀剣、上田藩は石炭油・鋸《のこぎり》などの品目が見られる。このようなものまで輸出しようとしていたのかと、かなり驚く。これらの品々を見ると、試行錯誤の苦労の様子が見て取れる。日本の輸出物産の選定は、予定調和に進んだわけではなかったのである。

紀州が輸出を試みた物産の末尾に「茶」がある。これは日本第二位の輸出品目となった。そして、会津物産の五番目には「絹糸」、上田物産の筆頭には「白絹糸」とある。この絹糸・白絹糸こそ、開港初年度から太平洋戦争の勃発する一九四一年まで、八二年間の長きにわたってほぼ継続して日本の輸出第一位品目となり、少ないときでも二五％、多いときには四〇％以上の外貨収入を叩き出し、日本経済を支えつづけた生糸なのである。これら三藩が試行錯誤で選び出した物産の中に、後年の日本経済を支える品目が含まれていた。

尊攘活動を繰り広げた西南「雄藩」中心の歴史観では、紀州・会津・上田などの藩は「佐幕」であり「守旧」で「保守的」とみなされてきた。しかしながら、西南「雄藩」の「志士」たちが尊攘熱に浮かれてテロに明け暮れているあいだ、これらの「守旧」藩は、茶や生糸などを有望な輸出商品として開拓して

▼8　西川武臣「横浜開港と生糸売込商中居屋重兵衛」（阿部勇他編『蚕都信州上田の近代』岩田書院、二〇一一年）、三七～六八頁。
▼9　前掲書。
▼10　中居剛屏『日新録：安政六年一月一日～四月一日 横浜開港の先駆者 中居屋重兵衛手記』（私家版）、一九五八年。
▼11　阿部勇、前掲書、三六頁。

いったのである。

また、こうした物産を選定し、横浜まで運び込んだのは、伊藤林之助のように、「藩士」でもない各地の商人たちなのである。西南「雄藩」の「尊攘志士」の「活躍」に焦点を当てる政治史を中心に叙述されてきた明治維新の「物語」は、重大な点を見落としているのだ。

横浜開港と貿易事始

伊藤林之助の日記からは、さまざまな新事実が明らかにされている。それまで不詳だった中居屋の開店日は、六月一九日であることが明らかになった。六月二日に横浜が開港していたにもかかわらず、中居屋の開店が六月一九日とは、ずいぶん遅いようにも思われる。

これは第3章で見たように、公儀が貿易決済用の新通貨である新二朱銀を発行し、ハリスやオールコックがそれを条約違反と申し立てて紛糾していたため、開港直後はほぼ貿易ができない状態だったためであろう。六月二三日に、公儀が新二朱銀の発行を撤回し、ようやく貿易取引が本格化するようになった。

伊藤林之助ら、藩専売物資を扱っていた商人たちは、中居屋に常駐していた。伊藤の日記によれば、中居屋開店当日の様子は、以下のようであった。

一九日朝店開之節イギリス人参り、大井《おおい》に噺相分り上座品々見せ申

表 4-1　開港当初の中居屋が扱った紀州・会津・上田藩の物産リスト

紀州藩	漆物、木綿類、傘類、棕呂箒、棕呂皮、みかん、九年母、生蠟、干藻類、葛、陶器類、茶
会津藩	漆器類、人参、麻苧、織物、絹糸、絹織物、真綿、煙草、新刀剣、刀剣付属品、藻草
上田藩	白絹糸、絹織物類、木綿、真綿、麻苧、うるし、紙、生蠟、傘類、石炭油、松油、人参、麦粉、鉛、鋸、鏟、煙草

（原史料）安政六年「原町問屋日記」。
（出典）西川武臣『幕末明治の国際市場と日本』雄山閣、1997 年、34 頁。

し候。[12]

開店当日の朝、それを待っていたかのようにイギリス人が来店し、「大いに話が盛り上がり、上田の上座の品々を見せた」というのだ。ここに書かれた「上座品々」とは、上田藩の扱う物産の筆頭に掲げられていた「白絹糸」のことであろう。イギリス商人たちは、中居屋の絹糸にかねて目をつけており、開店当日に店に飛び込んできた様子である。

この伊藤の記録こそ、確実な一次史料で確認できる、日本最初の生糸輸出の商談なのである。英語などまだ片言しかわからなかったであろう伊藤林之助は、ほとんど身振り手振りで、開店初日からイギリス人相手に商談をし、「大いに話が盛り上がった」という。開港直後の熱気が伝わってくる。

六月一九日の朝、イギリス人との商談で盛り上がった後、中居屋に詰めていた上田商人の武蔵屋祐助が「昼九ッ時〔正午〕、極内々に帰宅」[13]とある。早朝の商談の後、その日の正午に、武蔵屋が極秘に横浜から上田に帰国したというのだ。武蔵屋祐助は、生糸を追加発注すべく上田に急行したのであろう。武蔵屋が上田に帰着後、上田の国元の産物会所は、六月二四日に合計一〇駄の生糸を横浜へ送ることを決定している。[14]これは、中居屋開店当日の一九日の朝に、イギリス商人から大量の生糸の注文が舞い込んだことを裏付けている。

弱冠二〇歳の伊藤林之助は、体当たりのコミュニケーションにより、イギリス、オランダ、アメリカの商人たちと次々に商談をまとめていった。伊藤のような生糸商人たちの活躍により、日本の生糸は、海外でその品質を高く評価され、飛ぶように売れることになった。

六月二三日の伊藤の日記には、イギリス人が神奈川に上陸したので見物に出かけ、荷物をたくさん持参

▼12　前掲書、四三頁。
▼13　前掲書、四七頁。
▼14　前掲書、四九頁。

してくる女性たちに見とれ、美人であるという感想が記されている。[15] いかにも若者らしい記述である。

中居屋研究の第一人者である西川武臣の推計によれば、開港初年度の日本の輸出の八割は生糸であり、さらに全生糸輸出の五割以上は中居屋が扱っていた。[16] 上田の「滝沢家文書」の八月一〇日の記録によれば、上田産物会所がオランダ商人とフランス商人にあわせて一万斤（約六トン）の生糸を販売したとあり、この一日の販売記録のみで、開港初年度の生糸輸出の四％に達している。[17] ほかにイギリス、アメリカからも次々と注文が舞い込んでいるので、正確な統計数値は残っていないものの、開港初年度に輸出された生糸の最大の供給元は、上田産物会所だったと思われる。松平忠固が政治生命を賭して描いてきたプランが、庶民たちの力によって、ついに実現したのである。

上田領内の生糸のみでは、イギリス、アメリカ、オランダから次々にやってくる注文を満たすには量的に足りない。上田の産物会所の商人たちは、各地で生糸を買い集めて横浜の中居屋に送るようになった。しかし、各地の生糸をかき集めて輸出に回すという行為が、井伊政権の怒りに触れることになってしまったのである。

中居屋の営業停止処分

開港二か月目の八月には、中居屋と懇意であった岩瀬忠震と永井尚志に永蟄居処分が下された。翌九月には松平忠固が急死する。そして一一月に中居屋弾圧がはじまった。当時、紀州・会津・上田の藩専売物産を独占的に扱っていた中居屋は、大量の生糸を集積して一人勝ちの状態であった。これを脅威と感じたのか、三井横浜店は、中居屋の生糸独占を問題にして公儀に訴えた。[18] 三井の訴えが聞き届けられたためか、一一月中旬には中居屋に営業停止命令が下ったのである。

営業停止は恒久的なものではなかったが、開港後の輸出用生糸の五割以上を扱っていた最大手の中居屋は、この処分で大打撃を受け、ついに往時の勢いを取り戻すことはできなかった。

中居屋大番頭の松田玄冲が、国元に宛てた書簡には「張銅一条ニ付、閉店被仰付」[19]と記されている。営業停止の表向きの理由は、屋根を銅板葺きにするなど豪華すぎる中居屋の普請が問題にされ、閉店を命じられた、ということになっている。

中居屋重兵衛は、開港後に日本生糸の品質の良さを世界にアピールし、生糸輸出を軌道に乗せるという光彩を放った後、この事件によって歴史の表舞台から姿を消す。中居屋研究の第一人者である西川は、「銅板葺き」は口実にすぎなかったとし、生糸貿易の急増で国内市場に生糸が流れなくなったことに「危機感を強めた幕府の保守派官僚の存在があった」のではないか、と推測する。[20]中居屋は、当初こそ上田や会津など藩専売の生糸を集荷して輸出していたが、増大するばかりの諸外国からの注文に応えようと、藩専売とは関係なく各地から大量の生糸を集めるようになった。国内市場に生糸が流れなくなったことが問題にされ、弾圧を受けることになった。そして翌年の「五品江戸廻送令」につながっていった。

上田藩の商人たちの処分

井伊政権の中居屋弾圧は、上田藩にも波及した。井伊政権に忖度したのか、忠固亡き後の上田藩は、中居屋に出荷していた城下商人たちの摘発・処罰を開始するのであった。

中居屋弾圧の後、翌万延元年（一八六〇）四月には、伊藤とともに上田藩の産物世話役に任命されてい

▼15　前掲書、三五頁。
▼16　西川武臣、前掲『幕末明治の国際市場と日本』。
▼17　前掲書、三六頁。
▼18　西川武臣、前掲「横浜開港と生糸売込商中居屋重兵衛」、五二〜五四頁。
▼19　前掲書、五八〜五九頁。
▼20　前掲書、六〇頁。

た商人の町田吉五郎と、上田の生糸を中居屋に集荷する役割を果たしていた武蔵屋祐助の二名が処罰されている。武蔵屋祐助は、中居屋の開店当日にイギリスの注文に応えようと極秘のうちに急ぎ上田に帰国したあの人物である。両名は「不正取引」によって役職罷免となった。

上田の宮下家に伝わる文書では、町田の罷免について、「不正取引計向も有之、〔……〕産物世話役差免押込申付」とある。武蔵屋の罷免については、「身分不相応の所行いたし、不埒に付、〔……〕押込申付」とのことであった[21]。町田は「不正取引」、武蔵屋は「身分不相応の所行」と、具体的にどのような違反行為を行なったのか明記されていない。

西川の研究によれば、町田らは「『産物会所』に集荷された生糸だけでなく、『御用』の合間に乗り合いで生糸を集荷し、多額の利益を上げた」ことが問題にされた[22]。

上田藩の勘定方は、産物会所で運上を取ることによって、火の車だった藩財政を好転させようとしていた。規定では、上田産物会所は売上金の二%を藩に上納することになっていた[23]。二%の運上金は、現代における一〇%の消費税と比べ、まったく高いわけではない。藩にこれを支払っても、もちろん商人たちは、なお多額の利益を上げることができる水準であった。

しかし、産物会所を運営する側の商人たちが「御用」の道中で各地の生糸を買い集め、産物会所を通さずに、直接横浜に出荷して利益を上げるようになってしまったのでは、上田藩の財政は好転しない。これが「不正取引」の内容だと思われる。

もっとも上田藩当局は、町田と武蔵屋を摘発したものの、商人が各地で生糸を買い集めて横浜に送るのを片端から摘発することは難しかっただろう。井伊政権の五品江戸廻送令は、全国レベルにおいて、そうした動きを阻止しようとする取り組みだったと言える。しかしこの施策も、数年後には有名無実化していった[24]。

上田の商人たちは、中居屋が一時営業停止処分を受けても、挫けなかった。中居屋の営業停止処分で大打撃を受けたと思われるが、万延元年六月以降、上田藩は生糸の出荷先を中居屋から永喜屋に変更して輸出を再開した。[25]

商人たちは、弾圧で屈するようなことはなかった。やがて上田藩では、多額の利益をあげて「生糸御殿」を建設する人々が続出した。その一方で、藩財政がそれほど好転した様子はない。進行していたのは、まさに近代資本主義の波が、封建制の基盤そのものを切り崩していく過程であった。井伊政権の妨害があり、さらに文久年間には禁裏からの攘夷圧力に屈して横浜鎖港方針が出されるなど、混乱や紆余曲折はあったが、生糸輸出は政治的な障害を乗り越えて発展していくのであった。

「佐幕派」「保守家」と呼ばれつづけた忠固が、生涯を賭けて取り組んだ政策こそが、封建制の殻を破って、日本を近代化させていく起爆装置となったのである。忠固は日本資本主義の功労者の一人といえる。忠固は、こうなることをある程度は予想していたのか、あるいは彼の思惑をはるかに上回る事態が展開されたのか、それについては忠固本人に聞いてみなければわからない。

物価高騰の影響は限定的

通説では、横浜開港後の物価高騰により、民衆の攘夷熱が高まったと言われている。開港以降の急激な物価高は、生糸・茶をはじめとする一部の商品が輸出用に流れ国内市場への供給不足が生じたこと、輸出超過により洋銀が大量に流入しマネーサプライが増加したこと、万延小判の発行で金貨の価値が大幅に下落したことなど、いくつかの要因が複合的に作用して物価高に拍車がかけられたのであろう。しかし、従

▼21　前掲書、五一～五二頁。
▼22　前掲書、五一頁。
▼23　前掲書、四六頁。
▼24　横浜市編『横浜市史』第二巻、横浜市、一九五九年、三六四～三六八頁。
▼25　西川武臣、前掲書、六二頁。

来、物価高騰による「不安と混乱」が、実態以上に過剰に強調されてきたきらいがある。

物価高騰による社会不安と攘夷熱の高まり、という分析は一面的である。攘夷熱を高めたのは主として武士階級であり、庶民は冷静に対処しようとしていた。イギリス公使のオールコックは、物価高騰で敵意を強めているのは官吏と上層階級のみであり、庶民は外国人に対して敵意を抱いていないとして、次のように述べている。

我々は、物価が上昇しており、その責任が我々に帰されていることを閣老たちからよく聞いている。しかしながら、一般の人びとがこういう考えをもっているということを示す確かな証拠はない。確かなことは、我々が接したかぎりにおいて、一般大衆は少しも悪意を見せていないし、それどころか、すすんで貿易を行ないたいという願望を持っていることだ。すべての敵意や貿易規制といった考えは、外国貿易を奨励している人びととして称賛されている官吏や上層階級から出ているのだ。[26]

オールコックの言うことだから信頼できる、と言うつもりは、もちろん毛頭ないが、少なくともこの分析については正しいだろう。当時、日本の実情をよく知らないイギリス本国の新聞『ザ・タイムズ』が、条約を推進している日本の官吏たちに賛辞を送る一方で、貿易の結果として起こった物価高騰で日本の庶民は困って反発を強めているという記事を載せていた。オールコックはその記事を読んで、反論の意味でこの文章を書いたのだ。

たしかに物価高騰によって、一部の武士階級は敵意をたぎらせた。武士たちは、自ら生産活動には従事しない「消費階級」であったから、物価が上がれば生活は困窮する。こうした人々が攘夷熱を高めていった。

しかし、一般的な庶民は外国人に対して敵意を見せていないし、むしろ、さらに積極的に貿易をしようという意欲を見せていた。自ら生産活動に従事する庶民たちにとって、物価上昇は収入の増加も意味する。

収入の増加が、支出の増加を上回れば困窮することはない。とりわけ生糸や茶の生産地域などは大いに潤い、人びとは生産意欲を高め、経済は活性化し、庶民の生活水準は向上していったのである。

日本生糸の品質の高さ

開港直後から日本の生糸が飛ぶように売れたのは、それだけ品質がよかったからである。オールコックは、開港からちょうど一年が経った頃の日記に、以下のように記している。

> 通商の面で、開港してから最初の一年の間に確かに達成されたことにかんしていうと、日本は茶と絹の双方において、本国市場に供給したとき、中国製品と競争して、なお有利な品質と価格で供給し得るということがはっきり確認できた。過去一二か月間に輸出された約一万五千箱の茶と三千梱を上回る絹とは、本国市場でつけられた販売価格と、そこから得られる利益からして、それらが国際競争に参入できる品であることを証明した。かなり上質の絹の中には、一ポンド四シリングの値がつくものもあって、中国の最上等のものよりも高く売れたのだ。▼27

中国の最上の生糸よりも高値がつくほどの日本の上質生糸の品質の高さこそ、貿易で国内経済が破壊されることなく、独立を維持することができた原動力だった。

なぜ品質がよかったのかといえば、江戸時代を通して、優良な蚕どうしを掛け合わせ、たゆまぬ品種改

▼26 Rutherford Alcock, *The Capital of the Tycoon: A Narrative of a Three Years' Residence in Japan*, Vol. 2, Greenwood Press Publishers, 1969, p.12.（邦訳：オールコック『大君の都――幕末日本滞在記』岩波文庫、一九六二年）

▼27 Rutherford Alcock, *ibid*, Vol. 1, p.374.（邦訳：同）

良を行なってきた庶民の努力の賜物であった。蚕の優良品種の開発は、江戸時代のバイオテクノロジーとも言える。近代資本主義以前であっても、庶民は少しでもよい品質の絹糸を生産しようと懸命に努力していた。封建制下でも技術革新へのインセンティブは確かに存在したのである。江戸時代から日本の庶民の力で蓄積され、国際的に高く評価された日本の蚕業・絹産業の技術力こそ、独立を維持し得た原動力なのだ。

その後も生糸は、太平洋戦争まで日本の輸出第一位品目として、日本の近代化のための原資となった。この高品質の生糸は江戸の技術であり、日本は戦争に突入するまで江戸文化の遺産に助けられていたと言えるのだ。

フランスを救った日本の蚕種

江戸時代に庶民が生み出した蚕の品種は、ヨーロッパの絹産業をも救うことにもなった。ヨーロッパでは一八五〇年代から、蚕に菌類が寄生し繭をつくれなくなるという微粒子病が蔓延し、大打撃を受けていた。日本産の生糸が飛ぶように売れた背景の一つは、ヨーロッパの生糸産地であるフランスやイタリアにおいて微粒子病が蔓延して、養蚕業が壊滅的被害を受けていたからである。

微粒子病に苦しむフランス政府は、日本から生糸を輸入するだけではなく、蚕の卵そのものを輸入して自国の養蚕業を復興させようと考え、文久二年（一八六二）六月から「蚕種」の輸出解禁を徳川政権に要請していた。

蚕の卵は、紙に産みつけられた状態で売買されていた。これを「蚕種」ないし「蚕卵紙」という。当初、徳川政権は蚕種・蚕卵紙を輸出の禁制品としていた。原材料の輸出は経済的利益が少ない。少しでも加工して付加価値をつけた製品として輸出した方が、経済的にはよい。同じ絹関連商品であっても、絹織物を輸出するのがいちばん利益が高く、生糸は次善であり、蚕種の輸出は好ましくないと考えられた。少しでも付加価値を上げて輸出しようとした合理的な産業政策であった。

しかし徳川政権は、フランス政府の要望に応えて元治元（一八六四）年八月、蚕種輸出を解禁した。同じ年の一一月、勘定奉行の小栗忠順と栗本鯤は、フランス公使のレオン・ロッシュに対し、横須賀製鉄所・造船所の建設計画のための技術支援を正式に依頼した。当時の徳川政権は、近代的な製鉄所・造船所の建設を欲していた。いくら外国から軍艦を購入しても、国内に近代的な造船施設がなければ、破損した艦船を修理することすらできない。ロッシュは、横須賀製鉄所・造船所の建設支援を受諾するとともに、建設資金の支払方法として、生糸および蚕種を優先的にフランスに直輸出することを要望した。[▼28]

小栗と栗本は、生糸と蚕種を必要とするフランス政府の要請をうまく利用しながら、日本の産業近代化に結びつけようとしたわけである。こうして両者の利害関係が一致。日本はフランスに生糸・蚕種を輸出し、フランス政府は横須賀製鉄所・造船所建設の技術支援をすることになった。これは、双方がウィン＝ウィンの互恵的関係であった。不平等性は見られない。

図4-3　フランス公使レオン・ロッシュ
仏政府が横須賀製鉄所・造船所建設の技術支援をする代わりに、日本は仏に生糸・蚕種を輸出するというウィン＝ウィンの互恵関係を結んだ。（仏国立図書館蔵）

一八六五年九月一一日（慶応元年七月二二日）付の本国宛ての報告書において、レオン・ロッシュは、本国の苦境が救われるであろうことへの喜びと、日本に対する感謝の気持ちを以下のよう

▼28 石井孝『増訂　明治維新の国際的環境』吉川弘文館、一九六六年、六三二～六三三頁。

に記している。

今年日本から輸出される蚕種の量を今日以降五〇万枚にきめることができた。〔……〕〔フランス本国の〕養蚕諸県の需要に応じるのに必要な蚕卵紙の量を養蚕家に引き渡すことができるであろう。〔……〕恐るべき天災が除かれるであろう。〔……〕日本政府の贈物は私には測り知れないように思われる。[29]

フランスの養蚕業を復興するためには、日本の蚕の品種と日本の飼育方法を取り入れることとしかなかったのである。日本の蚕種と養蚕技術がフランスの苦境を救った。しかしイギリス政府は、日本政府が独占的に生糸と蚕種をフランスに流すのは自由貿易の原則に反する国家独占貿易であるとして、直ちに日本政府に抗議している。[30] 日仏の政府間貿易の推進は、イギリスからしてみれば、自国の覇権を脅かす深刻な脅威と映ったのである。

イギリスの自由貿易の主眼は、前述したように、関税自主権を剥奪することを通して、貿易相手国が工業化するのを阻止し、自国の工業製品の従属的な市場として開拓することであった。その国家戦略からしてみれば、ライバルのフランスの技術支援のもと、後進国であるべき日本が分不相応な製鉄・造船の技術を手にすることなど断じて許されないことになる。

フランスは、イギリスとは異なり、自由貿易とは異なる価値観を有していた。すなわち政府主導の産業開発政策であり、政府間貿易の推進である。ゆえにフランス政府は、日本に対して製鉄や造船の産業育成策を支援することを厭わず、政府間の互恵的協力関係を促進しようとしていた。同じ「列強」といっても、イギリスとフランスは経済政策において、このように違った考えを持っていたのである。日仏の政府間協力を「脅威」と認識したイギリスは、薩長支援の動きを強めていくことになったのである。

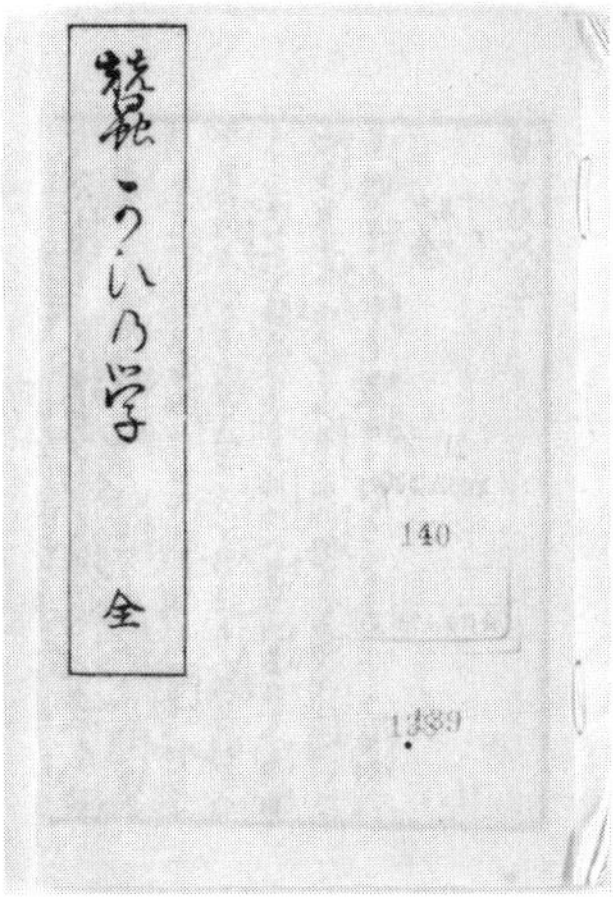

［左］図 4–4　藤本善右衛門縄葛

父・保右の開発した「黄金生」をさらに改良し、弘化 2 年（1845）に「信州かなす」を育成した。（藤本蚕業歴史館蔵）

［右］図 4–5　藤本善右衛門保右の養蚕書『蚕かひの学』

新品種の「黄金生」を育成した保右が、天保 12 年（1841）に著わした養蚕の技術書。蚕の温暖育や、蚕糞や食い残しの除去法、繭の蒸殺法などを解説し、全 11 章からなる。（NPO 長野県図書館等協働機構蔵）

［上・右］図 4–6　上塩尻の集落

上塩尻は、「黄金生」「信州かなす」といった蚕の新品種を次々に開発し、日本における蚕種生産のメッカとなった。現在でも蚕室造りの重厚な家屋が立ち並び、往時の面影を偲ばせる。（著者撮影）

上塩尻村の蚕種開発と養蚕書

当時、諸外国からもっとも評価された日本の蚕種は、奥州産の「青白」と信州産の「信州かなす」であった。「信州かなす」とは、弘化二年（一八四五）、上田領内上塩尻村の藤本善右衛門縄葛《つなね》が開発した蚕の新品種であった。縄葛の先代の藤本善右衛門保右《やすすけ》は、文政一〇年（一八二七）、家の外から偶然に飛び込んできたクワコ（蚕の近縁の野生種）の雄蛾と飼育していた雌の蚕蛾が交尾したという偶然から、優れた糸質を持ち、黄金色をした「黄金生《おうごんせい》」を発見し、それを商品化していた。息子の縄葛は、「黄金生」からさらに交配を重ねて品種改良をし、「信州かなす」を生み出したのであった。[31]

黄金生と信州かなすの開発によって、上田藩の上塩尻村は蚕種生産のメッカとなった。上塩尻村という場所は、千曲川の河畔のすぐ近くまで急峻な虚空蔵山の山塊が迫り、平地はほとんどなく、川が氾濫すれば耕地はすべて水に浸かり、逃げ場もないという条件不利地域であった。実際、上塩尻村は度重なる洪水被害に悩まされていた。しかしながら、桑の木は洪水が運んできた土壌を好み、洪水でも流されにくいという特性がある。上塩尻村民たちは、千曲川の氾濫を逆手にとって、桑園を拡大していった。

さらに千曲川の川幅の極端に狭まった狭窄部に位置する上塩尻村は、強い川風が年中吹き抜ける厳しい自然環境にあった。しかし、これには蚕の天敵である寄生虫のカイコノウジバエが産卵しにくいという利点もあった。人びとは自然条件の逆境をバネにして、先端的な技術革新を成し遂げていったのである。

新品種である「信州かなす」が開発された弘化二年といえば、藩主の松平忠固（当時の名は忠優）が大坂城代に就任した年である。忠固は、大坂に上田織物の直営店を設けて、絹織物の販路を拡大しようとしていた。上田藩において蚕の品種改良が進んだのは、忠固による養蚕奨励策と販路拡大策が展開されていた時期と重なる。藩の政策的後押しは、庶民たちの技術開発のモチベーションも高めていたのであろう。

松平忠固の政策的後押しに励まされたのか、上田藩の上塩尻村では、天保から弘化年間に相次いで養蚕

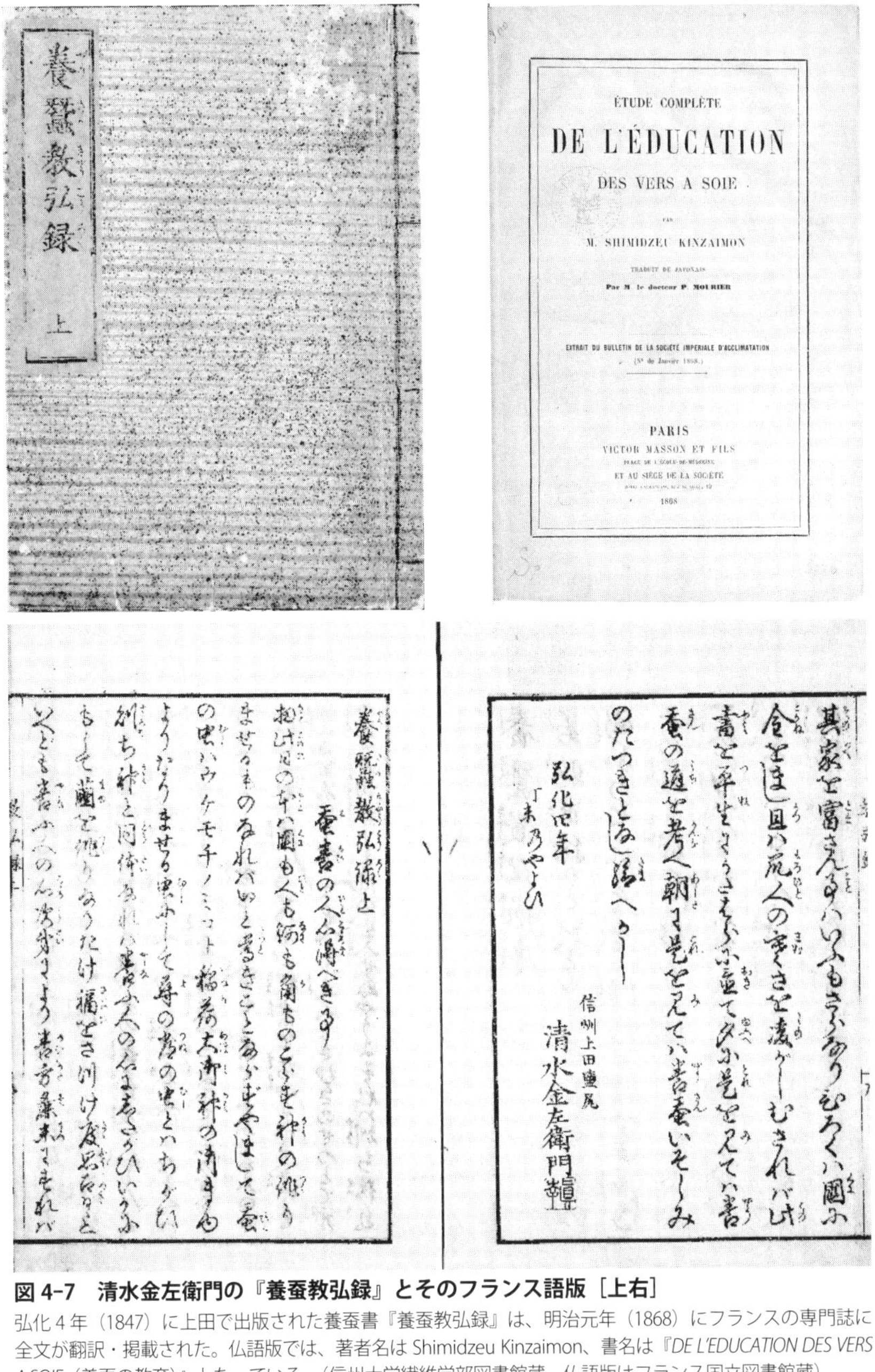
養蠶教弘録 上

ÉTUDE COMPLÈTE

DE L'ÉDUCATION

DES VERS A SOIE

PAR

M. SHIMIDZEU KINZAIMON

TRADUIT DU JAPONAIS

Par M. le docteur P. MOURIER

EXTRAIT DU BULLETIN DE LA SOCIÉTÉ IMPÉRIALE D'ACCLIMATATION

(N° de Janvier 1868.)

PARIS

VICTOR MASSON ET FILS

ET AU SIÈGE DE LA SOCIÉTÉ

1868

弘化四年

丁未乃やよひ

信州上田塩尻

清水金左衛門

養蠶教弘録上

図 4-7　清水金左衛門の『養蚕教弘録』とそのフランス語版［上右］

弘化 4 年（1847）に上田で出版された養蚕書『養蚕教弘録』は、明治元年（1868）にフランスの専門誌に全文が翻訳・掲載された。仏語版では、著者名は Shimidzeu Kinzaimon、書名は『*DE L'EDUCATION DES VERS A SOIE*（養蚕の教育）』となっている。（信州大学繊維学部図書館蔵。仏語版はフランス国立図書館蔵）

書も出版されていった。「黄金生」を育成した藤本保右は、奥州・関東の各地を回って習得した養蚕技術を解説した『蚕かひの学』を天保一二年（一八四一）に出版した。同じく上塩尻村の清水金左衛門は、弘化四年（一八四七）に『養蚕教弘録』という養蚕書を出版した。清水は同書で、温度や湿度の管理、換気の重要性を説いており、明治初年には、独力で養蚕のための乾湿計まで発明している。藩主の忠固が推し進めた養蚕振興策は、近代科学技術を発展させる原動力ともなっていたのである。

清水金左衛門の『養蚕教弘録』は、明治元年（一八六八）にはフランス語に翻訳され、パリの専門誌である『帝国順応学会誌』に全文が転載された[32]。「鎖国下」で、「封建制度」にがんじがらめで、商品経済の発達も技術革新も抑圧されていたと考えられてきた江戸時代の弘化年間の農村で、百姓によって書かれた養蚕技術書が、それから二〇年が経った明治元年に、先進国のフランスにおいて、学ぶ価値があると考えられて翻訳され、学術専門誌に掲載されたのである。訳者は、横浜在住のフランス人医師のピエール・ジョセフ・ムリエであり、ほかに奥州の『奥州本場養蚕手引』（著者不詳）も翻訳した。ムリエは「これまでの〔フランスの〕悪い飼育法をつづけるのではなく、よく研究された〔日本の〕教義を取り入れて進歩しよう」と語っている[33]。

忠固が上田藩主として養蚕を奨励した時期に、上田藩で開発された養蚕技術は、「鎖国」下においても世界水準だったのだ。フランス人の目から見て、江戸時代の日本は養蚕業の先進国であった。それが日本語の学習熱も高めていった。

明治になって、岩倉使節団がヨーロッパを歴訪した際、「私たちが今、絹をまとうことが出来るのも日本のおかげですよ」と感謝されたそうである[34]。しかし、それを実行したのは、すでに亡き徳川政権であった。岩倉や薩長の使節団員たちは、当時、「攘夷」と叫んで貿易の足を引っ張っていただけなのであった。彼らに感謝される資格などなかったのだ。

図 4-8　江戸末〜明治の三大輸出品目

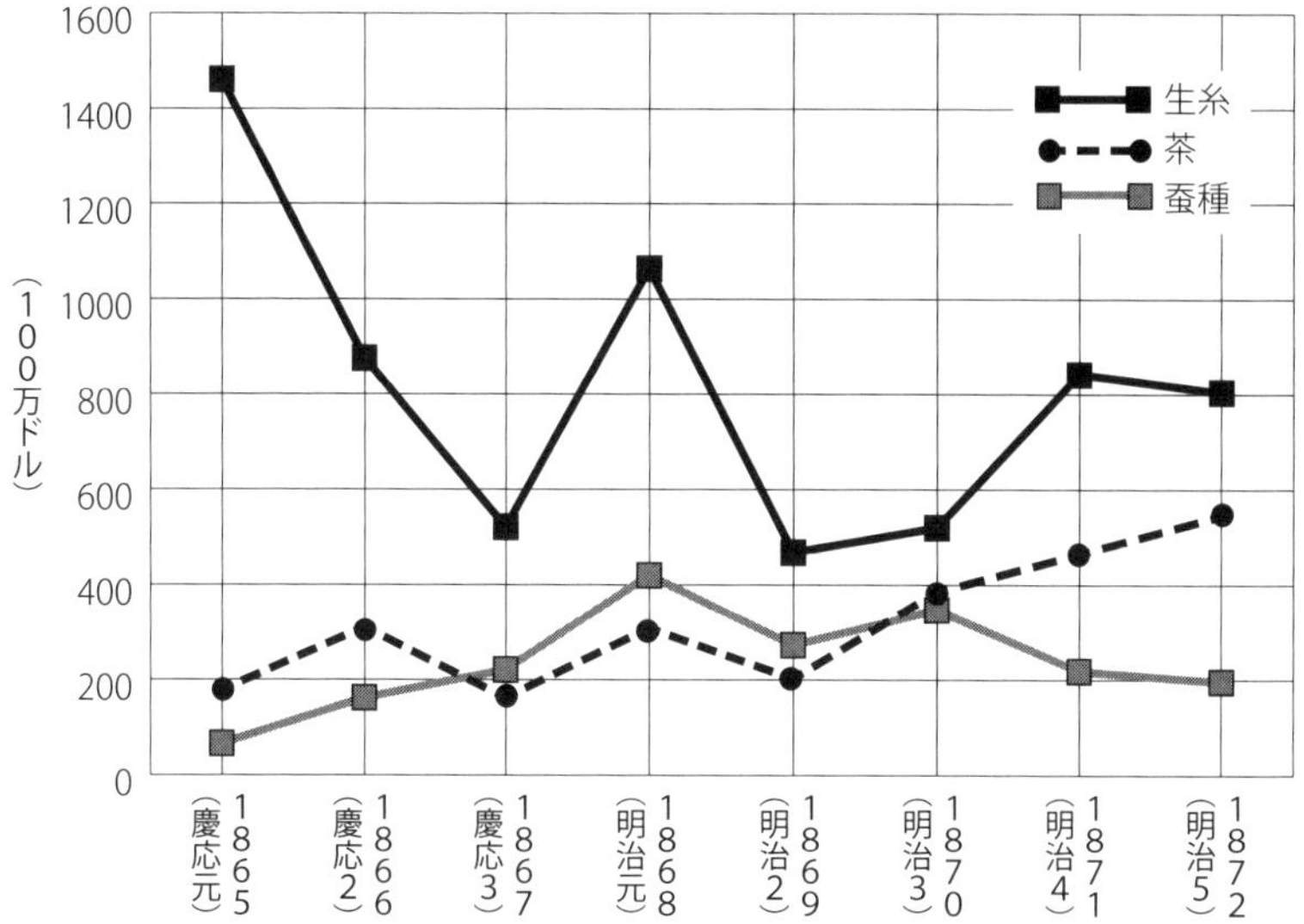

（出典）1865 〜 67 年は『横浜市史』第二巻、512・516・519 頁。
1868 〜 72 年は『横浜市史　資料編二』3 頁。

表 4-2　日本の蚕種輸出と上田産の割合

西暦	全国輸出量（枚）	上田輸出量（枚）	上田産の占める割合
1870	1,406,033	627,000	44.6%
1872	1,287,046	286,909	22.3%
1873	1,418,809	287,730	20.3%
1874	1,335,465	408,681	30.6%

（出典）上田小県近現代史研究会『蚕都上田ものがたり――蚕種業を中心として』上田小県近現代史研究会ブックレット 15、2008 年、31 頁。

上田藩の蚕種輸出

図4−8は、慶応年間から明治初頭にかけての、日本の輸出上位三品目の輸出額を示したものである。生糸は一貫して輸出第一位であるが、第二位は茶と蚕種が争っていることがわかるであろう。

生糸輸出は、開港から数年は輸出量が順調に伸びた。しかし次章で述べるように禁裏の攘夷圧力に抗しきれなくなった公儀が、文久二年（一八六二）に「横浜鎖港」をめざすという方針を掲げ、生糸の輸出規制に踏み切って一時停滞した。生糸輸出が停滞する中で、逆に伸びていったのが蚕種輸出であった。

蚕種が大量に輸出された慶応から明治初頭にかけて、上田藩は日本最大の蚕種輸出藩であった。日本からの蚕種輸出がピークだった明治三年（一八七〇）、蚕種紙の総輸出量は約一四〇・六万枚であった。この年、上田領内の蚕種業者三七〇人の輸出計画は合計六二・七万枚であった。計画通りに輸出されたとすると、この年の日本からの蚕種輸出の四四・六％ほどは上田産であったことになる。表4−2にあるように、それ以降も上田の蚕種は二〇％以上の水準をキープしている。忠固が藩主のときに開化した上田の蚕種技術が、欧州の養蚕業の危機を救うのに大きく貢献したわけである。

フランスでは、日本からの蚕種輸入で危機をしのいでいるあいだ、ルイ・パスツールが微粒子病の原因の細菌を突き止めたことによって、ようやく病気も撲滅に向かった。こうしてフランスで蚕種業が復活すると、日本からの蚕種輸出も御役御免となり、一八七五年からは減少することになった。

松平忠固の蚕業振興策は庶民の蚕種の品種改良努力と結びつき、その優れた品質は海外から高く評価され欧州の養蚕業を救った。江戸時代から育まれていた日本の技術力の高さによって、開港後の国際貿易にも、日本は順調に適応でき、生糸や蚕種の輸出は日本の近代化を推し進める原資となった。日本が独立を維持できた背景には、明らかにこれがある。

決して尊王攘夷派が外国と戦ったからではない。むしろ彼らは、順調な国際社会への適応過程を妨害していただけなのである。次章において、尊王攘夷運動なるものは、日本の独立にとって百害あって一利もなかったということを検証したい。

▼29　前掲書、六四五〜六四六頁。
▼30　前掲書、六三五〜六四二頁。
▼31　上田市立博物館編『郷土の産業――養蚕・製糸』上田市立博物館、一九八一年。
▼32　上田市立博物館編『蚕糸業の先覚者』上田市立博物館、一九九五年、三九〜四二頁、ならびに、しみずたか著『蚕都物語――蚕種家清水金左衛門のはるかな旅路』幻冬舎ルネサンス、二〇〇八年。
▼33　小川誉子美『蚕と戦争と日本語――欧米の日本理解はこうして始まった』ひつじ書店、二〇二〇年、一四七〜一四九頁。この本は、幕末にフランスで日本語学習が始まったのは日本の進んだ養蚕技術を学ぶためであったと論じている。
▼34　小川誉子美、前掲書、一三八頁。

第5章

日本の独立を脅かした“尊攘志士”たち

［章扉の図版］

下関戦争で連合国によって占拠された長府の前田砲台

元治元年 (1864) 年 8 月、英公使オールコックの主導によって、17 隻からなる英・米・仏・蘭の連合艦隊が、下関を攻撃。前田砲台は、長州藩などが攘夷攘夷戦争に備えて設置した十数か所の砲台の中で中心的なもので、青銅製大砲 20 門が設置されていた。しかし、わずか 3 日で砲台は連合軍に占領され、施設は焼き払われ、大砲はすべて戦利品として持ち去られた。この戦争によって、真の意味での日本の関税自主権を喪失することになった。　（横浜開港資料館所蔵）

多発する外国人襲撃テロ

本章では平等であった条約が不平等になった理由を明らかにしたい。アジア諸国が侵略され、不平等条約を結ぶことを余儀なくされていくなか、交渉によって一般財への関税率二〇%を勝ち取ったことは、日本外交の大成果であった。しかし、その成果は徐々に侵食されていく。相次ぐ攘夷派のテロによって、列強諸国に軍事介入の口実を与えてしまったからである。

表5－1は、江戸末期における外国人を対象とした主なテロ事件の一覧である。この表から明瞭に読み取れることは、初期の外国人襲撃テロは水戸藩が引き起こし、それが薩摩藩、長州藩、そしてその他の諸藩へと順次拡大していった様子である。長州が行なった下関砲台からの外国船無差別砲撃は、攘夷派のテロ活動のクライマックスでもあった。

テロを生んだ水戸学思想

水戸でテロリズムが発生した要因は何だろうか。第一に、後期水戸学のイデオローグである藤田幽谷・東湖父子らにテロを鼓舞する思想があった。第二に、条約交渉の最中に「ハリスの首を刎《は》ねよ！」などとテロを煽動する発言を公にして憚るところがなかった徳川斉昭という政治指導者の存在があった。

後期水戸学派の主要な思想家である会沢正志斎の『新論』は、尊攘志士たちに最も読まれ、影響を与え

表 5-1　安政〜慶応年間の主な外国人襲撃テロ事件

年	対象国	事件	死者・負傷者	実行犯
安政 3（1856）7 月	米	ハリス襲撃未遂事件	なし	水戸藩郷士
安政 6（1859）7 月	露	ロシア海軍軍人殺害事件	死亡：ロマン・モフェト、イワン・ソコロフ、重傷 1 名	水戸藩（水戸天狗党）
安政 6（1859）10 月	仏	フランス領事館従僕殺害事件	死亡：清国人従僕	不明
安政 7（1860）1 月	仏	フランス公使館放火事件	なし	不明
同、2 月	蘭	オランダ船長殺害事件	死亡：オランダ商船船長ヴェッセル・デ・フォス、ジャスパー・デッケル	不明
万延元（1860）12 月	米	ヒュースケン殺害事件	死亡：米国通訳ヘンリー・ヒュースケン	薩摩藩士・伊牟田尚平ら
文久元（1861）5 月	英	英国公使館（東禅寺）襲撃事件	死亡：日本人警護役人、負傷：書記官ローレンス・オリファント、長崎領事ジョージ・モリソン	水戸脱藩浪士 14 名
文久 2（1862）5 月	英	第二次東禅寺事件	死亡：イギリス兵 2 名	松本藩士・伊藤軍兵衛
文久 2（1862）8 月	英	生麦事件	死亡：チャールズ・リチャードソン、重傷 2 名	薩摩藩士
文久 2（1862）12 月	英	英国公使館焼き討ち事件	なし	長州藩士（久坂玄瑞、高杉晋作、伊藤博文、井上馨ら）
文久 3（1863）5 月 10 日	米	米商船ペンブローク号砲撃	なし	長州藩
同、5 月 23 日	仏	仏通報艦キャンシャン号砲撃	死亡：水兵 4 名	長州藩
同、5 月 26 日	蘭	蘭軍艦メデューサ号砲撃	死亡：水兵 4 名	長州藩
同、9 月	仏	井土ヶ谷事件	死亡：フランス陸軍少尉アンリ・カミュ	不明
元治元（1864）10 月	英	鎌倉事件	死亡：英士官ジョージ・ボールドウィン、ロバート・バード	元谷田部藩士・清水清次、旗本家来・間宮一ら
慶応 3（1867）7 月	英	イカルス号事件	死亡：英水兵ジョン・ホッチング、ロバート・フォード	筑前藩士・金子才吉

た本である。この本は、日本の「国体」を論じることからはじまる。「国体」という概念それ自体、会沢が発明したものである。『新論』の「国体」の章の冒頭では、日本は太陽の昇る国であり、途切れることなく万世一系の皇統がつづき、それゆえ日本は神州であり、万国に優越するのであって、世界に君臨し、世界の「元首」になるべきなのだと論じられている。そして日本の「国体」は、神道と政治が一体化した「祭政一致」であり、「億兆が心を一つにして統治者を親愛」(億兆一心皆親其上)[1]、せねばならないと論じた。

『新論』という論理の飛躍もはなはだしいこの本が、「志士」たちのバイブルとなった。「志士」たちの知性は、所詮その程度であった。その「志士」たちが権力を握った明治政府によって、「国体」は、日本の「伝統」であるかのように語られ、国民に強制されるようになった。何のことはない、「国体」とは、幕末になって会沢が考えた、歴史や伝統からかけ離れた、まったく新しい概念なのである。

儒学者である会沢は、決して『古事記』の天孫降臨神話を真理とするような国学的エスノセントリズムを信じていたわけではない。会沢はむしろ、国学の不合理性を批判する理性的な人物であった。しかし会沢は、西洋を強国たらしめているのはキリスト教の力であると考え、それに対抗すべく日本の国家統合を図るため、民衆の教化思想として神道を積極的に利用しようとしたのだ。[2]

しかし実際には、会沢の見立てと異なり、西欧列強諸国の軍事的な精強さは、信仰の力などではなく、市民的権利を拡充する中で、「国民国家」としての一体性を確保したことによって成り立っていた。西洋が信仰の力で侵略戦争を行なっていたのは一六世紀の話で、近代西洋はすでに別の歴史段階にあった。

国家統合のための民衆教化の手段として、神道の力に依存しようという会沢の発想の根源には、西洋社会の誤った分析とともに、民衆への根強い不信感があった。神道を前面に押し立てなければ民衆を統治で

▼1　会沢正志斎「新論」(今井宇三郎・瀬谷義彦・尾藤正英校注『日本思想体系五三　水戸學』岩波書店、一九七三年)、五〇〜一五八頁。

▼2　吉田俊純『水戸学の研究――明治維新史の再検討』(明石書店、二〇一六年)のⅢ部を参照のこと。

きないと考えるのは、民衆蔑視ゆえである。それは近代化どころか、古代国家への回帰志向であり、日本の近代化の形を歪める結果にしかならなかった。後年の日本の軍隊に不合理な神がかり的な精神主義の風潮を植えつけることにもつながり、日本軍を脆弱にする原因の一つとなっていくのである。

会沢につづく思想家の藤田東湖になると、神道を道具として使う意図もなく、その信仰は純化していく。藤田は、本居宣長の国学思想を積極的に受容し、『古事記』の記述は神代神話も含めてすべて「決して疑ふべからず[3]」の真理とみなし、それを前面に押し出していくという、水戸学の新たな思想段階へ踏み出していった。より不合理な方向へと向かう水戸学の「発展」が、明治期の「国家神道」につながっていったのである。

会沢正志斎と藤田東湖の思想の差異を検討した吉田俊純は『水戸学の研究』において、「会沢の国体論は民衆に根深い不信」があるのに対し、東湖は「国体の尊厳」を「風俗に帰し」、それは東湖が民衆を信頼していたからであるとする。その証左として、会沢が封建制に反する商品経済の発展を否定していたのに対し、東湖はそれを肯定していた点を指摘する[4]。

図 5–1　会沢正志斎と『新論』
（肖像は茨城県立歴史館蔵、『新論』は国立国会図書館蔵）

図 5–2　藤田東湖
（茨城県立歴史館蔵）

しかし、東湖が現実としての商品経済を消極的に肯定していたとしても、積極的にその発展を促すような政策的努力をしたわけではない。吉田俊純の『水戸学の研究』は名著であり、筆者もじつに多くのことを学ばせていただいた。しかし、東湖が「民衆を信頼していた」という主張のみは、どうしても腑に落ちない。本当に民衆を信頼していれば、『古事記』の神代神話を「疑ふべからず」とし、民衆に思考停止を強要するような発想は出てこないと思うのである。東湖は、民衆を「神話」の権威の前に服従させ、自由にものを考えさせず、愚民化しようとしていたのではないのか。[5]

真に民衆を信頼していたといえるのは、彼ら水戸学徒が政敵として憎むこと甚だしかった松平忠固である。忠固は商品経済の発展を全面的に促す政策的努力をし、キリスト教の布教にも寛容であった。忠固が、思想・学問の自由も、経済活動の自由も積極的に肯定していたのは、民衆を信頼していればこそである。忠固には、もちろん国学的不合理主義を受け入れる素地など一切なかった。

会沢正志斎が、『新論』を執筆する動機となった事件は、大津浜事件であった。文政七年（一八二四）、水戸領内の大津浜に、イギリスの捕鯨船が浸入した。長い航海によるビタミン不足から壊血病が蔓延し、船員たちは瀕死の状態に陥っていた。乗組員一二名は、新鮮な野菜や薪水を請いに大津浜に上陸してきたのである。このとき、派遣されてきた公儀役人は、人道的見地から彼らに食糧を与え、船に帰した。役人として、人間として、当然の措置であったと言えるであろう。

会沢正志斎は「幕府」の対応が生ぬるいと批判し、大津浜に上陸した船員の乗り組む捕鯨船の打ち払いを主張した。会沢は公的権力による制度的な打ち払いを論じたが、同じ水戸学派の藤田幽谷となると、息子の東湖に対し、異人たちをすべて斬り殺してこいと私的なテロの実行を命じた。東湖は父の教えに従い、

▼3　藤田東湖「弘道館記述義」（今井宇三郎・瀬谷義彦・尾藤正英校注、前掲書、二六四頁。
▼4　吉田俊純、前掲書、一〇八～一一五頁。
▼5　藤田東湖の思想の根底には「愚民感」があるという主張は、古川隆久も行っている。古川隆久『建国神話の社会史――史実と虚偽の境界』中公選書、二〇二〇年、二七～三一頁。

異人の皆殺しを決意する。しかし東湖は、今生の別れにと父と杯を酌み交わしているうちに泥酔してしまい、東湖が大津浜に着いたときには、すでに捕鯨船は食糧を得て退去してしまっていたという落ちがつく。

命からがら上陸した英国捕鯨船の乗組員たちを、皆殺しにせよとは、どれだけ野蛮な思想なのだろう。藩主になった徳川斉昭は、会沢正志斎から水戸学を学び、さらに藤田東湖を登用し、神国思想に基づく排外主義で水戸の藩論を染め上げていった。

のちにロシアの軍艦ディアナ号が伊豆沖で沈没した際、宮島村（現・富士市）の漁民たちは懸命にロシア人たちを救助し、一人の死者も出さないという奇跡を成し遂げた。漁民たちの行為は、自然の感覚から出た人道的行為であった。それが日露領土交渉の好転にもつながったことは、すでに述べた通りである。しかし、イデオロギーに染まった人間たちからは、人間としての自然な感性が消えていく。このとき徳川斉昭は、救助されたロシア人たちを全員皆殺しにせよと、信じがたい残虐な建議を行なうのである。

「億兆心を一にして」という『新論』の説いた忠孝の道は、明治になって「教育勅語」にそのまま採用され、学校教育の現場で子どもたちに刷り込まれた。水戸学の論理は、明治になっても連綿と引き継がれ、大日本帝国の侵略主義の思想的背景となった。

水戸学の薩摩への拡散

「夷狄《いてき》を斬り殺せ」という水戸学の思想は、薩摩や長州にも伝染していく。薩摩に水戸学を広めていったキーパーソンとして有村俊斎（のちの海江田信義）が挙げられるだろう[6]。有村は、若くして江戸に出て藤田東湖に感化され、水戸学の信奉者になり、薩摩に水戸学思想を拡散させていく。西郷吉之助（隆盛）を藤田東湖に紹介したのも有村であった。西郷もまた東湖に心酔するのであった。

その有村俊斎は、嘉永六年（一八五三）のペリー来航時、藤田東湖に対し、もしあなたが当局者であったらどのように対応したか、という趣旨の質問をした。そのとき東湖は「自分であれば、交渉と見せかけ、その会談の席上で白刃一閃、ペリーの首を斬り落とし、自分も当日のうちに死ぬ。しかし、死して自身の正気は残り、全国に横断して継承され、後の者がつづくであろう。この正気こそ国を富まし、兵を強くする大本であり、それがあれば外患など恐れるものではない[7]」と回答したそうである。

「正気」どころか、「狂気」と言わざるを得ない。そのような行為に及べば、アメリカとの全面戦争にまで発展するだろう。このような狂気によって、国を富まし、国を守るということがあり得るわけがない。

水戸の攘夷派とすっかり懇意になった有村俊斎らは、水戸藩士とともに大老・井伊直弼の暗殺を計画する。有村俊斎の末弟の有村次左衛門は、水戸脱藩浪士とともに井伊直弼を襲撃した実行犯の一人であった。井伊の首級を挙げたのは、有村次左衛門であった。また次弟の有村雄助も、井伊暗殺に呼応して挙兵しようと計画し、藩命によって切腹させられている。

有村俊斎は、テロで弟たちを失ってもなお、藤田東湖の思想のさらなる実践を追求していく。文久二年（一八六二）、生麦村を通過中の島津久光の大名行列に通りかかり道を譲らなかった騎乗のイギリス人の婦人を含む四名を、同僚の奈良原喜左衛門とともに斬りつけ、チャールズ・リチャードソンを殺害してしまうのである[8]。この残虐な行為は薩英戦争につながり、鹿児島の街が焼け野原になるという結果をもたらした。さらに英仏軍の横浜駐屯という、主権国家の独立が脅かされる事態をも招くことになる。日本が、列強の内政干渉を恒常的に受けることになる一因となるのである。

水戸学の長州への拡散

有村俊斎が薩摩に水戸学思想を広めたキーパーソンであったとすると、長州に水戸学を拡散した重要人

▼6　上山春平編『近代日本の名著第一〇　日本のナショナリズム』徳間書店、一九六六年、一九〜二四頁。
▼7　海江田信義述、西河称編『維新前後実歴史伝一』、牧野善兵衛、一八九一年、二三頁。
▼8　東郷尚武『海江田信義の幕末維新』文春新書、一九九九年。

物として吉田松陰が挙げられるであろう。[9] 吉田松陰は、佐久間象山門下生であった当時は、水戸学に批判的であった。安政元年（一八五四）ペリー艦隊への密航に失敗すると、松陰は萩の野山獄につながれた。松陰の実兄の杉梅太郎は、この年の一二月五日、国法を破った弟の行動を厳しく批判し、実力行動に及ぶのではなく、会沢正志斎の『新論』のような著述を成して、思想面で世に影響を与えていけばよいではないかと諭した。松陰は兄に反論し、「紙上の空言、書生の誇る所、烈士の恥づる所なり[10]」と記している。この当時の松陰は『新論』を「紙上の空言」と評していたことがわかる。

松陰は、つづく安政元年一二月二四日の兄宛ての書簡において「会沢の塩谷のと云ふて新論の籌海私議のと云ふは高名なる著述なれども、其の当今下手守備の策は艦と砲のみ。さあ、大船官許ありたりと云ふ時、此の二人へ就いて軍艦は如何にして作るものかと問うても其の作り方は知らず[11]」とも記す。つまり、会沢が威勢よく「攘夷」を唱えても、いざ実戦となれば、会沢など軍艦の一つも造れないのだから、水戸学の攘夷論など、実戦では何の役にも立たない空論であると批判していたのである。

日ごろ松陰の恩師の佐久間象山は、水戸学をこのように批判し、松陰に対し西洋技術習得の必要性を訴えていた。その恩師の教えに共感したからこそ、松陰は西洋を知ろうとペリー艦隊への密航を試みたのであった。佐久間象山の指導のもとにあった頃の松陰は、水戸学の観念的攘夷論に染まることはなく、実際に西洋に行き、西洋技術を学ぼうという十分に合理主義的な思考をしていた。

もっとも松陰の頭脳は、西洋の学問には不向きであった。象山塾でオランダ語や物理学などを懸命に勉強しようとしてみたが、一向に身につかなかった。松陰には理数系のセンスがなく、思想の根幹は水戸学的であったのだ。頭では象山の教えがわかっていても、西洋技術を学ぶセンスは自分にはない。それで悩んで、机上で身につかないなら、いっそ体ごとアメリカに渡ってしまえ、と考えたのかもしれない。

密航に失敗して萩に幽閉されてから、松陰は象山の影響から解放されていったようである。やれオランダ語を学べ、それ究理学（物理学）も勉強しろ、西洋を知らずして西洋に勝てるか、といった小言ばかり並べ立てる口うるさい師匠が目の前からいなくなったのである。

［上］図 5–3　生麦事件を描いた絵
騎乗の英国人４名に、薩摩藩士が斬りかかっている。（ワーグマン画）
［中］図 5–4　事件当時の生麦村の写真
襲われ落馬したリチャードソンに、有村俊斎がトドメを刺した地点と見られている。
［下］図 5–5　殺害されたリチャードソンの遺体
（すべて横浜開港資料館蔵）

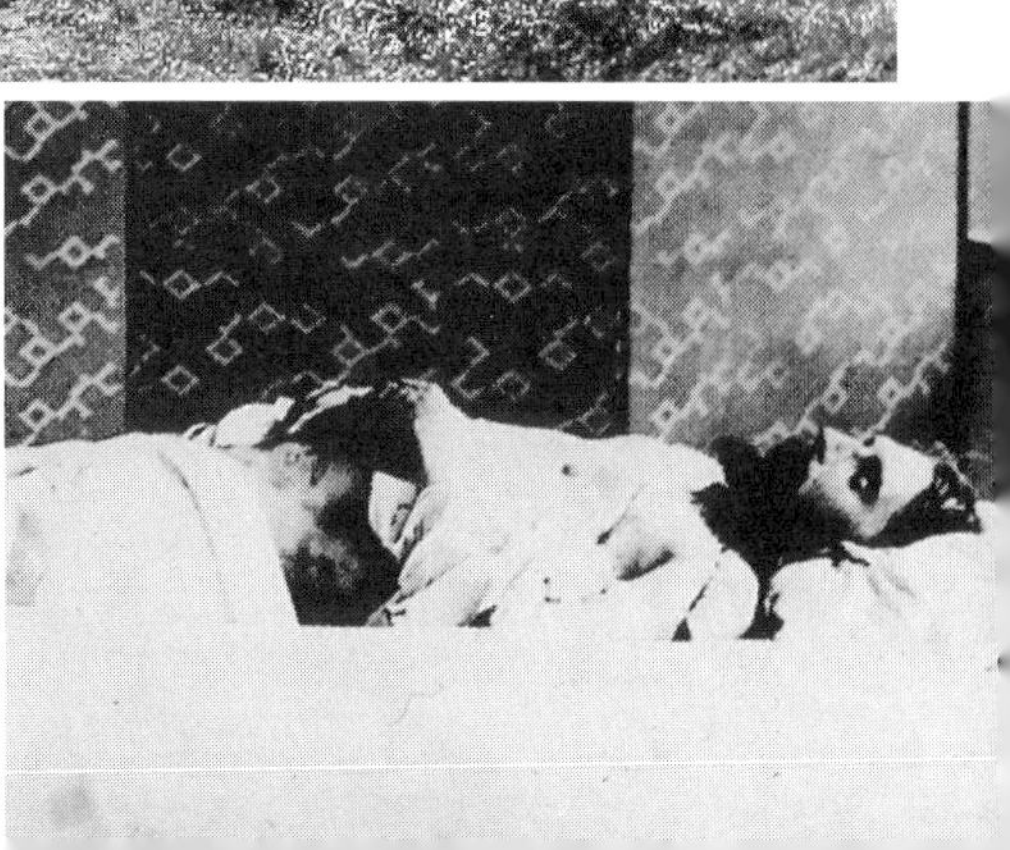

萩の獄中で、松陰は水戸学の著述もむさぼり読み、本居宣長の『古事記伝』も読破して、次第に象山から学んだはずの合理主義を振り払ってしまうのだった。そして藤田東湖と同様に、『古事記』に書いてあることは神代神話も含めてすべて真理であり、疑うことは許されないと考える「国家神道」の原理主義者になった。

安政三年、長州藩の藩校・明倫館の元学頭であった山縣大華は、松陰の思想を危惧し、松陰の著述である『講孟箚記』に批評を加えるという形で論争を挑んだ。山縣は、松陰を意識しつつ、「わが藩においても、水戸学の信奉者が増えつつある。〔……〕もし政治の実権者にまでこの意見が及べば、それによる害悪ははなはだしいものになるであろう」（本藩にても近頃は水府の学を信じる者間々之あり〔……〕政事の間に此の意移らば、其の害あげて言ふべからず[12]）と警鐘を鳴らした。それに対し松陰は「吉田寅次郎藤原矩方、其の人なり[13]」と、自分が水戸学徒であることをカミングアウトし、山縣の挑戦を受けて立ったのであった。

水戸学・国学は、近代を歪めた

会沢正志斎は『新論』の冒頭で、前掲のように「日本は太陽の昇る神州であり、それゆえ日本は万国に優越し、世界の元首たるべき」と論じている。長州明倫館の元学頭の山縣大華は、これを批判し、「太陽は地球よりも大にして、外天を一周すること一晝一夜、少しも休むことなく世界萬国を照らす。何ぞ我が邦より出でんや。もし東より出づといはば、我が国より東に亜墨利加洲あり〔……〕天地円体、東西何の常かこれあらん[14]」と論じている。すなわち、地球は球体で日本のさらに東にはアメリカがあるのだから、日本は太陽が昇る国だから万国の元首などという理屈はナンセンスだと、理路整然と水戸学を反駁している。

朱子学者の山縣は、西洋科学にも通じ、水戸学者と比較すると感動的なほどに近代的で合理的な考えをしている。彼は、日本を「神州」などと特別視することは決してなく、攘夷論を戒めながら、日本を万国の中の一国家と位置づけ、その中で国防も強化しつつ、国家の生き残りを模索していた。

それに対する松陰の反論はといえば、「『新論』の著者が皇国を尊ぶ意図でこう書いているのに、それに反論するあなたは皇国を貶めるつもりなのか」（新論の作者は皇国を尊ぶが主意なり。是を駁する人の主意は皇国を貶するが主意なり）[15]と糾弾するのみである。理屈で勝てないので、「おまえは反日だ」と叫んで相手を全否定しようとする、近年も流行する「日本はスゴイ」主義者たちの反知性主義的論法と同じである。こうなると、もはや論理的・理性的な対話は成立しない。かつて会沢の『新論』を「書生論」と批判した松陰は、どこへいってしまったのであろうか？

佐久間象山がこの山縣大華と松陰の問答の内容を知れば、唖然として松陰を叱ったであろうが、象山はいない。松平忠固も、自分が救おうとした松陰のこの発言を知れば、怒ったことであろう。天皇は神の子孫であり、その命令には無条件で絶対服従せねばならないと考えていた松陰と、天皇に高度な政治問題の判断能力などあろうはずがなく、天皇を政治利用することこそ亡国につながると考えていた松平忠固。両者は思想的に対極に位置するにもかかわらず、松陰は忠固を終生敬慕していた。人間とは複雑な生き物である。もし松陰が忠固と相対していたら、はたして松陰に思想的な化学変化は芽生えていただろうか。

松陰は象山の教えを忘れ、水戸学と本居学を折衷させて自己の思想を確立した。そして、ついには「尊王攘夷」の四文字のお題目を唱えれば道は開ける、身は滅びても魂が残れば、七度生まれ変わって夷狄を

▼9　吉田松陰による水戸学思想の長州への拡散の経緯について詳しくは、吉田俊純、前掲書を参照されたい。
▼10　山口県教育会編『吉田松陰全集』七巻、大和書房、一九七二年、二九二頁。
▼11　前掲『吉田松陰全集』七巻、三一〇頁。
▼12　前掲『吉田松陰全集』三巻、一九七二年、四六五頁。
▼13　前掲書、四六六頁。
▼14　前掲書、四九八〜四九九頁。
▼15　前掲書、五〇〇頁。

討つのだと、宗教原理主義的な玉砕テロリズムを鼓舞するようになった。松陰の「七生説」である。[16] 吉田松陰は、期待していた松平忠固と堀田正睦が失脚すると、絶望のゆえか、後任の老中となった間部詮勝（鯖江藩主）の暗殺を計画し、ついにそれが原因で刑死する。

松陰が死しても、その遺志を継いだ門下生たちは英国公使館焼き討ちなど相次いでテロを実行に移し、ついには下関海峡での外国船無差別攻撃にいたった。松陰の七生説は、「近代」日本に連綿と受け継がれ、ついに太平洋戦争時には「七生報国」のスローガンとともに神風特攻作戦を正当化する論理となった。明治時代、確かに経済的には近代化を遂げていった。しかし政治・文化的側面で濃厚な影響力を与えつづけた水戸学・国学は、近代日本の形を歪め、その足枷となり、国家の進路を決定的に誤らせていくのである。

エスカレートする攘夷派のテロ

尊王攘夷運動はエスカレートし、外国人を狙ったテロリズムが横行していく。万延元年（一八六〇）一二月、水戸学思想に感化された薩摩藩士の伊牟田尚平らは、アメリカ公使ハリスの通訳のヘンリー・ヒュースケンを暗殺する。

文久元年（一八六一）五月、仮の英国公使館の置かれていた東禅寺に、水戸浪士一四名が斬り込みをかけた第一次東禅寺事件が発生する。書記官のオリファントと長崎駐在領事のモリソンが負傷し、二人はその怪我のため帰国を余儀なくされた。

翌文久二年（一八六二）五月には、東禅寺の警備役だった松本藩の伊藤軍兵衛が英兵二名を殺害するという、第二次東禅寺襲撃事件が発生した。その三か月後の八月には、薩摩藩士の有村俊斎らが生麦事件を引き起こし、その四か月後の一二月には吉田松陰門下の長州藩士たちが品川に建設中の英国公使館を焼き討ちした。まさに水戸学思想に感化された各藩の過激派たちが、お互いに競うようにテロを実行するよう

図 5-6
ヒュースケンの葬儀と遺体
ハリスは死を嘆き、英仏蘭普の代表たちも参列する盛大な葬儀を行なったという。

上図は、光林寺（現・港区南麻布）に埋葬するため遺体を運んでいる。（G. Spiess, *Die preussische Expedition nach Ostasien*, 1864 より）。右図は、ヒュースケンの遺体。（Reinier H. Hesselink "The Assassination of Henry Heusken", *Monumenta Nipponica*, Vol.49, No.3, 上智大学より）

図 5-7　第一次東禅寺事件
水戸浪士 14 名が、仮の英国公使館が置かれていた東禅寺を襲撃。左側で乗馬用の鞭で反撃しているのがオリファント。襖の裏に隠れているのがモリソン。（『*Illustrated London News*』1861 年 10 月 12 日付に掲載された絵）

になっていった。

水戸を震源地として、絶え間なく英国公使館や横浜の襲撃が計画された。英仏両国は、これでは居留民の安全を保障できないと、横浜の外国人居留地防衛のための陸軍の駐屯を要求した。もちろん公議はその要求を容認しなかったが、生麦事件が発生すると、イギリスはその賠償金として総額一一万ポンドを公儀に請求。開戦を辞さずに揺さぶりつづけ、次第に追い込まれていくのである。

一橋慶喜と松平慶永の迷走

生麦事件の起こる前、文久二年（一八六二）六月、薩摩の島津久光は勅使の大原重徳とともに、安政の大獄で失脚していた一橋慶喜を将軍後見職に、越前の松平慶永（春嶽）を政治総裁職にせよ、と要求。老中たちはそれを受諾せざるを得なくなった。桜田門外の変の後、老中に首座として復帰していた、かつての松平忠固の盟友・久世広周は、安藤信正とともに懸命に政権の立て直しを図っていたが、安藤は水戸浪士に襲撃されて失脚してしまい、久世もついにこのときに進退窮まって辞職に追い込まれた。

久世広周と安藤信正の政権が崩壊すると、安政の大獄以前に一橋派が望んでいた慶喜の将軍後継、慶永大老という布陣が、ついに実現することになったのである。島津斉彬が願っていたことを、弟の久光が薩摩の軍事力と禁裏の圧力を利用して、叶えたのである。

文久二年といえば、その頃、土佐の武市半平太や長州の久坂玄瑞らの尊攘派が数々の天誅事件を引き起こし、テロで京都を震え上がらせながら、三条実美や姉小路公知らの尊攘派公卿を操って、禁裏に支配的影響力を及ぼすようになっていた。攘夷過激派に完全に掌握されてしまった禁裏は、「破約攘夷」を断固として主張した。

開国派だったはずの松平慶永は、文久二年九月、「朝廷」の攘夷の主張に迎合して、いったん先の条約を破棄しようという方針を掲げた。慶永は、禁裏を説得して「攘夷」を撤回させようというのではなく、彼らに迎合する論を展開した。これに対して一橋慶喜は、開国論の立場を堅持し、上洛して天皇を説得すべきだと、慶永の翻意を促し、いったん慶永もそれを受け入れた。ところが翌月に禁裏の勅使が攘夷督促のために東下すると、慶永はふたたび開国論を批判するという迷走を繰り返した[17]。

開国論を唱え、無謀な攘夷路線を戒めていた一橋慶喜も、一二月四日に禁裏の勅使がふたたび江戸に入城し、期限を決めて攘夷を決行せよと要求すると、ついに無理だと知りつつ、「奉勅攘夷」の方針に同意してしまうのだった。朝廷の権威に従えという父・斉昭の教えが、慶喜の行動をここまで呪縛していたのである[18]。

慶永も慶喜も、禁裏に翻弄され、自らの主張を二転三転させて右往左往した。迷走のあげく上洛した慶永であったが、文久三年（一八六三）三月二一日、政治総裁職のポストを放り出して、福井に帰国してしまう。慶永は、新設の京都守護職のポストを、会津藩主・松平容保に押しつけていた。松平容保が懸命に職務を遂行しているのに、慶永は容保を見捨ててとっとと帰国してしまった。あまりにも、あまりにも無責任であった。

京都に残された一橋慶喜は、禁裏に促されるまま、上洛した将軍・家茂とともに、文久三年五月一〇日を攘夷決行の期日と定めるという、あまりにも愚かしく、無謀な約束までさせられてしまう。為政者たる者、天皇だろうが神のお告げだろうが、無茶なものは無茶、不合理なものは不合理と、毅然として言わねばならない。それが出来ないなら、為政者失格であろう。

かつて天皇を政治利用しながら堀田と忠固の開国派老中を追い詰めていった一橋派は、久世・安藤政権が倒れたのち、ついに権力を掌握したが、天皇の権威を利用するという自らが開けたパンドラの箱によっ

▼16　前掲『吉田松陰全集』二巻、一九七三年、三九五〜三九七頁。
▼17　この間の松平慶永の迷走については、奈良勝司『明治維新と世界認識体系——幕末の徳川政権　信義と征夷のあいだ』有志舎、二〇一〇年、第四章と第五章を参照。
▼18　前掲書、第五章。

て、統治不能な状態を生み出してしまっていた。政権を投げ出した松平慶永は、徳川家定や松平忠固の墓前で頭を垂れるべきではなかったか。

水戸学に呪縛された一橋派が政権を掌握したことにより、禁裏は公議に無謀な命令を下し、公議はそれを受け入れた。こうして、禁裏は「朝廷」となり、公儀はそれに従属する「幕府」となってしまったのだ。[19]

下関海峡無差別砲撃事件

そしてついに、日本の運命を暗転させる決定的な事件が起きてしまう。攘夷決行の期日とされた文久三年（一八六三）五月一〇日、長州藩は下関での無差別砲撃作戦を実行に移したのである。長州藩は、同日に下関海峡を通過するアメリカ商船のペンブローク号に砲撃を加え、つづく二三日にもフランスの通報艦キャンシャン号を砲撃して水兵四名を殺害した。さらに江戸開府以来の友好国であったはずのオランダ軍艦のメデューサ号にまで砲撃をし、四名を殺害せしめた。長州藩はそのまま下関海峡を封鎖し、長崎貿易は大きな打撃をこうむることになった。無智・無道・無法な国際テロとしか表現のしようがない。

他方、下関砲撃事件の後、文久三年七月、生麦事件への報復としてイギリス軍は薩摩藩に攻め込んで、薩英戦争が勃発する。薩英戦争ののち、イギリスの代理公使ニールは、文久三年八月二九日、横浜防衛の陸上部隊のための築営を要求、「幕府」はそれを受け入れざるを得なくなった。[20]これが、有村俊斎らが軽はずみで起こした生麦事件の、あまりにも重い代償だったのだ。

列強諸国の軍隊の駐留を許してしまっては、いよいよもって植民地化の危機と言わざるを得ない。「幕府」が弱腰だったから、植民地化の危機を招いたのではない。水戸・薩摩・長州などが相次いでテロを実行したがために、列強諸国に日本への軍事介入の口実を与えてしまったのだ。

国を守りたいという動機から出たものであれ、あるいは単に暴れたかっただけであれ、尊王攘夷の「志士」たちが暴れれば暴れるほど、日本の自立的な近代化の過程は阻害され、列強の介入は強まり、独立主

図 5-8　薩英戦争

文久 3 年 7 月、生麦事件への報復として、英軍は薩摩藩に攻め込み、薩英戦争が勃発した。（仏のニュース誌『*Le Monde Illustre*』1864 年に掲載された絵）

図 5-9　ハリー・パークス

オールコットの後任として英国公使となり、日本に輸入関税 5%（従量税）の条件を飲ませた。（S. Lane-Poole, F. V. Dickins, *The life of Sir Harry Parkes*, Macmillan, 1894 より）

図 5-10　小栗忠順

パークスの輸入関税を引き下げ要求に対して、4 か月も粘り交渉をつづけた。徳川外交が放った最後の光彩だった。（国立国会図書館蔵）

権国家としての国際的地位を危機に陥れていった。これが歴史的事実である。

薩英戦争に次いで、イギリス公使のオールコックは、長州による下関での無差別テロの被害を受けた三か国を誘って、長州への報復戦争を計画する。オールコックは、「朝廷」が横浜鎖港の意志固く、翻意させ難いと知るや、戦争に訴える決意を固めた。オールコックによる開戦の決断は「支配階級のうちのもっとも『強暴』なものを撃破することによって、日本の全支配階級に鎖国攘夷計画の不可能なことを思い知らせるため」[21]であった。オールコックは、本国政府からの攻撃許可を得ないまま、独断で対長州戦争の決断をしたのだ。

長州の敗戦と賠償金の請求

元治元年（一八六四）八月、イギリス軍艦九隻、フランス軍艦三隻、オランダ軍艦四隻、アメリカ仮装軍艦一隻（商船を改造したもの）の一七隻からなる四か国連合艦隊は、下関攻撃を開始。わずか三日で下関の諸砲台はことごとく占領されるにいたった。本国の許可も得ずに、現場の独断で、これだけ大規模な戦争を遂行してしまうところに、イギリス帝国主義のすごみがあった。

イギリスは、下関戦争を利用しつつ「マンチェスターの夢」を叶えようとした。まず下関戦争に勝利した四か国は、長州に対してではなく、徳川政権に対して、三〇〇万ドルの賠償金支払いを要求する。これは徳川政権の年間の国家予算に匹敵する額であり、にわかに支払うことができるものではなかった。イギリスは、賠償請求をテコにして、さらなる外交攻勢をかけ、徳川政権は次第に追いつめられていく。

独断で下関攻撃を行なったオールコックは、その責任を問われて罷免されたが、その後任として、慶応元年閏五月（一八六五年六月）、上海駐在領事であったハリー・パークスが就任した。パークスは、オールコックの自由貿易帝国主義路線を継承する人物であった。パークスは、上海のイギリス商業会議所から、アヘン戦争後の清国に課した一律五％の関税率という税則を日本にも適用するのがもっとも望ましい、という要請を受けており、その英国商人たちの要求を日本に呑ませることを宿願として来日したのである。[22]

パークスは、賠償金で徳川政権を揺さぶりながら、英国商人たちの要求に沿って、さらなる貿易自由化を要求した。まず、（一）兵庫・大坂の開港・開市、（二）ミカドの条約承認、（三）関税率の一律五％への削減、の三条項を突きつけ、もしこの三条件を受諾するのであれば、三〇〇万ドルの賠償金の三分の二を減免してもよいという条件を提示した。[23]

譲歩案に見せかけつつ、じつはもっと大きな魚である「関税率削減」という獲物を得ようとした巧みな外交だった。もちろんイギリスの産業界としては、三〇〇万ドルの賠償金などより、日本の輸入関税を五％に引き下げさせることによって得られる商業的な利益の方が、はるかに大きかった。

四か国艦隊兵庫沖進出と関税削減要求

列強の軍事的圧力はさらにつづく。慶応元年（一八六五）九月、パークスは、ふたたび仏・蘭・米の三か国を誘って、軍艦九隻で連合艦隊を組んで兵庫沖に進出。条約勅許の軍事的圧力をかけた。すわ開戦かと大坂はパニックに陥った。

一〇月四日の徹夜の朝議において、一橋慶喜は、勅許を出さなければ戦争になり、日本は負けると孝明天皇を必死に説得した。天皇もついに折れて条約の勅許を与えた。しかし「朝廷」は、なお兵庫開港の許可を与えなかった。その背後には薩摩の大久保利通があり、兵庫開港を許さないよう「朝廷」工作をして

▼19　前掲書、二〇四頁。
▼20　洞富雄『幕末維新期の外圧と抵抗』校倉書房（歴史科学叢書）、一九七七年。
▼21　石井孝『増訂　明治維新の国際的環境』吉川弘文館、一九六六年、三七〇頁。
▼22　前掲書、四一九頁。
▼23　前掲書、三七〇頁。

いたのである。

仕方なく「幕府」は、四か国に対し、兵庫開港を先延ばしにしてほしいと要請。ここぞとばかりにパークスは、開港先延ばしの交換条件として、宿願である関税率の削減を要求するのであった。

当時のパークスは、対アジア政策の責任者である英国外務省事務次官のエドムンド・ハモンド宛ての書簡で、以下のように述べている（一八六五年一二月三〇日〔慶応元年一一月一三日〕付）。

〔兵庫開港の約束が守られなかったため〕大君政府は、連合国側の以前の条件に回帰して、賠償金をただちに支払わねばならなくなります。彼らは増税をしないことには賠償金の支払い能力はないと主張しております。これでは、〔賠償が〕貿易を妨害しようとするあらたな口実として使われてしまうでしょう。〔……〕

ミカドによる条約許可と、関税率の改訂が容れられれば、彼らが要求する賠償金の支払い猶予に応じてもよいと思われます。▼24

パークスにとって関税率の削減こそが、賠償金の獲得よりも、兵庫開港よりも、何よりも優先順位の高い政策課題であったことがうかがわれる文章である。パークスは、日本が関税率引き下げ交渉のテーブルにつくことにさえ同意すれば、兵庫開港延期の問題には目をつむって、賠償金の支払い期限を伸ばしてもよいとした。やむを得ず、徳川政権が関税率引き下げ交渉に応じることを約束すると、ようやく連合艦隊は兵庫沖から退去することになった。砲艦外交の勝利であった。

小栗忠順の奮闘むなしく、ついに関税自主権喪失

徳川政権も、唯々諾々とパークスの要求に従ったわけではなかった。江戸における関税率の改訂協議で

イギリスとの交渉に当たったのは、徳川官僚の中でも随一の俊才であった小栗上野介忠順であった。小栗の部下であった幕臣の田辺太一によれば、小栗は輸入関税五%というパークスの要求を跳ねのけ、「輸出税は全廃するので、その代わりに輸入関税は維持したい」という逆提案を行なった。[25] 輸出税をなくすのと引き換えに、輸入関税のみは現行税率を堅持する、という小栗の判断は、日本の産業発展のためには最も賢明なものであった。

パークスから見れば、日本の輸入関税を引き下げさせることこそ、日本を英国の工業製品の輸出市場にしたい英国の国益にもっとも叶う。パークスは、小栗の提案を頑として承諾しなかった。小栗も奮闘し、最後まで抵抗し、交渉を長引かせ、なんと四か月ものあいだ粘りつづけたのであった。この四か月の間に追加で得ることができた関税収入は数十万両に上ったであろう。小栗の知性の輝きは、徳川外交が放った最後の光彩だった。

しかしながら、いかんせん日本は下関戦争の敗戦国だった。小栗も交渉を長引かせたが、遂に万策尽きて、白旗を挙げざるを得なくなったのである。こうして慶応二年五月一三日、輸入税も輸出税もすべて一律に従量税方式で五%という、パークスの要求通りの「改税約書（江戸協約）」の調印を強いられた。

従来、その折りの商品価格に応じてその二〇%を税率とする従価税方式であったのだが、それを改め、従量税方式に変更になった。従量税方式とは、過去四か年の商品の平均価格を決定したうえで、その商品の重量に応じた平均価格の五%を徴税するということであった。折しもインフレがつづく中にあっては、この重量税方式に変更すると、実質税率は三%程度にしかならなかった。

日米修好通商条約の貿易章程にあった「日本側が望めば関税率を改訂しなければならない」という条件も当然のように削られてしまった。すなわち五%の関税率で固定されたのである。政府の財源から見ても、

▼24 Robert Morton (transcribed and annoted), *Private Correspondence between Sir Harry Parkes and Edmund Hammond, 1865-1868*, Edition Synapse for Eureka Press, 2018, p.4.

▼25 田辺太一『幕末外交談　第二』東洋文庫、一九六六年、二四三頁。

日本の産業振興の観点から見ても、輸入関税を従価税二〇%から従量税五%に減らされたことは大打撃であった。

かくして大英帝国は、欧米水準の関税率を勝ち取っていた日本を屈服させ、清国なみの低関税率で固定するという宿願を達成したのである。「従量税方式五%」という関税率こそ、敗戦国に課せられる屈辱的な不平等条約であった。下関戦争の敗戦という厳然たる事実があり、さらに兵庫沖に艦隊を並べて軍事的な圧力を受けて強要されたのである。

これこそ真の意味での「日本の関税自主権喪失」といえる事件であった。自らの意志で勝ち取った二〇%を放棄させられ、望まない低税率を強いられたのだから。かくして、日本の貿易条件は、アヘン戦争の敗戦条約である南京条約を結んだ清と同じ水準になってしまった。下関戦争は、日本における「アヘン戦争」だったのである。

歴史学者の加藤祐三は、アヘン戦争で負けて不平等条約を結ばされた中国を「敗戦条約国」、それに対して交渉によって通商条約を結んだ日本を「交渉条約国」と呼び、日本が結んだ条約は「不平等条約」ではないと早くから論じてきた。[26] その説に全く賛成である。しかし遺憾ながら、その後に発生した下関戦争の敗戦によって、関税水準においては「敗戦条約国」になってしまったのだ。

田辺太一の回想

日本は順調に進展する生糸輸出によって、開国してから貿易黒字が基調であった。しかし関税率が五%に下げられた途端、赤字基調に転落してしまう。第3章の図3-3（二七六頁）をもう一度確認していただきたい。開港初年の一八五九年（安政六）から六五年（慶応元）までは貿易は一貫して黒字基調であったが、改税約書が締結され、輸入関税率が一律に五%に切り下げられると、一転して貿易赤字が基調になってしまっていることがわかるであろう。

関税自主権喪失による損失は甚大だった。日本の貿易赤字基調は、その後長くつづき、赤字体質が改善されるのは、一九一一年に関税自主権が完全に回復され、輸入関税を引き上げるようになって以降になる。日本は、関税自主権の回復まで四〇年以上にわたって低関税によって苦しめられることになる。その原因は、「江戸幕府」にあるのではなく、攘夷派の行なったテロにあるのだ。

小栗忠順とともに、関税率二〇％を維持しようと奮闘した田辺太一は、晩年になっても、攘夷党がはなはだしく日本の国益を損壊した、と憤懣やるかたない様子で、次のように記している。

海関税率のごときにいたっては、もっとも甚だしい損害を攘夷党から受けたのである。もしこの党がなかったら、兵庫、新潟の開港と、江戸、大坂の開市の期限を延ばす必要はなかった。〔……〕条約勅許のために、摂海に各国の軍艦を見るようなことがなかったから、輸入の諸品を平均して、僅か五分の収税になるような不利はなかったであろう。

そこで、自由に税率を制定するまでにはいかなかったにせよ、それでも最初の条約のままであったならば、益するところ実に莫大なものがある。

今、明治二十五年度の税関表について、もしも安政条約の税率を課するものとすれば、ほとんど五と十三との差が生じる。そこで、明治一六年から今日までの十年間の現行税率による収税額二千八十万円を、安政条約の税率によって計算すれば、じつに三千万円余の増収となるであろう。〔……〕

単にこの一事をもってしても、攘夷党がその凶暴をほしいままにしたために、国を害することが甚だしかったことと、さらに幕府がその初めに、開国の国是を定める勇気のなかったことを嘆かざるを

▼26　加藤祐三『黒船前後の世界』（岩波書店、一九八五年）、『黒船異変』（岩波新書、一九八八年）、『幕末外交と開国』（講談社学術文庫、二〇一二年）を参照。

得ないのである。[27]

明治時代、日本の国家財政に占める関税収入の割合はわずか五％ほどでしかなく、同じ時期のアメリカが財源の五〇％程度を関税収入に依存していたのに比べると、その差は歴然としていた。明治の長薩政府は、関税自主権がないことによって、近代化のための財源の柱を失い、長期にわたって苦しめられる。何のことはない、自分たちの蒔いた種のせいだったのである。吉田松陰門下生たちが行なった攘夷戦争は、本人たちの意図とは裏腹に、日本の自立を遅らせる結果を招いた。しかるに明治政府は、その事実を隠蔽し、「不平等条約を結ばされた幕府が悪い」という「物語」をねつ造したのである。

徳川外交官であった田辺太一は、維新後に外務省に出仕し、その後は元老院議官、貴族院議員なども務めた。つまり徳川政権と長薩政権の双方で外交官を歴任した。明治政府から長く飯を食わせてもらった後になっても、かつて攘夷党として日本の国益に害を与えつづけた当事者である長薩の政権が、権力を利用して「不平等条約は幕府の責任である」という言説を広めて歴史を改竄しようとするのが許せなかった。明治三一年（一八九八）、徳川外交の名誉のために『幕末外交談』を出版したのであった。

田辺は、関税率五％からくる明治日本の苦役は、長州・薩摩の攘夷党の責任によるものであることを力説したのだが、一五〇年経った今日でも、日本の歴史教育は、長州・薩摩の藩閥政権が生み出した「物語」を繰り返している。これを改めねばならない。

イギリスの戦意を挫いた庶民たち

長州藩が、下関海峡で外国船に無差別砲撃を加えるという国際テロを実行した際、イギリスは、対日戦争作戦を立案した。イギリスの対日戦争計画を立案したのが、アロー戦争で清国を侵略した英軍遠征隊の中心人物であったミシェル陸軍少将とホープ海軍少将であった。イギリスの対日戦争計画を分析した保谷徹の著書より、一八六四年一月一六日（文久三年一二月八日）付の「ミシェル覚書」を引用させていただく。

1　政治的事実として、大名はほとんどが敵対的であると思われます。江戸政府は揺れています。ミカドは敵対的です。貿易にたずさわる人々は、ほとんどが大名階級よりは下の、それも封建家臣ではない人々ですが、彼らはヨーロッパ人との平和的関係について概ね好意的です。

2　日本との戦争にならざるを得なくなった際には、戦争遂行が我々の目標となり、（それが可能になれば）政府か、もしくは大名が報いをうけることになるにちがいありませんが、一方で（われわれの庇護のもとにあるかぎり）貿易にたずさわる人々は保護されるでしょう。

3　日本の街は概ね木でできています。それがゆえ、どうしても必要な時以外、砲撃は避けなければなりません。[28]

イギリスが対日戦争計画を立てる際にも、貿易に積極的な庶民たちの姿勢が、イギリス軍の戦意を緩和させていた。日本では、封建家臣以外の庶民は友好的で、ほとんどの大名とミカドは敵対的であるから、報復攻撃をするとしても、その対象は政府と大名に限定し、庶民は保護されねばならないと主張する。そして木造家屋への延焼を避けるため、砲撃はできるだけ避けねばならない、と。

貿易に積極的な庶民たちの友好的な態度が、大英帝国の戦意を挫き、必要以上に戦争を拡大させないように自制させていた。もし、「封建家臣」以外の一般庶民までが攘夷熱に浮かされて、敵対的な態度を取っていたとしたら、イギリスの攻撃はあの程度では済まなかったであろう。攘夷派のテロによって大きな国益の損失をこうむったものの、日本が独立を維持できたのは、繰り返すようであるが、貿易に積極的

▼27　田辺太一、前掲『幕末外交談　第一』、五七～五八頁。
▼28　保谷徹『幕末日本と対外戦争の危機——下関戦争の舞台裏』吉川弘文館（歴史文化ライブラリー）、二〇〇九年、九四頁。

な庶民たちの力によるものであったのだ。

関税率削減によって失われたもの

関税率削減は、日本の近代化に足枷をはめることになった。重要な財源であった関税収入を得られない長薩政権は、慢性的な貿易赤字と財源不足に苦しみ、近代化を遂げるための経費の財源として農民に重税を課して絞り上げるしかなくなった。地租改正後、重くのしかかる地租を金納できない農民は、農地を手放して小作に転落するしかなく、寄生地主制の発達を促すことになった。

江戸時代は基本的に自作農社会であった。不在村大地主を特徴とする寄生地主制度は、地租改正後の近代社会のもとで発達した。講座派マルクス主義に立脚する経済学者や歴史学者は、明治期に発達した寄生地主制を「封建遺制」と呼んだが、大いなる間違いである。実際のところ、寄生地主制度は、封建制度の残存物でも何でもない。封建制を打倒した長薩政権が、「近代化」の過程で生み出した新しい怪物だった。

関税率の削減は、工業化の進展も遅らせた。仮に下関戦争がなく、二〇%の関税率を維持できていたら、国内産業を保護しながら殖産興業の財源を確保できていたはずであり、日本はもっと速やかに工業化・近代化を達成していたであろう。イギリスの工業製品に関税を賦課できなかったがゆえに、重工業の発達は遅れ、日露戦争時においてすら武器も艦船もイギリスからの輸入に依存せねばならない立ち遅れた状態のまま、イギリスの軍事産業の「お得意さま」にさせられてしまったのだ。日本で鉄鋼や造船などの重工業がようやく産声をあげたのは、一八九九年の関税自主権の一部回復後のことである。関税率五%という不平等な条件で、軽工業までは何とか振興できたものの、重工業となると関税自主権なしには不可能であった。[29]

徳川官僚の小栗忠順は、いちはやく横須賀製鉄所・造船所を建設して、日本の重工業化を模索していた。しかし、その小栗は罪なくして斬首刑に処され、列強の圧力に屈従する長薩政権に取って代わったことにより、鉄も艦船もイギリスからの輸入に依存しつづけ、重工業化は日露戦争後にまで大幅に遅れることになったのである。

攘夷派のテロ活動、薩摩の生麦事件、一橋慶喜の「奉勅攘夷」政策、長州の下関戦争などによって、列強の介入を招き、日本はせっかく勝ち取った二〇%関税の放棄を強いられ、大きな経済的損失を招くことになった。これら一連の愚行によって、日本の重工業化の始動は四〇年遅れることになったと結論できよう。排外主義者のテロリズムが、その国の発展に貢献した事例など、いまだかつてないし、あってはならない。このことは歴史の教訓として肝に銘じなければならない。排外主義テロリズムなど、けっして賛美してはならないのは、至極当然である。

安政年間、一橋派によって行政が混乱させられることなく、堀田正睦と松平忠固の政権がもっと長期間つづいていれば、徳川政権のもとで、日本は自立的に近代化を遂げていったであろう。

▼29　山澤逸平『日本の経済発展と国際分業』東洋経済新報社、一九八四年、一四〇頁。

終　章

近代日本の扉を開いた政治家、松平忠固

［章扉の図版］

松平忠固（忠優）の肖像画（想像図）

忠固自身の写真や肖像画は、残念ながら残されていない。実兄の三宅康直の肖像画、二人の息子・忠礼と忠厚の写真は残されている（二人は異母兄弟である）。彼らの顔は、面長の顔や切れ長の眼などきわめて共通した特徴的を持っているため、忠固も顔もこうした特徴を兼ね備えていたと思われる。忠固が大奥から人気が高かったという理由の一端も想像できよう。この肖像画は、親族の顔をもとに類推して作成した肖像画である。（小川惟久画）

一橋派正統史観の誤り

松平忠固が推し進めた開国路線は、家臣たちには積極的に西洋技術を学ばせ、百姓の技術力や商人の交渉力を信じ、外国との条約を信頼し、交易によって国を豊かにしようという主体的・能動的かつ合理主義的な考えに基づいていた。

ライバルの徳川斉昭が推し進めたのは、日本を「神州」と規定し、人びとに根拠のない自尊意識を植えつけ、外国を信頼せず敵視し、国を絶えず臨戦態勢に置くことによって、国家統合を図ろうとする政策であった。そうでもしないかぎり国をまとめることができないと考えたのは、斉昭の愚民感の裏返しであったと言える。

斉昭が典型的であるが、愛国心を煽る者たちほど、実際には民衆を愚民視しており、人びとの知性や民度の高さを信用していない。民衆を神国思想で洗脳しなければ統治できないと考えるのは、日本人を馬鹿にしていることの裏返しである。対する松平忠固は、庶民の知性、その技術力や交渉力を信じていた。愛国心を強要して人びとを縛り上げずとも、日本人は交易で世界に打って出て、国際社会で対等に渡りあっていける能力があると確信していた。徳川斉昭と熾烈な政治闘争を繰り広げながら、開国交易路線のレールを敷いていった忠固こそは、近代の扉を開けた政治家だったのである。忠固の家臣の中から、日本で初めて議会制民主主義を唱えた赤松小三郎が出たのも必然性があったといえる。

本書の「はじめに」で紹介した、福地源一郎の「時勢を洞察する識見もない偏意地一方の保守家」あるいは徳富蘇峰の「老獪で我執な俗吏」といった松平忠固評がいかに誤っているか、本書を通して明らかにすることができたと思う。

従来の安政年間の政治史といえば、多くの歴史家によって「一橋派正統史観」で叙述されてきた。すなわち、斉昭の周囲に群がる一橋派を、日本の近代化を推し進めた「改革派」と評価し、井伊直弼も松平忠固も一緒にして、「佐幕・守旧派」と規定する単純な二元論で論じてきたのである。

一橋派から「敵」と位置付けられ、さらに南紀派の井伊直弼からも罵られた松平忠固は、単なる「保守」というだけでなく、皆から嫌われる「偏意地一方」の「我執な俗吏」といった配役しか、「物語」の中で与えられる余地はなかったのである。かくして忠固の実像は、真剣に検証されることもないまま、一六〇年間にわたって不当に評価されてきた。

たしかに忠固は、将軍・徳川家定と一橋派との抗争においては、最終的に家定の側に立った。しかし、それをもってして忠固を「保守主義者」とみなすのは誤りである。客観的に見て、家定の方が、一橋派よりも合理的で良識のある政治的判断をしていた。忠固が、将軍の権威や家康以来の祖法に盲従する保守主義者でないことは、貿易や商品流通に対するリベラルな姿勢、洋学受容への積極性、国禁を犯した吉田松陰らの救済努力、キリスト教の布教に寛容な態度などを見れば明らかであろう。

実際には、徳川斉昭を神輿に担いだ一橋派こそ、堀田正睦と松平忠固の推進した近代化政策の足を引っ張り、攘夷論者たちを増長させ、日本外交を混乱させ、ついには国際情勢など何もわからない禁裏に政治的権限を付与するというパンドラの箱を開けてしまった。「時勢を洞察する識見のない」人びとは、彼ら一橋派の方だったのである。

忠固と斉昭の闘いの軍配はどちらに？

大局的に見て、松平忠固と徳川斉昭の闘いは、どちらに軍配があがったと評価できるだろうか？　忠固が振興した生糸は、開国から昭和初期まで最大の輸出商品でありつづけ、経済面において、日本の近代化を牽引した。日本は昭和になるまで忠固の政策の恩恵を受けつづけたのだ。明治維新を経て、松平忠固という政治家の記憶は歴史から消し去られたが、忠固がやろうとしたことは確かに根づいた。

しかし文化面・政治面ではどうだったのだろう？ 政権を奪取したのは、水戸学思想の影響を受けた長州・薩摩の攘夷派であった。たしかに彼らは攘夷を捨てて開国派に転じた。しかし、彼らが一時的に西欧列強との協調路線に転じたのは、たんに勝てないと思い知らされたからであり、その根本は排外主義のままであった。虚勢を張る排外主義者ほど、勝てない相手には卑屈に従属するようになる。その裏返しとして、鬱屈した排外主義エネルギーは、猛烈な対アジア侵略へと転化されていった。

日本は天皇を中心とした神の国であるという、水戸学が生んだ「国体」思想は、明治の藩閥政府にとって、専制権力を維持するための便利な道具となった。長薩の藩閥政権は、「攘夷」と「祭政一致の国体」という水戸学思想の二本柱のうち、たしかに前者は巧妙に隠したが、後者は前面に押し立てつづけた。日本全体を統治するにあたって、何ら正当性を持たない長州・薩摩を中心とする藩閥政権にとって、異論を弾圧し、専制政治を貫徹するためには、天皇を神格化する「国体」思想は都合のよいツールとなった。

かくして水戸学思想は、「教育勅語」にも取り入れられ、明治以降の日本に連綿と影響力を行使しつづけた。「教育勅語」の影響力は、現在また復活しつつある。斉昭と忠固の闘いは、現在にいたるまでつづいているのである。

明治日本は、忠固が推進した近代的な経済構造と、斉昭が唱えた前近代的神国思想が共存するという、鵺《ぬえ》のようにチグハグな国家となった。カール・マルクスの用語を使えば、下部構造と上部構造が一致していなかったのだ。しかし、下部構造が上部構造を規定するというマルクスのドグマとは違って、日本においては上部構造が下部構造を引きずりまわして、国家を破滅に追い込んでいった。すなわち、斉昭の遺産としての神国思想が次第に肥大化していき、昭和になると攘夷思想をふたたびむき出しにして暴走を始め、ついには太平洋戦争に帰結したのである。遺憾ながら、斉昭的なものが忠固的なものに勝り、その結果として亡国にいたったのだ。

二・二六事件から日中戦争、太平洋戦争の敗戦にいたる時期の日本など、民衆を窮乏化させながら果ては鐘楼から仏像から何でも供出させて役立たずの大砲を造らせ、テロと内戦で破滅した幕末の水戸藩の再現であった。

忠固の記憶を蘇らせるのは、日本の未来を照らすため

太平洋戦争の敗戦とポツダム宣言受諾による大日本帝国の崩壊によって、斉昭的な統治システムはたしかにいったんは滅びたかに見えた。しかしそれは、米軍の圧倒的な軍事力に屈しただけであって、日本人自らの力でそれを否定したわけではなかった。それゆえ、それはいつでも復活し得る。

体制が危機に陥ると、為政者は、外敵の脅威を煽り、国家を臨戦態勢に置くことによって、国民を統治しようという斉昭的手法に手を染めてしまいがちになる。これは昔も今も変わらない。ゆえに、排外主義思想の蔓延に抗して、理性の力で闘った人びとに光を当てなければならないのである。尊王攘夷運動の無智蒙昧さを反省することなく、それを美化するような風潮が今後もつづけば、「国体」思想は復活し、過ちはふたたび繰り返されるだろう。松平忠固の記憶を呼び起こさねばならないのは、日本の未来を照らすためなのだ。

これまで忠固に光が当てられることがなかったのは、「幕府」の開国路線が、列強に強いられて止むなく選択された保守的なものであった、というバイアスによるものであった。外交能力のない「江戸幕府」が「不平等条約」を結ばされ、封建制を倒した明治維新政府の近代化努力によって、はじめて条約改正を成し遂げることができたという物語は、フィクションである。これ以上、間違った「物語」を、学校教育の現場で教えつづけてはならない。

徳川政権が締結した条約は、当時の国際環境の中にあって、非西欧諸国の中では最良の内容であった。

当初の条約において、関税自主権は存在した。平等な条約を、不平等なものに変えてしまったのは、尊王攘夷派の「志士」たちのテロ活動と、下関戦争の敗戦の帰結であった。下関戦争の敗戦は、列強に対する卑屈な感情を植えつけてしまい、日本の近代化のあり方を歪めた。

世界のいかなる国家であれ、排外主義思想とその実践としてのテロ活動は、その国を危機に陥れこそすれ、決してその国の国際的地位の向上に結びつくことなどない。それは肝に命じねばならない歴史の教訓である。それを美化することなど、断じて許されてはならない。

忠固の時代の日本外交は敗戦を経験せずに行なわれていた。下関戦争の敗戦の結果として列強への従属を強いられた明治政府や、太平洋戦争の敗戦の結果として米国への従属を強いられた現在の日本政府と比べ、何ら負い目などなかった忠固の時代の外交の方が、よほど対等で自立していたのである。

近年の日米関係は、米国が自国の都合に合わせて強要する新自由主義的な要求を唯々諾々と受け入れてきた歴史である。一九八九年に日米構造協議がはじまって以降、地方商店街を壊滅させた大店法の規制緩和にはじまって、株式持ち合いなど日本型経営の否定、農産物市場の自由化、郵政三事業民営化、種子法廃止、水道民営化など、枚挙にいとまがない。本書を執筆中の二〇一九年には、日本だけ農産物関税の削減義務を一方的に負いながら、米国は関税削減義務を負わないという「日米貿易協定」が調印された。これこそ、まさに絵に描いたような不平等条約である。松平忠固がこの内容を知ったら、悲しむに違いない。

過ちを繰り返さないために

歴史学では「歴史に『イフ』はタブーである」などとよく言われたものであった。筆者の専門は歴史学ではないから、「イフ、たら、れば」を堂々と語りたい。現実の歴史は複雑系である。歴史の分岐点において、複数ある選択肢の中のいずれが選択されるかによって、その後の歴史がまったく違う構造に変わってしまうことは起こるのである。些細なボタンの掛け違いが歴史を暗転させることもあれば、好転させることもある。

徳川政権の開国路線は、決して予定調和なものではなかった。一歩間違えば、攘夷路線が主流となり、彼らが権力を奪取し、開国派を弾圧し、そのまま無謀な攘夷戦争になだれ込み、国土の一部を割譲されるような事態に陥った可能性も十分にあった。そうならなかったのは、徳川斉昭と懸命に闘いつづけた大奥や忠固の力に負うところが大きいのである。

しかしながら、結局のところ、明治維新によって水戸学の国体論が全国民に強制されるようになってしまった。大奥と忠固の奮闘むなしく、それを防げなかったのである。大奥と忠固がもう少しうまくやっていれば、そうならなかった可能性もあろう。それについては本当に悔やまれる。

忠固はいくつかの判断ミスをした。条約については、日本通貨と海外通貨の「同種同量交換」および「日本貨幣の海外輸出」を認めてしまったのは、誤りであった。将軍継嗣問題においては、松平慶永の説得を受けて、一橋派を支援してしまったことも誤りであった。当初から忠固が大奥と結束して反水戸・反一橋の旗幟を鮮明にしていれば、井伊直弼の大老就任を防げたであろう。そうすれば、堀田と忠固の政権がもっと長期に持続していたはずであり、攘夷派の介入を招くことなく、よりスムーズで平和的な日本の近代化の途が開けていったことだろう。

忠固が政治的に敗北した以下の三つの分岐点は、いずれも日本の歴史を暗転させる契機になった。一度目は、阿部正弘が徳川斉昭を参与にしようと画策したことに対して、忠固は大奥とともに抵抗したが、負けてしまったこと。二度目は、ペリーとの最初の日米和親条約交渉の折り、忠固の奮闘によりいったん交易開始の合意を得たのに、徳川斉昭と阿部正弘によってそれを覆されてしまったこと。三度目は、ハリスとの通商条約交渉に際し、禁裏の勅許など不要という忠固の意見を押し切って、堀田正睦らが、勅許を得るため京都に出かけてしまったことである。

いずれの局面でも、忠固の判断は正しかったが、政治力があと一歩のところで不足していた。三つの分岐点のどこかで忠固が勝っていれば、その後の歴史は、あそこまで混乱し、迷走し、血に塗られたものにはならなかったはずである。

すでに起こってしまったことは、悔やんでも仕方ない。今さら変えることなどできない。しかし、二度と過ちを犯さないために、過去から教訓を汲み取ることは重要である。未来をより良いものに変えるために。

女性権力の必要性

日本の安政年間の政局において、勝算もないのに勇ましく攘夷熱を煽る徳川斉昭に迎合する「男性性」グループに対し、大奥は忠固を支えて抵抗し、斉昭一派の暴走を抑えていた。大奥や将軍・徳川家定や忠固は「女性性」グループに属し、男性性グループの好戦主義に対抗していた。

忠固と斉昭の闘いの記録から汲み取るべき重要な教訓は、女性の政治力の重要性であろう。忠固の背後にあって、その権力をバックアップしていたのは、江戸城の女権、すなわち大奥であった。ときに合理的な思考を失って暴走しがちな男たちに対して、ブレーキをかけることができるのが女性たちである。

江戸時代の女権は強大であった。明治になると、女性たちは政治的意志決定の場から徹底的に排除される。明治維新は男権主義革命という側面も持つ。明治維新以降、一九四五年の敗戦にいたるまで、日本の女たちは男たちに従属するように強制され、政治的領域への参加の道を完全に閉ざされてしまったのである。明治は江戸に比べ、この点において後退しているのだ。明治時代、女性権力が消えたがゆえに、非戦論はたえず敗北する運命にあった。「近代」日本の政・官・軍・財の中枢には「ミニ斉昭」が跋扈するようになったが、ストッパーとなるべき女性権力は消え去っていた。かくて、明治から昭和にかけて好戦主義の暴走が止まらなくなった。

男性社会の中にあっては、猪突猛進とばかりに威勢のよい意見に場の空気が支配されることが、往々にしてある。合理的に考えれば無謀な議論であっても、自重論・慎重論を訴えようものなら、男社会では

「弱虫」「意気地なし」などという罵声を浴びせられてしまう。男たちは、その恥辱に甘んじるのが嫌さに、稚拙な冒険主義に迎合してしまいがちである。無謀な戦争にいたる前の雰囲気というのは、大抵そうである。

これは戦争に限った問題ではない。現代の日本においても、バブル経済を生み出した投機活動、核燃料サイクルなど無謀な原発推進路線への固執、地球温暖化対策に背を向ける石炭火力推進、国土をすべてコンクリートで固めれば自然災害を防げるとでも考えているが如くの国土強靭化計画などなど、財政的・環境的制約を直視せず、猪突猛進とばかりに破滅まで突っ走ってしまう男性性の弊害が顕著に出ているケースは枚挙にいとまがない。大日本帝国崩壊前の軍部と似ている。

こうしたことが繰り返されるのは、女性の政治家の割合が諸外国と比べても極端に低い、明治維新以来の日本の後進性がある（二〇一九年現在、女性の国会議員〔衆議院〕の比率は、世界一九三か国中一六五位でG20内では最下位）。暴走を止めるためには、大奥並みの力を持った女性の集団が、立法・行政・司法の三権に、そして民間企業や学問の世界や地域社会に存在することが必要なのである。

歴史学者が「不平等条約史観」や「一橋派史観」で染められてきたのも、学者の世界が男ばかりであることによって生じてきたジェンダー・バイアスによるのかもしれない。日本は、男権主義者たちが起こした「明治維新」の呪縛から今こそ抜け出さねばならない。

あとがき

関　良基

　前著『赤松小三郎ともう一つの明治維新』において、私は本当に申しわけ程度であったが、松平忠固についても若干の言及を行なった。充分に紹介できなかったことが心残りになっていた。わずかばかりの記述でしかなかったにもかかわらず、それがきっかけになって、上田の旧松平藩士の子孫を中心とした有志で構成された「明倫会」が主催する「松平忠固公を語る講演会&トークセッション」に呼ばれる機会があった。二〇一七年一一月一二日のことであった。そのトークセッションが本書誕生のきっかけになった。

　会場は、松平忠固の遺髪墓のある願行寺の本堂。トークセッションのパネリストは、本書でも引用させていただいた上田の郷土史家の尾崎行也先生、貿易会社の経営者でありながら忠固を主人公としたドラマの脚本を書いたという変わり種の本野敦彦さん、松平忠固の玄孫の浦辺信子さん、それから私であった。司会を務めたのは、明倫会の会長の布施修一郎さんであった。

　そのトークセッションの際、ご子孫の浦辺信子さんは、次のように訴えておられた。

「私には一つ悲願があります。忠固公に関しては歴史的に真実でないことが認識されている。横柄だとか、威張っていたとか、確かにそういう面はあったかもしれないが、歴史的にこういうことをしたという事実、美化するのではなく、どういう考えで、日本をどういう方向に引っ張っていこうとしたのか、その真実を、皆さまに知っていただきたい」。

　決して大げさではなく、忠固が何をしたのか日本人は知る必要がある。それは忠固を知ることで、日本が列強にいいように翻弄されて、無理矢理に「不平等条約」なるものを結ばされたわけではない、という歴史的事実が理解できるからだ。

パネリストの一人の本野敦彦さんは、『邪老中』という松平忠固を主役にしたドラマの脚本を書き、さる賞の最終選考までノミネートされた方である。江戸城中のスリリングな権力闘争を克明に描き込みつつ、生糸輸出に果たした忠固の役割もクローズアップしている。いつの日か、本野さんの脚本がドラマ化ないし映画化される日の来ることを願う。本野さんは、「松平忠固史」というホームページも作成され、忠固の業績を発信しつづけている。

しかしながら、忠固の歴史的評価が今のように低いままだと、映像化実現に向けたハードルは高そうである。浦辺さんのお言葉や、本野さんのお仕事に励まされつつ、私としても、それを支援する意味も込めて、史料に則して実証的に、知られざる開国の父・松平忠固の実像を描き出す作業をしなければならないと考えるようになった。

大河ドラマ「真田丸」が放映されたばかりなので、上田に順番が回ってくることは難しいとは思われるが、松平忠固は大河ドラマの主人公としても十分な魅力を備えた人物である。忠固目線のドラマだと、開国の是非をめぐる江戸城中の熾烈な闘い、忠固をバックアップした大奥の女性たち、国際的視野を持ち洋学知識を摂取しようと学びつづけた家臣たち、国際貿易のパイオニア商人たち、世界から高く評価された養蚕技術と生糸を開発した百姓たちなど、まさに権力中枢から庶民レベルにいたるまで、江戸末期の時代を多角的・重層的に描き出すことができる。「志士」中心に描かれてきた従来の「幕末」ドラマとは違った視点で、底流で展開されていた日本近代化への歩みが理解されるだろう。

もちろん大河ドラマである必要はない。いつの日か松平忠固の活躍が映像化されることを願うものである。付言すれば、アメリカに渡って米国初の日本人発明家として活躍した忠固の子息の忠厚、米国初の日系人市長になった孫のキンジロー・マツダイラなども、単独でドラマや映画の主人公になり得る、すばらしく魅力的な人物たちである。今後、こうした知られざる人物たちの研究が進むことを願いたい。本書が、その一つのきっかけになれば望外の喜びである。

遺憾ながら、明治維新史研究の現状において、本当に日本人が誇るべき魅力的な人物たちが、歴史物語の中で「忘却」のカテゴリーに入れられ、日本の針路を誤らせた原因を作ったような人物たちが、過大評価されて英雄視されている傾向がある。そうした状況は、ふたたび日本を誤らせる原因になってしまうと私は深く憂慮している。

「忠固公を語るトークセッション」の当日、忠固の六女の俊子の子孫である芳賀俊州さんも飛び入りで参加されていた。忠固の六女の俊子も波乱の人生を歩んでいた。俊子は、上田藩の隣国である須坂藩主の堀直虎に嫁いだ。聡明な堀直虎は、慶応三年（一八六七）に徳川政権最後の若年寄に就任する。しかし鳥羽伏見の戦いの後、江戸城内で自決するという壮烈な最期を遂げた。大坂城を放棄して逃げ出し、戦わずに恭順を決めた徳川慶喜に対する抗議の意志があったものと思われる。

夫の堀直虎に先立たれた俊子は、いちど松平家へ出戻ったうえで再婚していたのであった。子孫の芳賀さんは、忠固のことをよく知らなかったそうであるが、俊子の墓石に松平忠固の娘であるという事実が刻まれており、それで忠固に興味を持って調べはじめたということであった。俊子は、父親のことを生涯誇りに思っていたのであろう。墓石に刻まれた俊子の想いが、子孫に伝わったのである。

浦辺信子さんが、「忠固公の子どもたちの中で、一人だけその後の消息がどうなったのかわからなかった女性〔俊子のこと〕がいて、母がたいへんに気にしていたので、消息がわかってたいへんにうれしい」と喜んでおられたのが印象的であった。

浦辺信子さんの娘さんである千鶴さんは、昼間は独立行政法人に勤務しながら、プライベートな時間を利用して戯曲の翻訳も行なうという二足の草鞋で活躍され、二〇一五年には「第八回 小田島雄志・翻訳戯曲賞」を受賞している。忠固の才能や開かれた国際的な感性は、子孫にも脈々と受け継がれている。

忠固の子孫といえば、もう一人。本野敦彦さんが、松平忠固のホームページを立ち上げたところ、なんとアメリカ在住の忠固の子孫のスティーブン・マツダイラ氏（忠厚の玄孫）からメッセージがあったそうである。一五〇年の時を経て、アメリカに渡ったマツダイラ家と上田市民の交流がいずれ実現するかもしれない。

「トークセッション」には著名な翻訳家の東郷えりかさんも来場していた。東郷さんは、本書でも言及した上田藩士の門倉伝次郎の玄孫である。忠固に仕えた西洋馬術の専門家であった門倉伝次郎は、語学の才能に恵まれ、オランダ語と英語を解し、同僚の赤松小三郎とともに、日本でいち早く英書の翻訳能力を持つようになった逸材であった。難解な専門書の翻訳本を次々に刊行している東郷さんと、血は争えないものである。その門倉伝次郎も、まったく知られていないまま歴史に埋もれている。東郷さんは、先祖の事跡を追いかけていく中で、先祖が仕えていた松平忠固がじつに面白い人物だと気づき、調べはじめたということであった。それ以来、東郷さんとは、忠固についての文献情報などを交換し合うようになった。

その後、東郷さんは、私もメンバーである赤松小三郎研究会にも参加して下さり、二〇一八年一二月一八日には「松平忠固は何故嫌われたのか？」という魅力的なタイトルで研究発表してくださった。私も大いに啓発され、本書の執筆に弾みがついた。東郷さんは、忠固のみならず、息子の忠礼・忠厚兄弟の米国における学問業績や、伝次郎と恩師の佐久間象山との関係や、伝次郎に英語や西洋馬術を教えた横浜駐留イギリス陸軍大尉のアプリンについてなどを調べ上げ、知られざるいくつもの史実を発見し、現在著書を準備されている。東郷さんの本は『埋もれた歴史――幕末横浜で西洋馬術を学んだ上田藩士を追って』というタイトルで間もなく出版される予定とのことである。本書とあわせてぜひ読んでいただきたい。

本書の中で、日米修好通商条約が不平等条約ではないと論じた部分は、二〇一九年六月一五日に伊豆下田の玉泉寺で開かれたシンポジウム「不平等ではなかった幕末の安政条約」が元になっている。このシンポジウムは在野の史家・作家として活躍されている鈴木荘一先生と、玉泉寺住職の村上文樹和尚が企画したもので、私も関税の問題を論じて欲しいということで招かれた。

玉泉寺は、アメリカ初代総領事のタウンゼント・ハリスが日本に赴任した際、日本最初のアメリカ領事官となった歴史的な寺である。シンポジウムは、ハリスと通訳のヒュースケンが執務室として利用した玉泉寺本堂で開かれた。村上和尚は、「唐人お吉」など史実と異なる誤伝が多く伝わり、さまざまに誤解されているハリスの実像を正しく伝えようと精力的に活動しておられる。

玉泉寺本堂は、領事館として使われた当時のままであり、ハリスが石炭ストーブで焦がしてしまったという壁と天井などが往時を偲ばせる。ハリスが大病を患ってこの玉泉寺で死線をさまよっていたとき、松平忠固は腕利きの蘭方医を派遣して、ハリスの治療に当たらせた。日米関係黎明期の歴史的舞台であった本堂でのシンポジウムは、身が引き締まる思いがしたものである。シンポジウムに合わせて、鈴木先生、村上和尚、私の三人の共著で『不平等ではなかった幕末の安政条約——関税障壁20％を認めたアメリカ・ハリスの善意』（勉誠出版、二〇一九年）を出版した。会場との質疑応答の際、関税自主権とはそもそも何か、領事裁判権問題をどう考えればよいのかなど、鋭い質問が飛び、活発な議論が展開された。本書の第3章は、そのシンポジウムでいただいた、さまざまな質問や意見に応える形で、シンポジウムの内容を膨らませて書き上げたものである。

本書執筆にあたって、東洋大学教授の岩下哲典先生にはたいへんにお世話になった。岩下先生は、私の前著『赤松小三郎ともう一つの明治維新——テロに葬られた立憲主義の夢』を評価して下さり、研究プロジェクト「東アジアの弾圧・抑圧を考える」に誘って下さった。

その研究プロジェクトは、過去における日本と中国・台湾の学問や言論活動への弾圧事件を分析し、そこから教訓を汲み取ろうという意欲的なものであった。昨今の政治情勢に照らすと、まことに遺憾ではあるが、タイムリーな企画と言わざるを得ない。その本は二〇二〇年一月、『東アジアの弾圧・抑圧を考える——19世紀から現代まで　日本・中国・台湾』（春風堂）として出版された。私も第四章の「江戸末期の暗殺と明治の弾圧の言説分析——『国体』『売国』『国賊』『大逆』」を執筆している。これも本書と関連性があるので、あわせて読んでいただけると幸いである。

その「弾圧・抑圧」の研究プロジェクトでご一緒させていただいた矢森小映子先生は、「蛮社の獄」で弾圧された渡邊崋山や小関三英の研究者であり、崋山の主君である忠固の実兄の三宅康直についても関心を持って研究されていた。矢森先生は、康直と忠固兄弟が仲良かった様子や、兄の康直が弟をどう評価していたのかなどを示す、貴重な情報を教えて下さるとともに、史料解釈についても助言して下さった。

岩下先生には、松平忠固関係の史料の解釈をめぐってわからないところを質問させていただいたところ、いちど先生の大学院のゼミで発表してみてはどうかと誘って下さった。この歳になって、大学院生のような気分になってゼミ発表の準備をし、二〇一九年の五月一〇日、東洋大学の岩下ゼミで発表をさせていただいたのである。その際、岩下先生は史料解釈について助言して下さり、他に検討すべき史料群についてご教示下さった。また岩下ゼミの大学院生の皆さんからもたいへんに貴重なコメントやアドバイスをいただいた。史料の解釈などで曖昧だった点もクリアになり、その後の研究に大きな弾みとなった。

本書を書き進めるうえで大きな問題があった。専門的な史学教育を受けていない私は、古文書の解読ができず、上田市立博物館に眠る、翻刻されていない忠固関係の古文書史料の活用ができなかったのである。そこで岩下先生にお願いしたところ、東洋大学史学科を卒業された長谷川彩さんを紹介して下さった。長谷川さんは驚異的な読解力で、上田市立博物館所蔵の「忠固日記」の原本や上田藩政記録の「日乗」などの中で、気になっていた箇所を翻刻して下さった。本書においてこれらの史料を活用することができたのは、ひとえに長谷川さんの協力によるものである。

また上田市立博物館所蔵史料の閲覧や画像の提供などで、同博物館の滝澤正幸館長および学芸員の高野美佳さんにはたいへんにお世話になった。

幕末史研究者の町田明広先生は「松平忠固の研究は必須」と、この本の出版を励まして下さった。

赤松小三郎研究会の皆さまには、いつもながらお世話になった。研究会のメンバーの成田邦夫さんは、本書の序章で紹介した「近代史研究の草分けの一人」として文部省維新史料編纂官として活躍の後、ミンダナオ島で戦死した原平三氏の甥であり、原についての貴重な資料を貸して下さり、ご教示下さった。研究会の滝澤進会長は、芦田柔太郎の「浦賀日記」の翻刻などをご教示くださった。

本書執筆中の二〇一九年一二月、赤松小三郎研究会初代会長の丸山瑛一先生（理化学研究所特別顧問）がお亡くなりになられた。丸山先生のご先祖の丸山平八郎は、横浜開港直後から上田の生糸を輸出したパイオニア商人の一人であり、生糸輸出の利益で上田城の本丸を買い取ったうえで、松平神社（現・真田神社）や公園用地として寄附し、今日の上田城跡公園の基礎をつくった人物である。丸山瑛一先生は電子工学の技術者として数々の発明・発見をしつつ、趣味として歴史研究も行ない、赤松小三郎研究会を発足させた。研究会がなければ、私がこうした著書を書くこともなかったであろう。謹んで丸山瑛一先生のご冥福をお祈りする。

以上の方々に深く感謝を申し上げたい。

本書は、条約と貿易に果たした忠固の貢献を中心に論じたものであって、いまだ本格的な松平忠固の評伝という水準には達していない。間違いなどもあろうかと思う。とくに将軍継嗣問題の解釈などでは異論も多かろう。忠固の生涯を詳しく解明するため、新たな研究がつづくことを期待したい。筆者の力量の限界から、本書は松平忠固の日記などの一次史料も十分に活用できていない。忠固について、これまで活用されてこなかった一次史料の研究にもとづく、本格的な評伝の登場を願うものである。

松平忠固とその家臣の赤松小三郎は、ドラマ化のみならず、子ども向けの伝記などでも取り上げられるべき人物である。そういう願いも込めて、本書は、不十分性は否めないが、忠固への関心を高めるきっかけになればと願い、上梓するものである。

最後に、読者の方々にお願いしたい。もし本書を通して松平忠固の魅力に惹かれた方がいらっしゃれば、SNSなどご自分の媒体において、あるいは話の種にでもして友人・知人の方々にその魅力の発信をして下さると望外の喜びである。忠固が知られていないのは、日本にとっての不幸であるから。

松平忠固（忠優）年譜

（年齢は数え年。名は、18～46歳が忠優、以降は忠固）

和暦（西暦）	年齢	松平忠固とその周辺での出来事
文化9年（1812）	1歳	7・11、酒井玉助（のちの松平忠固）、姫路藩主・酒井忠実の十男として、江戸の姫路藩邸で生まれる。
文政12年（1829）	18歳	10・13、上田藩主・松平忠学の養女・三千子と結婚。婿養子となって、松平忠優（安政4年に忠固と改名）となる。
文政13年－天保元年（1830）	19歳	4・20、養父・松平忠学が隠居し、家督を忠優に譲る。翌21日に伊賀守に任じられる。 7月、上田に初入部。 9月、城下の家臣たちを巡見。
天保2年（1831）	20歳	4－5月、領内の農村部を巡回し、民情を視察。養蚕奨励の訓示を出す。 7月、江戸に帰府。
天保3年（1832）	21歳	8月、二度目の上田入り。 10月、生糸・織物の品質向上のため、上田産物改会所を設置。
天保4年（1833）	22歳	6月、江戸に帰府。 この年、九割損耗の大凶作（天保の大飢饉が始まる）。他領から米麦購入の嘆願を公儀に行ない、領民の救済に努める。
天保5年（1834）	23歳	4・22、奏者番に任じられる。 この年も、六割損耗の大不作。

天保7年（1836）	25歳	この年、再び、九割以上損耗の大凶作。 8月、わずかな供回りを従えて緊急に上田入り。領内の窮状を視察。 10・29、藩士一同を招集し、三か年の面扶持を申し付け、越後で米を買い付け、人命救助最優先の対策を立てる。
天保8年（1837）	26歳	山野を開墾し、桑樹の植栽と養蚕業の振興の訓示を出す。 6月、江戸に帰府。
天保9年（1838）	27歳	4月、寺社奉行に任じられる（奏者番と兼任）。
天保14年（1843）	32歳	2月、老中・水野忠邦を批判したため、奏者番ならびに寺社奉行を罷免される。 閏9月、老中・水野忠邦が失脚。
天保15年－弘化元年（1844）	33歳	12・28、寺社奉行ならびに奏者番に再任される。
弘化2年（1845）	34歳	上田藩上塩尻村の藤本善右衛門縄葛が、蚕種の新品種「信州かなす」を開発。 3・18、大坂城代に任命される。 7・2、大坂入城。
弘化3年（1846）	35歳	大坂難波に、上田織物扱所を設置する。
弘化4年（1847）	36歳	上田藩上塩尻村の清水金左衛門が、養蚕技術書『養蚕教弘録』を著わす。 3・24、善光寺大地震。上田も被害大で、復興のため公儀から三〇〇〇両を借用。

嘉永元年（1848）	37歳	10・18、本丸老中に任命される。
嘉永5年（1852）	41歳	1・26、上田で大砲を鋳造する許可を得る。
嘉永6年（1853）	42歳	6・3、ペリー艦隊が浦賀に来航。 6・16、阿部正弘が徳川斉昭の海防参与就任を提起。忠優はこれに反対し、阿部と争う。 6・22、将軍・徳川家慶が薨去。 7・3、徳川斉昭が海防参与に就任。
嘉永7年-安政元年（1854）	43歳	1・16、ペリー艦隊が再来航。 2・1、忠優が米国との交渉場所を浦賀から横浜に変更し、その警護を小倉藩と松代藩に命じる通達を出す。 2・2、忠優が交渉担当の林復斎と井戸覚広弘に極秘指令を出す。 2・4、交易開始の是非をめぐって、忠優と徳川斉昭が論争。 2・6、阿部正弘が交易開始の決定を覆す。 3・3、日米和親条約調印。 3・27、吉田松陰らの密航未遂事件。 4・22、八木剛助に命じ、上田で鋳造した大砲により、武蔵大森で実弾演習。
安政2年（1855）	44歳	6・3、徳川斉昭が、阿部正弘に忠優の更迭を要求。 7月、上田で藤井右膳派への処罰が開始される。 8・4、忠優が、松平乗全とともに老中を罷免される。 8・14、徳川斉昭が軍制改革および政務参与に就任。

安政4年（1857）	46歳	4月、江戸と上田に上田産物会所を設立。上田の生糸・織物を江戸に直接出荷する体制を構築する。 6・17、阿部正弘が病没。 7・23、徳川斉昭が参与辞任。 9・13、忠優は老中に再任され、次席・勝手掛となる。同日、忠固と改名。 11・27、松平慶永が忠固を訪ね、一橋慶喜将軍継嗣への協力を依頼。 12・11、アメリカ公使のハリスと条約交渉に入る。 12・24、松平慶永の家臣中根雪江、忠固の家臣・岡部九郎兵衛に贈賄を申し出るも、忠固はこれを拒絶。
安政5年（1858）	47歳	1・14、日米修好通商条約の草案がまとまる。 1・21、堀田正睦ら、条約の勅許を得るため京都に赴く。 1・22、忠固が松平慶永に一橋派支援を表明する。 1・28、忠固が下田で闘病中のハリスを救うべく蘭方医を派遣。 4・13、忠固がオランダ商館長のクルチウスと会談し、日蘭条約交渉に入る。 4・16、忠固が松平慶永に対し、将軍・徳川家定は慶喜支持だと伝える。 4・22、堀田正睦が徳川家定に松平慶永を大老に推挙するも、家定は立腹し、井伊直弼を大老に任命する。 4・23、井伊直弼が大老に就任。 5・6、徳川家定が将軍継嗣は紀州の徳川慶福で決定するように指示する。 5・12、井伊直弼が徳川家定に忠固の罷免を要請する。 5・22、徳川家定が忠固の罷免を求める井伊の要請を拒絶する。 5・25、徳川家定が堀田正睦の罷免と抱き合わせで、忠固の罷免を了承する。 6・2、忠固と井伊直弼が条約勅許をめぐり徳川家定の面前で大喧嘩になる。 6・13、米艦ミシシッピ号が下田へ廻航する。

安政5年（1858）	47歳	6・16、ロシアのプチャーチンが下田に来航。 6・19、日米修好通商条約の調印をめぐり、忠固と井伊直弼が激論。忠固の論が井伊に勝り、即日、日米修好通商条約調印。 6・23、忠固が堀田正睦とともに老中を罷免される。 7・5、徳川家定が一橋派諸大名の処分を命じる。 7・6、徳川家定が薨去。
安政6年（1859）	48歳	2・7、中居屋重兵衛が上田藩邸に招かれ、山海の珍味で接待を受ける。 3・4、産物世話役に任命された上田城下商人の伊藤林之助らが江戸に上り、上田藩邸に入る。忠固から料理でもてなされる。 3・5、忠固が中居屋重兵衛に上田物産を取り扱う許可を与える。 6・2、横浜が開港。 6・19、中居屋が開店。伊藤林之助とイギリス商人のあいだで上田の生糸輸出の商談が行なわれる。 9・12　松平忠固が急死。

や行

ら行

わ

な行

は行

ま行

さ行

た行

人名索引

あ行

か行

[著者紹介]

関 良基（せき よしき）
1969年、信州上田生まれ。京都大学農学部林学科卒業。京都大学大学院農学研究科博士課程単位取得。博士（農学）。早稲田大学アジア太平洋研究センター助手、（財）地球環境戦略研究機関客員研究員などを経て、現在、拓殖大学教授。

[主な著書]

『東アジアの弾圧・抑圧を考える—— 19世紀から現代まで 日本・中国・台湾』（共著、春風社、2020年）

『不平等ではなかった幕末の安政条約——関税障壁20%を認めたアメリカ・ハリスの善意』（共著、勉誠出版、2019年）

『赤松小三郎ともう一つの明治維新——テロに葬られた立憲主義の夢』（作品社、2016年）

『社会的共通資本としての森』（宇沢弘文との共編著、東京大学出版会、2015年）

『自由貿易神話解体新書』（花伝社、2012年）

『自由貿易という幻想』（共著、藤原書店、2011年）

『中国の森林再生——社会主義と市場主義を超えて』（共著、御茶の水書房、2009年）

『複雑適応系における熱帯林の再生——違法伐採から持続可能な林業へ』（御茶の水書房、2006年）ほか。

［推薦文］

確実な史料・文献を用いた「日本開国史」への異議申し立て

開国期の老中や大老と言えば、阿部正弘、堀田正睦、井伊直弼が有名で、松平忠固（忠優とも）は、ほとんど知られていない。

本書では、忠固こそが、日本の「開国」の舵取りだったとし、これまで私たちがよく知っている「日本開国史」に異議申し立てを行なう。徳川斉昭や一橋派、また薩長政権たる明治政府の外交政策にも厳しい目が向けられる。

江戸城大奥や上田藩の官民あげての生糸・蚕種輸出の話は興味深い。とくに明治初期、上田が蚕種の輸出で全国シェア４割だった事実にも驚かされた。庶民や女性にも目配りした、幕末維新史啓発の書である。

忠固の未刊日記や確実な史料・文献を用いているし、読みやすい工夫が随所に施されている。多くの皆様に手に取っていただきたく思う。ネットにあがる読後感が楽しみである。

岩下哲典

（東洋大学文学部教授。歴史学者。専門は幕末維新史）

世界との交易を見据え、鎖国の扉を押し開いた“開国の父”は、なぜ幕末史から消されたのか？

日米修好通商条約は、不平等条約ではなかった。ハリスとの交渉を主導したのは、井伊直弼ではなかった。ペリー来航後、徳川政権末期に老中として、ただひとり開国を唱えつづけた松平忠固。政敵の徳川斉昭や井伊直弼との暗闘を闘い抜きながら、信州上田城主として、輸出品としての生糸の生産を奨励した。

だが、明治維新を神話化するためには、「幕府は無能」でなければならず、“開国の父”は闇に葬られる運命にあった――。〈交易〉を切り口に、著者は「不平等史観」を鮮やかに覆す。本書は、世界資本主義へデビューする日本の姿を克明に描いた開国のドラマである。

佐々木実

（ジャーナリスト。大宅壮一ノンフィクション賞、城山三郎賞ほかを受賞）

日本を開国させた男、松平忠固
——近代日本の礎を築いた老中

2020 年 7 月 15 日 第 1 刷発行
2020 年 11 月 30 日 第 4 刷発行

著者——関 良基

発行者——和田 肇
発行所——株式会社作品社
102-0072 東京都千代田区飯田橋 2-7-4
Tel 03-3262-9753 Fax 03-3262-9757
振替口座 00160-3-27183
http://www.sakuhinsha.com
編集担当——内田眞人
本文組版——デルタネットデザイン：新井満
装丁——小川惟久
印刷・製本—シナノ印刷 ㈱

ISBN978-4-86182-812-6 C0021